生活・女性問題をとらえる視点

伊藤セツ 著

法律文化社

はしがき

研究者・専門家は、学問上・研究上ばかりでなく、さまざまな必要から、研究に関連する学会・それに類する組織に所属する。それら組織は、それぞれの目的と歴史、文化をもっている。

私のメイン所属学会である社会政策学会は、創立一〇〇周年を記念して一九九七年に開設したホームページに、「社会政策学会は、労働問題、労使関係、社会保障、社会福祉、女性学、ジェンダー研究、生活問題など広い意味での〈社会政策〉を研究対象とする、経済学、社会学、法律学、政治学、歴史学など多分野の研究者が集うインター・ディシプリナリーな学会です」と書いている。

また、私のサブメイン学会である（社）日本家政学会生活経営学部会のホームページ冒頭には、「生活経営学は、家政学（人と人、人と環境との相互作用を研究）の、主に社会科学的側面を担って研究活動を進めています。人間生活を家庭と社会の関わりで扱う魅力的な分野です」とある。

前者二つのアカデミックな学会とは別に、同じく一九七〇年代初めから私が少なからぬ時間を注いだ女性労働問題研究会のホームページには、「女性労働問題研究会は、男女平等と均等待遇の実現、女性の解放をめざして労働と生活に関わる問題をジェンダーの視点から研究し、その成果を運動や実践に活かすことを目的としています」と書かれている。

新参者として私が一九九八年に入会した日本社会福祉学会のホームページには、実務的項目が並んでおり、上記三つの組織のようなアピールはみられない。

ともあれ、これらの組織は、独自性をもちながらも重なり合う面があり、私にひきつけての共通なキーワードは、労働、生活、家族、女性文化、フェミニズム・ジェンダーである。私は自分の仕事と本来の関心からこれらの組織と関わり、これらのキーワードに向かい合うとき、成り立ちも、バックグラウンドも異なる領域の視点を意識的にブレンドしてきたように思う。そのことによって、対象の把握とテーマへの接近に自分なりの独自性をもたせようとしてきたのである。

私たちの前にある、労働、生活、家族、ジェンダーをめぐって解決を迫られる問題は複雑化し、専門領域を超えて、ある意味でハイブリッド的に対象にあたらなければ、問題の解決どころか、対象の把握すらままならない様相を呈している。

とはいえ、私の学問的出自は経済学部におかれた社会政策学である。私は、まず、大河内一男の『社会政策〔総論〕』〔大河内　一九四九〕によって社会政策に、大河内と篭山京との共著『家庭経済学』〔大河内・篭山　一九六〇〕によって家政学に誘われた。そのあたりのことを、二〇〇〇年に、有斐閣の広報誌『書斎の窓』（No.500、二〇〇〇年一二月）が「有斐閣の20世紀の名著50選」の一つとしてあげた大河内の『社会政策〔総論〕』を私が担当することとなったとき、次のように書いているので、ここで再掲させていただきたい〔伊藤　二〇〇〇a　一八頁〕。

▼「有斐閣の20世紀の名著50選」『社会政策〈総論〉』大河内一男著（一九四九年刊）

本書は、戦後、著者が東京大学で講義を担当した社会政策の教科書である。しかし著者も書いているように入門・手引書ではない。初版は一九四九年であるから、戦後社会政策学会の復興の時期でもある。私は、著者の講義を聴いた者ではないが、一九六〇年春、本書新訂第一二刷（本稿はこれをもとにして書いている）と、続編の〔各論〕を北大学生書房で購入し、社会政策ゼミを選択する決心をした。随所に旧字体の残る戦前調の文体を追って、赤鉛筆で傍線を引いた本書は、私にとって、社会政策学への門出の書でもあった。

著者には、戦中の『社会政策の基本問題』をはじめ『独逸社会政策思想史』その他多くの著書があるが、本書にはこれらの研究の中核部分が埋め込まれている。本書（新訂）は、「はしがき」「新版への序」に続き「社会政策の対象とその主体」「社会政策の方法と概念」「労働力の創出と獲得」「産業革命と労働階級」「労働者組織と社会政策」「社会政策の立場と構造」の六つの章と、社会政策論争に関する「参考文献」から成っている。

著者は本書で、社会政策を、賃銀労働者問題という共通の視角から経済政策の諸々の領域に跨る問題を取り上げる政策分野と捉え、その主体は総資本の意志執行人である近代国家であり、社会政策は労働力商品の調達とその保全または培養を中心とする資本にとっての生産政策であり、資本制経済にとって内在的で必然的なものであるとした。この大河内理論は社会政策生産力説と呼ばれて批判され、社会政策の主体や範囲をめぐって社会政策学者の間で長期にわたって社会政策論争が展開されたことは周知のとおりである。

著者の理論のうち、労働力保全・培養理論は、私が衣食の道として関わった家政学の領域にも労働力商品再生産論として影響を及ぼした。著者は篭山京とともに、社会科学的理論を欠いていた家政学に、『家庭経済学』（一九六〇）によって自説を持ちこみ、『新版家庭経済学』（一九七〇）によってこれを修正し、最晩年の『家庭経済学（第2版）』（一九八四）によって放棄した。この過程は確かに家政学の理論化の一契機ともなった。

本書の出版から半世紀を経て、一九九七年の社会政策学会百周年記念大会が一世紀を振返り、二〇〇〇年の社会政策学会第一〇〇回大会では大幅な学会改革も行われた。中堅は学会の暖簾を染め替え、若手は専門領域を越境し、本書の著者の敷いた敷居を跨いでいる。幾多の論争を超え、福祉国家の困難や、世界経済体制の歴史的変容を目の当たりにして、社会政策の範囲が問いなおされ、そのジェンダリングも着手されて久しい。今回改めて本書をひもとき、学会の歴史の真中に位置する本書の学説は、新世紀の社会政策学者も一度はくぐるべき理論的関所との感を強くした。

（いとう・せつ＝昭和女子大学女性文化研究所所長）

ところで本書は、以上のような経過から、私が一九九〇年代後半（一九九六年）から二一世紀初頭の通算十数年、前述四つの分野の領域の相互乗り入れから執筆したものを一〇編取り上げて編集したものである。本書の構成は二部、それぞれ五章合計一〇章からなる。

第一部は生活問題をとらえる―その視点と手法、第二部は女性問題をとらえる―思想・運動・労働を扱っている。

私は労働や生活をとらえる際、生産と再生産の統一、あるいは経済学（Political Economics）と家政学（Home Economics）の学際的統一という考え方、政府統計の批判的加工利用と、対象を理論的に規定した自前の小規模調査実施の併用という手法をとり、常にジェンダー視点を入れて研究してきた。第一部はこうした私の研究姿勢と観点をまとめたものである。

第1章「世帯・家族・個人と、階級・ジェンダー―一九九〇年代前半の社会政策学の動向をふりかえる」(初出〔伊藤　一九九六b　一〇一―一二二頁〕)では、私が社会政策学会の全国幹事を務めていた一九九〇年代の前半に、労働の分野を中心としてきた社会政策学が、世帯・家族・個人と階級・ジェンダーをどのように取り上げていたかについて検討したものである。たとえば賃金論領域では、「フェミニズムを作業に持ち込む」という新たな動向、労働者状態把握にあたって欠けていたジェンダー統計視点、労働力再生産の単位として、個人と世帯の両面からの視点の必要性等を私なりに論じたものである。

第2章「生活・ジェンダー・社会政策―労働と労働力再生産論の反省と新展開」(初出〔伊藤　一九九九a　一五九―一八二頁〕)は、一九九七年一一月、社会政策学会が創立一〇〇年を記念した第九五回大会(同志社大学)の前日に、学会と佛教大学総合研究所との共催で行われた公開シンポジウム「ジェンダーで社会政策をひらく―労働・福祉・家族」の司会を務めた私が、そこでの討論を念頭において、このシンポジウムがカヴァーできなかった「生活」という切り口から執筆したものである。ここでは、社会政策学の一領域である労働問題研究と生活問題視点・ジェンダー視点との関係を扱っている。

第3章「家族内のジェンダー不平等と平等―生活経営学の視点から」では、日本家政学会の「家族に関する問題検討特別委員会」の委員として、家族内のジェンダー不平等を、家計や生活時間のデータを組み合わせて実証的に扱ったものである(初出〔伊藤　一九九九b　七九―九六頁〕)。ここでは、家政学は、ジェンダーへの注目が社会科学一般と異なり、イデオロギー的ではなく、理論としてでもなく、家族内の生活実態に根ざしたジェンダー関係として実証的に扱うさまを示した。

第4章「ジェンダー統計視点にたつ—研究動向」(初出［伊藤　二〇〇一　二一—二八頁、二〇〇四b　一四六—一五四頁、二〇〇七a　四—五頁］）は、第一七期（一九九七—二〇〇〇年）日本学術会議の「女性科学者の環境改善の推進特別委員会」に経済政策研究連絡委員会から、および第一八期（二〇〇〇—二〇〇三年）の「ジェンダー問題の多角的検討委員会」に家政学研究連絡委員会から、委員として加わって取り組んでいたときに、社会政策学とジェンダー統計の関係や内外のジェンダー統計の研究動向や運動を書いたものである。この章ではそれをもとにして合体し、さらに今日までのジェンダー統計研究の流れを加筆した。本書でジェンダー統計についてはすでに第一章、第二章、第三章でもふれているが、政府統計のユーザーとして、政府統計にジェンダー視点を入れることの重要性を扱い、さらに研究のツールとしてのジェンダー統計の重要性をすべての学問領域に問題提起したものである。若干の重複を免れなかったことをあらかじめお許しいただきたい。

第一部の最後、第5章「社会福祉・社会政策・生活科学の学際性」は、日本社会福祉学会五〇周年記念シンポジウム（日本社会福祉学会第五二回全国大会、於 東洋大学白山キャンパス 二〇〇四年一〇月）にシンポジストとして招待されて、日本の社会政策学の側から日本の社会福祉学、特に学会に提言する機会を得たので、それに生活科学（旧家政学）視点を加味して、独自性と共通点を比較対照してまとめたものである。社会福祉・社会政策・生活科学は重複してそれぞれの学会の会員である研究者が一定数いるので、私が常日頃感じている問題提起の意図をもって書かれてい

る（初出［伊藤　二〇〇五ａ　一七四―一八〇頁］）。

第二部は第一部とはまったく異なるジャンルであるが、私の研究の柱の一つをなしてきたものである。キーワードはフェミニズム、女性文化、女性運動、女性労働で、国際的女性運動の盛り上がりの頂点を一九九五年の北京女性会議におき、その前後から北京女性会議を経て、ＭＤＧｓ（ミレニアム開発目標）と続く国連の女性政策を見据え、女性解放思想、フェミニズムというタームに私独自の定義を与え、戦後から二一世紀につながる女性運動、貧困撲滅とディーセントワークをめざす展望を取り上げている。

第６章「女性解放思想と現代フェミニズム」（初出［伊藤　二〇〇〇ｂ　六一―六九頁］）では、女性解放、フェミニズムが、私独自の研究結果によって定義され、現代フェミニズムの思想的背景と潮流が通説とは異なる理論構成で提起される。ここでは、私が多くのフェミニズム・ジェンダー論者とは一線を画していることが示されるだろう。ここで展開される私の考えは、一九八〇年代からのものであるが、ほとんど現代フェミニストから省みられることのなかった独自の見解である。

第７章「女性文化概念の多義性」（初出［伊藤　二〇〇二　五―四二頁］）は、私が一五年間おかれた職場、昭和女子大学の大学院付属女性文化研究所（ここに一九九八年から二〇〇〇年にかけて社会政策学会の本部もおいた）において、フェミニズムともジェンダー論とも別の文脈をなす、女性文化概念とは何かを考察したプロセスを記述したものである。前後の章との流れを乱す感がないでもないが、この点を押さえておくことが、ジェンダーバッシングへの防壁の意味もあって、ここに配した。

第8章「二一世紀の女性運動の課題から北京会議をふりかえる」（初出［伊藤 一九九六a 四―一一頁］）では、一九世紀の国際的女性運動の歴史にさかのぼって、一九世紀の女性運動からのつながりにおいて一九九五年の国連の女性会議を位置づけ、GO（政府機関）とNGO（非政府機関）の協力で展開される二一世紀の女性運動を展望する。ここには、国連NGO第二カテゴリーに登録されていた国際家政学会の代表の一人として参加した私の北京での経験が組み込まれているが、国際的女性運動の流れのもつ法則性を探るという、私のいまなお結論に達しない研究テーマを強く意識して書いたものである。

第9章「戦後六〇年の日本の女性運動の思想を問う」（初出［伊藤 二〇〇五 二〇七―二三二頁］）では、唯物論研究会が、戦後六〇年の岐路にたって、「戦後日本」と切り結ぶ思想を特集した際、日本の女性運動を担当して執筆したものである。執筆時点の二〇〇五年から一九四五年を、さらに二〇世紀の冒頭までをふりかえり、逆に現時点に立ち戻るという構成をとっている。

第10章「貧困の撲滅とディーセントワークをめざす世界の女性労働」（初出［伊藤 二〇〇六 七―二〇頁］）は、女性運動ではなく世界の女性労働の現状を、国連の資料を用いてMDGsに視点をあてて、それをなぞるかたちで執筆されている。たどりつくところは、貧困の撲滅とディーセントワークというキーワードにつきる。

このように、いずれも初出論文があるが、今回の出版に際し、重複を削除し、現時点にたって加筆修正を施している。

私は、フェミニズム・ジェンダー論では、一八世紀の女性解放運動からの歴史的継続でみるというスタンスをとってきた。

本書は異なる二つのジャンルを同居させたかたちになっているが、両者とも問題を単純化したり、一面的に切り取ったり、あるいは現象を表面的に図式化するという現今の手法を退けている。したがって、こうした時代の風潮に慣れ親しんでいる大方の賛同は得られないかもしれない。そのことを承知のうえで、研究の次世代に伝えるべきことを書き残すことに本書の意義があると考えている。

目　次

第Ⅰ部

生活問題をとらえる◉その視点と手法

第1章 世帯・家族・個人と、階級・ジェンダー

■一九九〇年代前半の社会政策学の動向をふりかえる

1　家族と社会政策

▼国連文書にみる家族の理念

一九九四年は、国連が定めた国際家族年（International Year of the Family＝IYF）であった。家族に関連する社会政策・事業が日本でも、関連省庁から各種提起され、予算化されたが、日本の社会政策研究者の多数派にとって、当時家族は、たぶん関心の外にあった。

個別の報告テーマは別として、社会政策学会が共通論題に家族というタームを入れたのは、この一〇年後の二〇〇四年一〇月、第一〇九回大会（大阪市立大学）の「少子化・家族・社会生活」が初めてである。その数年後二〇〇七年五月の第一一四回大会（東京大学）の共通論題は「子そだてをめぐる社会政策―その機能と逆機能」で、少子化の流れで家族員たる「子ども」が社会政策と結びつけられた。

家族、家族員をめぐる論議は、研究領域では、家族社会学や家族関係論が先輩であることはいうまでもないが、国際的には、一九九四年の国際家族年をめぐる論議が国連で活発に行われ、私はそれに注目していた。なぜなら、国連は地球上の加盟国の多様な家族を考慮に入れなければならず、家族に対して一面的な見方はできないはずだからである。国際家族年の理念を理解するうえでの基準文献は、一九九四年を国際家族年と定めた一九八九年八月二三日付の国連事務局の文書（A/44/407）であった。そのテーマは「家族―その変化する社会における資源と責任」と定められ、準備の実務はウィーン国連社会開発・人道問題センターに設置される事務局があたることになった。目的は、要約すれば、家族問題への認識を高め、家族の重要性を明確化し、家族の機能について理解を深めること、また、すべての家族員の権利と責任を考慮すること、女性・男性・子ども・青年・高齢者・障害者に関する（これらはまた家族員個々人でもある）これまでの国際的活動の成果を強化すること、などとされていた。[1]

そしてその原則は、世界人権宣言、女性差別撤廃条約（一九九一年以降の国連文書には子どもの権利条約が加わり、一九九三年以降にはウィーンの世界人権会議決議文が加わる）に従って、家族が家族としての責任を果たすことができるよう保護と援助を与えること、多様な形態と機能をもつすべての家族の要求を包括すること、すべての個人の基本的人権と自由を促進すること、家族内の男女平等を促進し、家庭責任と雇用機会の平等な分担を達成すること、などであり、そのプログラムは、家族の機能の代替ではなく、家族の機能を遂行できるよう援助するものであることとされていた。

主要な問題として、家族が特に女性の権利を擁護する媒体となる条件を確立することが強調され、家族のとらえ方としては、人間の価値、文化的アイデンティティ、歴史的継続性を守るための組織とされ、個々の家族員（既述の、特に、女性・男性・子ども・青年・高齢者・障害者）の権利・人権尊重が根底に流れていた（［伊藤　一九九四］参照）。

▼国際家族年の具体化のプロセスで

国際家族年の取り組みが地球の各地域におろされていく過程で、その理念はさらに具体的・現実的になる。一九九三年五月二四—二八日に北京で開催された「国際家族年のためのアジア・太平洋準備会議」報告（SD/IYF/Rep. 16 July 1993）および関連文書、採択された勧告、宣言によってもそのことが示される(2)。

この文献では、アジア・太平洋の家族問題が着目され、会議を準備する過程で、この地域の家族の状況についてＥＳＣＡＰ（アジア・太平洋経済社会委員会）が全体的に把握している。この北京大会勧告には、家族に関わる横断的政策、領域別政策、社会グループ、家族関連法、等五二項目が列挙され、宣言は七項目からなって、女性差別撤廃条約・子どもの権利条約の批准、世界人権会議（一九九三年）、人口及び開発に関する国際会議（一九九四年）、世界開発サミット（一九九五年）、第四回世界女性会議（一九九五年、北京）を支持し参加することが明記されていた。

以上の二つの公式文献から読み取れる国際家族年の理念は、家族、世帯、個人、ジェンダー・エクイティ（男女関係の衡平、男女関係の公正さ）等、日本社会でも議論が進行中の問題をすべて提起していた。

しかし、国連は、当時、国際家族年に対して三つの懸念事項があることを明らかにしていた。それは、国連婦人の一〇年の成果が無視され、女性が台所に追い返されるのではないか、特定の家族がモデルとされるのではないか、ということであった(3)。

こうした国際的一般的懸念に加えてさらに、日本の国内的危惧が加わっていた。それは、日本型福祉の基盤としての家族という性格が強化されるのではないか、家族年が少子化対策のキャンペーンに矮小化されるのではないかという問題であった。

国際女性年、国連女性の一〇年、女性差別撤廃条約、二〇〇〇年に向けての将来戦略の線に沿って活動を続け、早くから北京世界女性会議に向けて準備している日本の女性団体の多くも、国際家族年については積極的位置づけを行いかねていた。その理由は、女性問題ならジェンダー関係の問題として明快であるが、家族問題は、それ以外の複雑な要因がからんで簡単には手をつけにくいということであっただろう。

国連やESCAPの国際家族理念の積極的な部分、すなわち多様な家族への配慮、家族内の両性の平等、家族員の人権の擁護、特に、女性・子ども・高齢者・障害者の人権を尊重した家族の社会的サポートという考え方とは裏腹に、これらの懸念や危惧は、日本の国レベルだけでなく、地方自治体の社会政策の方向に対しても積極的姿勢をとることを阻んだ。福祉国家の重要なメルクマールでもある家族に関する国連の議論を、日本ではほとんどまともに紹介もせずに通り過ごした感がある。その理由は、左右両翼の家族アレルギー・家族イデオロギー・家族賛美の狭間で、家族問題はタブー視されていたからであろう。

▼家族と世帯

世帯・家族とそれを構成する個々人の意思決定は、大きくは市場の論理に枠づけられざるをえない。しかし、社会政策は非市場的な要素をそれにもちこむものである。すなわち、労働力（個人）とそれを再生産する世帯・家族は、市場の論理と社会政策の枠に選択肢を規制される一方、その枠を広げたり、変革するという能動的側面をもっている。

ここで私がいう労働力とは、労働力商品に限らない人間の老若男女を含めた肉体的・精神的能力の総体をさしており、また、世帯と家族を、私はここでは同義のものとして用いている。社会政策学は、社会学や法学、家政学等のように、これまで家族の定義を特別に重視してこなかった。それは、学問の性格上当然であり、社会政策学が家族を定義する必要はない。それにもかかわらず、社会政策学会内でも、「生活問題」といえば、一個の労働力ではなく、「労働者世帯」・「労働者家族」とか「プロレタリア家族」がずっと問題にされてきていたのである。特に一九九〇年代以降、たとえば、「家族とジェンダー」、「社会政策の標準は家族単位か、個人単位か」、「家族単位から個人単位へ」、「新しい家族のイメージ」、「日本型企業社会と家族問題」というように、「家族」をキーワードとする議論がすでに社会政策学において進行してきていた。

国際的には、国連の一九九〇年代初めの諸文献は、世帯を「食事またはその他生計に必要なものを共通に賄っている一人または複数の人」と定義している。さらに、「二人以上世帯の場合世帯員は親族であっても、親族関係になくても、またその組み合わせであってもよい」、「一人で独立して食事またはその他の必需品を賄っている人は、一人世帯となる」と説明している〔UN 一九九一＝日本統計協会訳 一九九一 一六頁〕。つまり、世帯は「食事またはその他生計に必要なものを共通に賄っている」ということが要件であり、この定義は今日も変わらない〔UN 一九九五＝日本統計協会訳 一九九五 一二頁、UN 二〇〇〇＝日本統計協会訳 二〇〇一 五八頁、UN 二〇〇六＝日本統計協会訳 二〇〇六 一六頁〕。

私が所属している国際家政学会（IFHE）は、世帯と家族を区別せず、family and household として常に列挙している。

従来の社会政策—たとえば、工場法・労働条件に関する保護立法、失業対策、労働者の団結権の保障等—は、婦人児童労働の保護にみるまでもなく直接的に労働者個人を対象としているが、生活保護、各種社会保険等を含む社会保障は、個人と、いる場合はその（被扶養）家族員、さらには賃金労働者以外のすべての個人・世帯の生活の保障へと拡大して、その対象は、個人、家族、世帯と多様な形態をとっている。その際、日本では、成人男性労働者と扶養される妻子および老親をも含めて労働力再生産の単位とみなされて、その単位には、婚姻や血縁に関係がない世帯とは異なる特別の意味をもたされていた。しかし、このことに対しては、従来から、特には「社会政策の標準とは何か」というかたちで論議されることはなかった。

▼家族とジェンダー・エクイティ

一九九〇年代に入って、社会政策学会をめぐる動きに一つの転換があった。学会役員のジェンダーバランスが配慮されたり、一九九二年には「現代の女性労働と社会政策」を共通論題に、第八四回社会政策学会大会（昭和女子大学）が開催されたりした。ここでの議論は大会のあとも引き続き、社会政策学の理論と学会そのものに影響を及ぼして今日にいたっている。それらは、竹中恵美子が年報にまとめている［竹中 一九九三 一〇九―一二四頁］ように多様な点に及ぶが、社会政策の標準は家族単位か個人単位か、賃金の基礎となる労働力の再生産の単位をどう把握するか、家族に基礎をおいた世帯を労働力再生産の単位として認めるか、家族賃金と男女同一価値労働・同一賃金（コンパラブル・ワース、ペイ・エクイティ）の矛盾、個人単位が性の平等にとって望ましい政策標準であるとしても、個人単位となるためにはどのような条件が必要か、個人単位は即家族否定論か、家族単位の否定は賃金低下を招くか、税制における配偶者控除の廃止は専業主婦の切り捨て論になるか、個人単位論は弱者切り捨てのエリート女性の理論か、直接賃金がなぜ家族単位から個人単位へ移行するか、将来に向けての価値分割のあり方の変化がいかにあるべきか、等々であった。

これらの問題提起はいずれも、労働力の女性化、貧困の女性化という世界的にみられる現象やヨーロッパ先進国の社会保障をめぐる新しい動向、さらにフェミニズムに触発されたものであった。一九九〇年代に入って、日本の社会政策学の領域でも、フェミニズムが方法としてもちこまれた。私はフェミニズムとは、「女性問題の解決にあたってジェンダー関係を上位の切り口とする思想・方法・運動」と独自の定義をしている。ジェンダーとは、自然の性別には解消しきれない、歴史的経緯や文化的特性を含めて社会的に形成された性別のことである〔[大沢 一九九三五・一九頁〕参照〕。

この手法は、資本―賃労働という階級関係を上位におくことに方法としての特徴があった社会政策学にとっては、異質のパラダイムである。しかし、今日では、労働力が男女両性から成り立っている限り、階級とジェンダー関係の両視点を組み合わせなければ、社会政策の対象を把握することができない。

だが、社会政策の研究が、これまで家族・世帯を単位とする分析に長《た》けていたわけではない。従来の世帯の扱いは、一部を除いて、主たる生計維持者としての成人男性労働者、あるいは主に男性労働者の生活問題を扱う限りにおいて、所与のものとされていたのである。しかし、世帯そのものの研究も、階級分析とジェンダー分析の両手法によって深められなければならない段階に入ってすでに久しい。

国際家族年がその理念のうちに含んでいた家族とジェンダー・エクイティに関しては、なおさらのことである。

2　労働問題研究領域における階級とジェンダー

▼社会政策学へのフェミニズム・ジェンダー視点の挑戦

日本の社会政策学会に、資本─賃労働関係上位主義とは異なるフェミニズム視点がもちこまれた最初は、（これまであまり指摘されてはこなかったが、）一九七五年の第五〇回社会政策学会大会の三つの分科会の一つ「婦人労働の現代的課題」での水田珠枝の報告「女性解放思想と女性労働」であった（この分科会の報告は惜しくも年報に収録されていない）。その後一九八四年の第六九回研究大会での竹中恵美子報告［竹中　一九八五　三─三四頁］とそれへの私のコメント［伊藤b　一九八四　五一─六七頁］、一九九一年第八三回研究大会での木本喜美子報告［木本　一九九二　一七三─一九五頁］、一九九二年の第八四回大会の前述共通論題そのもの［社会政策学会　一九九三］、そして一九九三年の第八七回研究大会での安川悦子報告［安川　一九九四　一三一─五〇頁］と続く。この流れにおいて、学会の労働問題研究にフェミニズム・ジェンダー分析が影響を及ぼし、やがて社会政策学会は「ジェンダー部会」をもつようになり、一九九〇年代の終わりにはフェミニズム・ジェンダー論はメインストリーミング化を果たすこととなる。

賛否両論を含めてこの動きを、どれだけの関係者が感知してきたかどうかはわからない。しかし、社会政策学においては、資本─賃労働関係が中心であったとはいえ、労働力再生産問題を含む生活問題の解明という点では、例年の秋の研究大会ごとに新しい研究成果が蓄積されてきていた。ジェンダー分析は、実はこの蓄積とはパラダイムが異なっていたとはいえ重なり合う部分が多く、私の研究の一部（共働き家計研究、夫妻の生活時間研究、家事労働研究）もジェンダー分析に接点をもっていた。

しかし、こうした国内の生活問題研究の延長だけでは、ジェンダー研究の国際的動向とかみ合わせることはできない。逆に、フェミニズム・ジェンダー分析が、従来の資本―賃労働関係分析の蓄積をジェンダー視点欠如という理由から軽視してしまったとしたら、むだな回り道をすることも明らかである。いくつかの例をあげてみたい。

▼賃金のジェンダー格差の問題―フェミニズムを作業にもちこむ

女性差別を問題にする国連の一連の文書は、賃金の問題をめぐって次のような文言を示し、何度も繰り返し勧告していることはよく知られている。

「女性差別撤廃条約」は、第一一条の雇用における差別撤廃第一項で「締約国は、男女の平等を基礎として同一の権利、特に次の権利を確保することを目的として、雇用の分野における女子に対する差別を撤廃するためのすべての適当な措置をとる」として、(d)同一価値の労勧についての同一報酬（手当てを含む）及び同一待遇についての権利並びに労働の質の評価に関する取扱いの平等についての権利、と記している。国連女性差別撤廃委員会（ＣＥＤＡＷ）の一般的勧告一三（第八会期、一九八九年）は、「締約国は、女性が現在支配的である様々な性格の労働と、男性が現在支配的である労働との価値の比較を容易にする性中立的基準に基づく労働評価制度の研究、発展および採択を検討すべきであり、かつ、女性差別撤廃委員会へのレポートのなかで達成された結果を取り入れるべきであること」とした。さらに「西暦二〇〇〇年に向けてのナイロビ将来戦略の実施に関する第一回見直しと評価に伴う勧告及び結論」（一九九〇年）では、勧告五において「政府及び関連団体は、労働市場における性による分離を排除し、女子雇用者の増加に務めるべきである。できれば一九九五年までに男女の報酬格差を縮める新たな努力をし、同一価値労働同一報酬の原則を呼びかける特別な措置を講じるべきである。……」とされている。一九九四年一月のＣＥＤＡＷ（女性差別撤廃委員会）における日本政府報告への意見にも同じことが繰り返されている。「同一価値労働同一報酬」は、英語圏でもイギリスはイコール・バリュー、アメリカ合衆国はコンパラブル・ワース、カナダはペイ・エクイティ（金城清子は、これに「賃金の衡平」という訳語をあてた）と呼ばれて、彪大な数に及ぶ文献が出されている。しかし、日本に紹介されているのは、一九九四年の後半までは、氷山の一角、いやほとんどないに等しかった。(4)

この国際的な具体的取り組みは、思想、運動、理論、法制度、実施の技術という種類に分かれる。しかし、日本では、一九九四年の後半までは、法制度、実施のはるか前のところで、国際的動向・理念の本質的認識を抜きに、日本の過去の賃金闘争の経験からの批判的見解に押されて十分な論議さえも起こっていなかった。なぜであろうか。その答えを数えきれない外国文献のなかから、一九九〇年五月に行われたヨーク大学公法・公共政策センター「ペイ・エクイティ」会議の報告集であるヨーク大学のフッジェとマグダーモット編『公正な賃金―賃金の衡平のフェミニスト評価』［Fudge & Mcdermott (eds.) 1991］を取り上げ、考えてみたい。

コンパラブル・ワース運動への理解は、資本―賃労働関係、あるいは市場の論理と、その外にある非市場的強制の問題（ジェンダー別による強制）との関連を適確に把握できるかどうかにかかっている。

編者による序文には、「フェミニズムを作業にもちこむ」と題がつけられていた。このことがこの問題の本質を示唆している。

編者フッジェとマグダーモットは、「ペイ・エクイティは、厳然とした、さしせまった政治問題として認識される賃金差別があることと、そのような差別を終わらせる戦略を開発し遂行することへの闘いの最前線にいたフェミニストの働きの結果として、カナダやアメリカ合衆国で政策日程に上ってきたもの」であり、この論文集は「賃金差別を終わらせるためのフェミニスト戦略としてのペイ・エクイティの評価に、遠慮のないフェミニストの姿勢をもりこんだものである」といっている。さらに、ペイ・エクイティとフェミニズムの関連を編者がどのようにみているか、私なりに要約すると次のようになる。

まず、ペイ・エクイティはフェミニズムを二つの意味で作業にもちこませた。第一に、ジェンダーがどのように経済関係のうちに現れるかを理解させるための作業に、フェミニズムの知的事業をもちこませた。男性に対する女性の低い地位を再生産する点において、ジェンダーと階級関係が多くの学術的論争を生み出し、いかにして従属が再生産されるかという問題について挑戦し続けてきた。性別職務分離と賃金格差は広範囲にわたっており、女性は男性に従属しているという仮説をともなう家族賃金がしばしば引き合いに出される。職場のヒエラルヒーのジェンダー・

バイアスに挑戦するペイ・エクイティは、賃金が階級関係とならんでジェンダーによってもいかにして形成されるかを検証するための機会を提供する。

第二に、ペイ・エクイティは、ジェンダー別賃金ギャップを除去する闘争に積極的であるフェミニストに、どのようにしたらそれが可能になるかについての政治的で戦略的な意思決定をすることを要求する。ペイ・エクイティの実施は、交渉や訴訟の際に、大きな経営コンサルティング会社、労働組合、行政管理者、そしてフェミニスト擁護者と結びついて発展する事業である。論争は、決定、測定、機構をめぐる問題に集中する。したがって技術的問題を理解することが必要である。女性の仕事を評価するために働いているフェミニストは、ペイ・エクイティ実施機関に参加しているフェミニストの経験から学ぶことができる。

▼賛否両論のなかでのフェミニストの実験と階級

それは客観的にどういう意味をもつだろうか。さらに要約を続けよう。フェミニストは、ペイ・エクイティを、「何が男女の間の経済的平等を達成するための最上の戦略であるか」という活動家たちに問われる一番むずかしい質問の一つへの最も明白な回答として出してきた。しかし、ペイ・エクイティの実施段階になって、最も重要な問題は、やはり「それはうまくいくか」ということである。しかし、この問題を、ただそのように単純化してとらえてはいけないのだ。

今までのところでは、この問題への回答にはフェミニストの間に大きな不一致がある。ある者は、それによって、女性がする仕事への組織的な低評価と低い支払いを含む差別の考えを広める固定的ジェンダー特質の基礎のうえでの経済報酬配分への挑戦において、ペイ・エクイティのラジカルな可能性を認めている。しかし、他の者は、これとは対照的に、リベラルな政治議論内部に境界を定め、ペイ・エクイティが賃金ヒエラルヒーへ取り込まれ、職務評価として知られている管理手段の拠り所となると強調して反対している。ペイ・エクイティの反対者たちはまた、それが女性の間の人種や階級分割に橋渡しすることに失敗し、他の従属集団からのフェミニストの分離を強めることになると批判している。

二人の編者はこの両方の立場に中立的である。

カナダのペイ・エクイティ立法が、雇用平等イニシアティヴから分離される傾向と、かつ人種による格差是正を犠牲にしてジェンダー間の賃金格差是正にもっぱら向けられる傾向の両方をもつという事実には、批判的見解があてはまるとも編者たちは判断する。ペイ・エクイティがうまくいくかどうかの戦略問題は、女性の労働についてのフェミニスト理解の中核をなし、またより大きな理論的、方法論的論争の一部をなすと編者たちはいう。その論点の一つが、「ジェンダーと階級の関係はどうなっているか、この関係は、女性の賃労働を方向づける際にどのような現れ方をするのか」ということである。

結局、理論的、方法論的問題に取り組むことなしに戦略的問題を考えることは不可能であるとして、編者たちはさまざまな見解を収録した論文集を編んだのである。

このような意味をもつ、新しい同一価値労働同一賃金の運動は、明らかに市場の論理を超えている。フェミニズムは、ジェンダー関係を第一義とし、市場の論理と資本―賃労働関係のこれまで試されてきた経験をはるかに超えてフェミニスト的社会政策を主張するのである。

現代の男女差別的なさまざまな経済外的強制が男女を同じスタートラインにたたせないのなら、フェミニズムは、逆に市場の論理の貫徹をせまろうともするし、さらにそれが不可能なときは、フェミニズムは公正と平等を求めて市場の論理を超えるのである。フェミニズムはさまざまな戦術をもってジェンダー・エクイティの可能性を第一義にかかげる。

こうしたパワー（それはまた多くの労働者階級の女性によっても支持され、期待されている）のグローバルな国際的努力の意味を、日本の労働問題研究者のどれだけが理解しているか不明であるが、資本─賃労働関係＝階級視点だけでは包み込むことのできない、平等や公正の問題が、労働問題研究・社会政策学領域で広がってきている。このことは、もともと市場の理論を修正していくことが社会政策本来の仕事でもあるはずだと解すれば特別不思議なことでもないのである。

▼労働者状態の把握に必要なジェンダー統計

労働問題・生活問題の研究にも階級視点とともにジェンダー視点が不可欠である。一例として、江口英一監修／労働運動総合研究所・全労連編の大著『現代の労働者階級─「過重労働」体制下の労働と生活』〔江口　一九九三〕を取り上げてみよう。

「労働者の状態」を把握するには、「労働と生活」をトータルに把握することが必要だというとき、その「労働と生活」への性別（ジェンダー）の関わりの明確な相違を認識することなしには「労働と生活」を論ずることはできないし、「労働と生活」そのものの実態を描き出すこともできない。さらに、たんに性別（ジェンダー）の相違を認識するというだけでは不十分なのである。男女がどのように「労働と生活」において現在不平等な状況におかれているか。それは資本にどのように利用され、資本蓄積に役だっているか。労働者階級の手でどのようにジェンダー関係を平等なものにしていくべきか。等々の視点が含まれていなければならない。それを欠いた労働者状態論は、労働力の女性化の進んでいる今日では女性労働者にとってはまず意味も関心もない。女性労働者は、自分の位置が明確にされていなければ、ジェンダーを第一義とするフェミニスト分析手法に、より魅力を感じることになる。

まず、江口を代表とするこの大規模な研究は、若干の章は別として、全体として調査対象者の属性を男女別で示すという手順をふんでいない。したがって、詳細な項目の組み合わせが、一部を除いて男女合計で出されることになる。そのことは、当時から、ＩＬＯ、国連、国際統計学会でも問題にされていた、統計が「ジェンダー明示的」であるべきだという方向から反れる結果となる（［法政大学日本統計研究所　一九九四、同研究所・伊藤編著　一九九四］参照）。

なによりも「職場」を重視し、「労働と生活」をトータルにとらえるということを方法の特徴とするこの研究が、調査項目のうち、ジェンダーによる差を明確にすることこそが労働者階級の状態を示すキーポイントとなる指標であるということを見落としてしまう。たとえば、残業時間、通勤時間、帰宅時間、帰宅途中で飲食する人の比率などはその種のものである。労働者状態を示す統計には、男女合計で出してもよいものと別々でなければ意味がないものとがある。性別によって明確に異なる労務管理が行われており、労働力再生産労働のほとんどを、たとえ共働きであっても女性が負うことが常態となっているその「労働と生活」をトータルにとらえようとするとき、多くの統計値が男女合計であっては実態を正確に把握することはできない。この書のうち、ジェンダーを明示して分析している章もあるが、その視点が全体に行きわたっていないことが問題なのである。

ある事実が、その職種にある労働者の状態の一般的特徴なのか、その職種に女性が多いことによる結果なのか、男女で異なった状態におかれているのに両者の薄められた平均でそうなったのかは、ジェンダー明示的統計によってでなければ結論を導き出すことはできない。

現行の官庁統計に階級隠しがあることに対して批判の目が向けられてきたが、今日では、ジェンダーがみえないことに対しても批判の目が向けられており、国際的にも、統計作成上の課題となっている。こうした動向を労働問題研究にも意識的に取り入れていく責任は、私も含めた研究者自身の内にある。繰り返しになるが、男性労働者か女性労働者かを明確にしなければ、そもそも労働者階級の全体の状況が明らかにならないことがあるのである。それは階級理論を深めるためにも必要不可欠の要素である。(5)

▼ジェンダー上位論のもつ問題点と限界

では、ジェンダー視点は、階級分析にどのように入れられるべきものなのであろうか。この点については、日本では試行錯誤が続けられている。階級とジェンダーの関わりについての社会科学的論議は、欧米では日本より二〇年もさかのぼってなされている。そこでの経験には日本が学ぶべきものが多くある。[6]

高島道枝と安川悦子の邦訳によって広く日本でも読むことが可能になったヴェロニカ・ビーチの『不平等な労働』のなかで、ビーチはいう。「私の意図は、理論分析に反対の主張をすることではなくて、むしろ実証的証拠について不十分な説明をし、そのことによって当該問題を単純化しすぎるような、理論的な論議の仕方に反対することであった。……その理由は、私たちはときに、問題をはらむ主張の原因となるようなフェミニストの知的作業にとってだけでなく、政治的実践のためにも不幸な意味をもつ」［Beechey 1987＝高島・安川訳 一九九三 一八〇頁］と。

しかし、日本の社会政策学のなかにフェミニストの知的作業がもちこまれるとき、ビーチの警告があてはまる。「階級一元論」の問題点を批判するあまり、逆に「ジェンダー一元論」に陥ってしまいかねない。フェミニズムが照射することによって浮き彫りにされる労働問題の理論的側面も、また対象の一側面であるにすぎない。たとえば、一九九三年一一月、社会政策学会第八七回大会、共通論題「日本型企業社会と社会政策」での安川悦子の報告のなかで、氏の作成になる数点の、これこそ「ジェンダー明示的統計」ともいうべき統計表が配布された。

結論からいえば、それは、前述江口英一の編著の対極的手法であり、これまで社会政策学研究者、したがってまた労働問題研究者が、資本―賃労働関係＝階級分析上位論によって蓄積してきた諸分析要因（たとえば、産業別・企業規模別等の詳細な与件との組み合わせ）の大胆なまでの捨象によるジェンダー統計であった。[7] これに対して、労働統計をひたすら男女別の比較に加工しただけで論点を導き出すことの単純さに、疑問を呈する社会政策学プロパーからの質問が出されたのももっともなことであった。しかし、その場合質問者が、ジェンダーに特化するフェミニズム手法の特徴とその意味を理解していなければ、双方で議論はかみ合わず深まらないという結果となる。社会政策学にジェンダー視点をもちこむとき、従来の階級関係上位分析の蓄積とのかみ合わせが必要であり、真に共有財産として研究の深まりをめざすならば、フェミニズムの側にもジェンダー抜きの先行研究の蓄積への十分なめくばりが要求される。そうでなければ、「ジェンダー視点なき階級一元論」対「階級視点なきジェンダー一元論」のすれ違いが生ずるばかりである。

3　社会政策の標準論争の周辺

▼経済学と「家族賃金」

一九九四年三月、日本学術会議と経済理論研究連絡協議会（研連）主催で、「経済学と女性―市場における解決をめぐって―」と題するシンポジウムが開催された。社会政策学会はこの研連とは異なる組織であるが、次の五氏がパネリストとして、それぞれの専門の立場から見解を述べられたのを私は傍聴した。

それは、①「女性の経済的自立と家族」水田珠枝、②「女性の経済的役割―市場と家庭」八代尚宏、③「女性の労働と家庭―労働力価値分割論を手掛かりに」中川スミ、④「〈市場経済〉化と女性―ロシアの場合」斉藤久美子、⑤「経済学において女性を扱うための理論枠組み」高橋正立、という題であったが、本章との関連で、①水田珠枝と③中川スミの論点を取り上げてみたい。

水田は、「経済学は、家族が生産機能を喪失した段階に成立し、家庭で再生産を負担する女性を背後に持ち、家族を扶養する男性を経済主体とし、その経済活動を分析対象とした。だから家族の再生産機能が縮小し、女性が男性とならぶ経済主体になった場合には、経済学のパラダイムはどこまで有効か」と問題提起した。経済学は、古典派、マルクス主義、新古典派を問わず、「家族賃金」に固執しているとして、固執していた経済学者、スミス、J・S・ミル、マルクス、マーシャルの名をあげた。「家族賃金」がまかりとおっている現状では、女性の賃金は低いが、「同一（同価値）労働・同一賃金の主張は、実現困難で一定の有効性をもたず、家事専業の女性を利用している男性の労働と、家事を負担している女性の労働とでは、同一次元で論じることはできない。労働市場に性差を持ち込ませず、男女を労働者として同じラインに立たせるには、再生産労働からの女性の解放が不可欠である」と主張した。

では、どうすればよいのであろうか。水田は、まず、「経済学が固執してきた男性の家族賃金を解体することによって、男性は家族を扶養する義務から解放され、女性は扶養される地位から解放される」といい、「家族の再生産機能の望ましい市場化、社会化」を追求する。「家事労働は、保育、看護、介護の職業労働化。住民による監視組織。掃除、洗濯の職業労働化、加工された食品、衣服の供給」、福祉政策は「母性保護は、原則として妊娠・出産・哺乳に限定。福祉の対象は、家族ではなくて個人。専業主婦は労働女性になっていくべきで、税制、年金制度での優遇措置の廃止」をすべきだという。

水田は社会思想史の専門であり、歴史家がもつ、社会政策学者とは異なる史料重視の立論を特徴とするはずであるが、まず、「家族賃金」をきちんと定義せずに使用していた。「家族賃金」概念は、歴史の一定の段階に、直接マルクスの賃金論と関わりのない運動論として現れたものであるはずなのに、最近の若いフェミニストにありがちの、歴史的に新しい概念を過去にまで適用して議論をするやり方を水田までもがとっていた。

また、水田は、家族の再生産機能の問題を取り扱う際、その機能についての関連科学での研究に関係なく議論を進める。たとえば、「加工された食品、衣服の供給」は、現状でも進んでおり、それに関して多方面からの研究がなされているが、それらをふまえたうえで、その先、何をどう改善すべきなのか、まったく政策がみえてこない。この領域は、家政学・生活科学の生活経営学領域での家事労働研究の蓄積を援用すべきであろうが、純粋社会科学の側は隣接領域の研究に接点を見出す努力を長きにわたってしようとしない。今日の家政学・生活科学は、このような問題の研究についてもきわめて能動的で、他領域の研究成果の摂取にはきわめて敏感である。

▼「家族賃金」と労働力の価値

水田にかみ合う問題設定は、社会政策学会の会員でもある中川スミによるものであった。中川は、「現代日本社会の経済構造の分析に女性労働や家族の問題を位置づけようとする提言が近年盛んになっており、そこでは、家族賃金イデオロギーの批判が論議の一つの焦点になっている」として、家族賃金イデオロギー批判の意義は、「今日、労働市場への女性の広範な参加のもとで、扶養家族をもつ男性労働者を標準労働者とし、男性賃金を家族賃金としてとらえることは非現実的であるだけでなく、その反照として女性賃金を家計補助賃金と規定することによって性別賃金格差を維持し、性別役割分業にもとづく社会システムを固定する役割を果たすことを明らかにしようとする」ものであると説明した。

中川は、特に「家族賃金」の考え方の源泉をマルクスの労働力の価値論に求めるのは正当ではないとし、「マルクスは、労働力の価値を労働者家族の再生産費としてとらえたが、それは、彼が、家族単位での労働力の再生産をあるべきものとして理念的・規範的にとらえたからではなく、それが当時の労働者の社会的平均的な再生産条件であったからである。現在ではこの条件は変化しつつあり、その意味で家族再生産費としての労働力の価値規定とその分割論は歴史的限界をもつ」ことを指摘した。

中川の説には私も大方同意するが、中川も「家族賃金」という概念を定義せず、いつどこで現れたかについての言及はなかった。「家族賃金」要求が一九世紀後半のイギリスの熟練工の労働運動のなかに現れた歴史的背景や労働者の階層性の検討（［吉田　一九九二］参照）を抜きにして、フェミニズムの側からのマルクス主義批判のキーワードとなりつつある「家族賃金」という用語を、そのまま用いることは安易すぎる。

また、中川は、家族再生産費としての労働力の価値規定とその分割論の歴史的限界についてふれ、その限界とは労働力の再生産のある部分が社会保障によって充足されることをさすと説明し、このような変化に対応するにはマルクスの理論は限界があるという意味のことをいった。しかし、このことは、黒川俊雄によってすでに提起されていた「労働力再生産費の社会化」という理論

〔黒川　一九七三〕と関連づけて発展させるべき論点であろう。

▼共働きという存在

共働きの存在形態と数的増加、および夫妻の家計の分かち合いの比率と家計支出の分析は、特に労働力の価値分割の進展の現象としてとらえられる。共働きの家計・生活時間配分の研究は、ながらく私のテーマでもあった（主なものは〔伊藤ほか　一九八四、伊藤　一九九〇〕）。

前述の江口英一らの『現代の労働者階級』は、「低賃金の深まりと生活の枠組みの薄弱化」という項目をおいて、共働きが一般化していることに焦点をあてている。共働きという現象をどう位置づけ、把握するかは、先のジェンダー・エクイティやフェミニズムとの関わりで重要な問題であり、「社会政策の標準論議」へもつながっていく。同書の随所にみられる共働きに関する叙述は、こうした最近の論調にどうマッチして展開されているであろうか。まず、共働きに関する基本的認識は、「配偶者の就労による追加収入の必要を高め、『高収奪下での共働き』とともに、『共働きは一般化』の傾向を強めることになる。その結果、それは過剰人口の増大要因となるとともに、賃金を引き下げる要因ともなる。こうした悪循環のどこかで歯止めをかけないとすれば、遅かれ早かれ、『生活の枠組み』それ自体が崩壊することになる。それは、『貧困』そのものを意味する」〔江口　一九九三　一二二頁〕ととらえられている。

しかし、続いて「共働きの一般化は、他方で労働力の『価値分割』をもたらすことになる。――『価値分割』は、一つの『価値』があって、それが賃金として現象する際に二つに分割されるという意味なのか。それとも、そもそも『分割された価値』として、賃金の本質に関わる問題なのか。そのことは、労働力の再生産の単位をいかに考えるか、という問題とも深く関わってくる。前者は、その単位を基本的には『家族』におくことを想定し、後者は必ずしも『家族』におく必要はなく、基本的には『個人』である。賃金理論においても、『価値分割』の理論は二つに分かれるように思われるが、労働力の再生産の単位についての問題は、なお不明確である」〔江口　一九九三　一二四頁〕としている。

この箇所の共働きについての叙述には、女性の男性と同等な経済力や女性の労働権という視点は欠け（たとえば「『共働きの一般化』は、家族の単なる不安定性にとどまらず、家族のバラバラ化＝『空洞化』を促進することになる」〔江口　一九九三　一二三頁〕という表現など）、同書の後の章で別の角度から分析される共働きのとらえ方とも矛盾する。しかし同書においてもともかく、「労働力の再生産の単位」、そしてまた後述の「社会政策の標準」に連なる問題提起がなされてはいる。それにもかかわらず、その理論は一九九〇年代前半のこの種の議論とかみ合うものではなく、まして や議論を前へ進めるものでもなかった。

▼共働き家族標準論

特に社会政策学会で確認したわけではないが、国の社会政策の標準がそうであるので、夫が収入を得て妻子を養い、妻は家で無償の家事労働をするという役割分担型家族を標準の単位とすることを、学会もこれまで前提としてきたことは事実である。

女性労働者の増加と共働き家族の増加によって、こうした従来の家族が数的にも圧倒的多数を占めるどころか、むしろ数的に少数派となり、この「標準」の外に多様な家族が存在するようになった。さらに、こうした従来型家族を標準とした社会政策は、それ以外の多様な形態の家族に不利益をもたらしていることが指摘されるようになってくると、新たな「社会政策の標準」が正面から問われ始めてくる。では、従来の役割分担型家族に代わる「標準」とは何であろうか。

それには二つの答えが用意されている。その一つは荒又重雄による「中・低所得、有子共働き標準論」であり、二つめは個人単位論である。荒又は、「政策がまずもって注目して保護しなくてはならない日本の標準は、中およびそれ以下の生活のなかに広がっているフルタイムの共稼ぎ、パートであっても労働時間から言ってフルタイム同様のものを含む共稼ぎであり、そのような生活をおくりながら、しかも子供を二人は育てているような勤労者家庭でなくてはならない」［荒又 一九九三 八九―一〇七頁］とした。

伝統的役割分担型家族に代わる新しい多数派である共働き、しかも中およびそれ以下、子ども二人以上という限定を付しての家族を今日の日本の労働者家族の代表とみなし、したがってそれが、今日おかれている状況から社会政策の標準たりうるというのは学会では初めての新しい主張であったと私は思う。さらに荒又は「家族に基礎を置いた世帯を労働力再生産の単位として認めなければ、……価値分割などという概念は議論の外になろう。……今日の問題は、将来に向けての価値分割のありかたの変化がいかにあるべきかなのである。この問題は、家庭内の民主主義の問題として、将来の標準家族像の問題と重なっている。……日本の将来は、とくに豊かとは言えない実直な労働者夫婦の生活の闘いのなかに、方向を見通さなくてはならない」〔荒又 一九九三 一〇二―一〇三頁〕と主張した。私もこの見解に同意する。

しかし、この見解は多くのフェミニストの反感をかった。なぜであろうか。

▼個人単位の社会政策

「社会政策の標準は個人である」という見解をみよう。塩田咲子は、二つの論文〔塩田 一九九一、一九九三〕その他で、この問題にふれている。

塩田は、今日の社会政策は女性の経済的自立と性役割をめぐる転換期にあるとして、女性が労働市場に出る社会的条件を整備し、性役割分業を解消して男性と対等な所得活動ができる社会政策が不可欠であるという。そのために、世帯を単位としてきた社会政策から個人を単位とする社会政策への転換を主張し、性役割にこだわらない、女性がどのようにライフスタイルを選択しても不利益をこうむらない男女平等な社会政策の必要を主張する。その具体的提案は、現在、女性に役割分担が押しつけられている家事労働のなかの、育児と介護を税・社会保障によって評価するという点である。

フェミニズム一般は、個人単位の社会政策を支持するが、伊田広行は、「シングル単位論観点による社会保障制度・税制度の再検討」〔伊田 一九九三〕のなかで、家族単位制は家父長制を温存するものであり、「性差別をなくし、本当に多様性を認めるためには、女性および男性が結婚しているか否かに関わりなくひとりの人間として社会的に出現できる条件を作る必要があり、そのためには、異性愛カップル（家族）を共同体視あるいは単位視してそれを前提とするのではなく、シングル（個人）を単位とするような政策体系に変更しなければならない」という。氏は、結婚し家族をつくることを標準・前提とすることを批判し、「シングル単位は、より大きいグループ（家族）を作る自由も論理的に許容するが、家族を前提とすること（カップル単位）は、より小さいシングル生活を選ぶ自由を阻害する」といい、その後の出版物［伊田　一九九五］においても同じ論調である。内容的には、前述荒又の説のまったく対極にある。

4　労働力再生産の単位は多様な形態をとる世帯

しかし、育児・介護労働の具体的内容は子どもや高齢者の衣食住に関する世話であり、税や社会保障で経済的に評価されたとしても、実質的に意味あるものにするためには、本章冒頭に述べた国際家族年の目的の一つでもある各種の社会的サポートが同時に存在しなければならない。また、シングル単位が複数で家族をつくって生活するとき、たんに人数を加算するのとは異なる、量から質への転換を考慮しておかなければならない。子どもや高齢者がその世帯の一員であるときにはなおさらのことである。

労働力再生産の単位は、多数の労働者夫妻がつくっている現実の世帯であり、平均的に予定される子どもの数を含めて社会政策の標準とする以外にはない。住宅の容量と構造一つを考えても、個人用のものをいくつあわせても世帯用とはならないし、単身赴任を除いて別居生活を望む労働者が急速に増えるとは思われない。このことは、住宅だけに限られる問題ではない。現行の家族を中心とした世帯単位政策が、ジェンダー・エクイティや、シングル等のマイノリティの犠牲のうえにたっているという意味なら、その問題をこそ改善すべきなのであって、世帯に標準をおくこと自体が問題であるとして短絡すべきではない。

個人（シングル）単位論は、荒又が提唱した中・低所得フルタイム共働き四人世帯を標準とする社会政策と矛盾するであろうか。荒又がいうとおり、この世帯もまったく優遇などされていない。個人単位社会政策が理想なのではなく、個人も世帯も不利益をこうむらない社会政策をめざすということが理想なのであり、問題がすりかえられるべきではない。

▼中・低所得世帯家計の実際

私は一九九〇年代前半、「全印総連」の家計調査の分析を担当した。この組合員の賃金は、荒又のいう「中・低所得、有子共働き世帯」を代表するといってさしつかえない。一九九三年の家計調査は、青年単身の組合員、共働き組合員の生活がよくみえる調査であり、家族賃金、生活賃金、共働き家計、男女同一賃金等、家族と賃金をめぐる理論問題にも示唆を与えるデータが出されていた。

組合が重視している四〇歳代家計を取り出し、これまでの二回の調査と比較し、「四人家族」の家計収支とその各構成比をみた。これによるとこの三年間、男性組合員の収支はあまり動きがなく、一貫して上昇しているものは、収入では妻の賃金だけであった。夫の基準内賃金は世帯の実収入の六割にも満たず、消費支出だけで夫の賃金をはるかに上回った。四〇歳代では、なにより教育費が問題になっている。子どものいる家庭で教育費の高さを嘆いていない感想文はなかった。

では、共働きの家計はどうか。共働き家計の分析は、妻パート共働き、妻フルタイム共働きを分けてみなければ意味がない。比率で夫妻の収入の分かち合いをみると、妻無職夫妻は、夫が実収入の九割以上を分担しているのは当然として、妻パート世帯では、妻が実収入の一七%、妻フルタイム世帯では、妻が同じく四四%を分担していた。

「全印総連」の過去二回の調査でもほぼ同じ傾向を示していた。非共働き世帯を一〇〇とした、妻パート、妻フルタイム世帯の収支の比をみると、妻フルタイム共働きは、可処分所得で一・五倍、消費支出で一・三倍、租税公課では一・八八倍、保険掛金・貯金等の実支出以外の支出は一・六倍の規模であった。パートタイマーの家計もほとんどまんべんなく家計収支の規模を広げているが、パートタイマーは、年収一〇三万円の壁におされながらも家計に貢献している。そのことは夫である組合員の感想文にも現れていた。

男女組合員本人の賃上げ、暮らしの社会レベルでの見直しと配偶者（男女）の収入アップと、この三つはどれも欠かせない。いずれを欠いても中・低所得の労働者世帯の生活の質のレベルアップは不可能である。フェミニストが指摘するとおり、「家族賃金」などといっておれない状態であった。

▼中・低所得単身男女の場合

「全印総連」の単身労働者を総括的にみると、男女をあわせた単身者の平均年齢は二六・八歳、一九九二年の年収は平均約三三八万円、ゆとりある生活のためにはあと月平均約五万一〇〇〇円を要求している。ひとり暮らしのほうが総じて食や住まいの基本的な出費がかさむ。また、同じひとり暮らしでも男女の収支にはかなりの差が認められる。まず、平均年齢が男女ほぼ同じであるのに、女性の勤め先収入は男性の八三％である。単身の場合は低賃金である分だけ直接的に租税公課の引かれ方も低くなっているので、可処分所得は男性の八七％。主な消費支出では、食料費、自動車関係費、教養娯楽費、職業費等が女性は男性よりかなり低い出費となっている。しかし、住まいや衣に関するもの、保健衛生費等は男性より女性のほうが高い出費になっている。

単身男女の支出のパターンの相違は、どこからくるのか。この問題は、ある面は男女の賃金格差と関わり、他の面はそれとは関わらない。この男女が二人で世帯をもったとき、新しい世帯のなかで、それぞれの消費要求を金銭的にどう統一して実現するのか。食事づくりなど家事技術をもっている女性が自動車を持っている男性と結婚しても、男性だけの年収四〇〇万円では、これまでの各々の生活水準を維持していくことは無理であるばかりか、家計は成り立たない。

男性だけが自分の収入で妻子を養う賃金をとるという考え自体、この階層の労働者では無理である。ゆとりある生活にはあと五万円というのも、自分ひとりの生活のゆとりのことであって、いまや共働きでなければ、単身時代の生活水準を大幅にダウンさせることになる。低・中所得共働きを前提とした世帯単位の社会政策は、今日の日本の幅の広い労働者の要求となるはずである

〔伊藤　一九九二、一九九三、一九九四〕。

▼性の平等と労働力の発達と──個人も・世帯も

「全印総連」の家計簿を念頭におきながら、ここで、「個人単位が性の平等にとって、望ましい政策標準であるとしても、個人単位となるためには、どのような条件が必要か」という竹中の問題提起にたちかえってみると、条件の第一は、女性労働者の賃金の引き上げを中心とする雇用における男女平等の進展であろう。家族単位の否定は、一部上層の男性労働者の賃金停滞を招くかもしれないが、中・低階層の男性労働者にとってはほとんど変化はない（今日でも共働きでなければやっていけない）。第二は、労働力再生産費の社会化部分が子どもや高齢者に関わる部分を中心に、費用と時間の両面で増大していくことであろう。つまり、誰もが人権を尊重されて生きていける社会的サポートが広がることである。第一は直接賃金に関することであり、第二は間接賃金部分と再分配部分である。しかし、これらは条件ではなく、目標そのものである。性の平等と労働力の発達は、「個人単位か世帯単位か」という問題のたて方ではなく、「個人も世帯も」という発想によって可能であり、それが両性にとって納得のいく政策であるためには、階級視点とともにジェンダー視点が不可欠である。

（1）「国際家族年」という日本語を、日本で政府機関が公表した最初は、一九九〇年五月二四日国連経済社会理事会採択の「二〇〇〇年に向けての婦人の地位向上のためのナイロビ将来戦略の第一回見直し」の総理府婦人問題担当室訳の文章中においてである。その「勧告一七」において「一九九四年の国際家族年の一環として、子ども及び扶養家族に対する世話の問題並びに家庭内の責任及び親その他の者が世話をする責任を分かちあう問題について、各国の経験の評価も含めて、分析するための特別の努力を行うべきである」と書かれている（総理府編『婦人施策の指針』ぎょうせい、一九九一年三月）。国際家族年が、この文脈でまず日本に紹介されたことに私は注目したい。

（2）二五カ国、四国連機関、一三NGO団体から八八名が参加した。日本政府代表は、北京日本大使館、厚生省・外務省・文部省、経済企画庁からいずれも男性が出席しており、NGOからは、汎太平洋・東南アジア女性協会（PPSEAWA）と国際家族法協会からそれぞれ一名計二名の女性が参加している。この会議での配布文書には重要な内容のものが多いが、情報過多社会日本にあって、この会議についての報道がほとんどなかったことは問題であろう。こうした家族年へのプロセスを文書で確認しながら、私はこれまで家族年への私の位置のとり方を方向づけてきた。

一九九三年七月一六日付の北京会議の報告書（SD/IYF/Rep.）によると、会議での議題として、「アジア太平洋地域の家族の状態」「国・地域の国際家族年の準備状況の報告」があげられているが、この議題に関連して膨大な事前資料（「太平洋における家族の状況」〔SD/IYF/1 21の太平洋諸島・地域を含む〕、「東アジア・東南アジアにおける家族の状況」〔SD/IYF/4 中国、日本、韓国、マレイ／インドネシア、フィリピン、タイ、ベトナムの家族に関する個別報告を含む〕、「南アジア・中央アジアにおける家族の状況」〔SD/IYF/3 アフガニスタン、イラン回教共和国、パキスタン、インド、ネパール、バングラデシュ、ブータン、スリランカ、マルディヴ、中央アジア共和国：タジーク、ウズヴェク、タコマン、カザフ、キルギス、カラカルパクを含む〕、「アジア・太平洋における家族の状況―地域の概観」〔SD/IYF/2〕）が配布されており、この地域の家族の状況を網羅した貴重な資料となりうる。

また、国連は、一九九四年から毎年五月一五日を「国際家族デー」（The International Day of Family）とすることを知らせている。

（3）国連国際家族年コーディネーター、H・J・サカルスキー氏の一九九二年八月、国際家政学会（IFH

E）ハノーファー大会での講演中の言葉。日本国内では、国連での家族年設定の経過、ESCAP、NGOの取り組みの過程がほとんど報道されなかった。情報不足のうえ、この懸念に加えて、日本政府が少子化対策のキャンペーンに矮小化して利用するのではないかとの不信から、国際家族年をこれまでの女性の運動と効果的に結びつけることはできなかった。

それ以前の経過をたどれば、一九八〇年代初頭からの、開発における家族の問題、先進国の家族形態・機能の変化を背景に、家族問題を専門とするNGO（私の所属するIFHEは一九八二年以来、国際家族年の設定を方針としていた）や、東欧諸国の要望もあって、一九八〇年代の半ばから国連経済社会理事会で家族問題が取り上げられるようになった。一九八七年第四二回国連総会で「家族の保護と援助に関する国際的な協力の必要性の決議」を行い、翌八八年の第四三回総会が国際家族年の制定を決めたうえで、その時期設定についての原案作成を事務総長に要請し、提出された事務総長報告にもとづいて、一九八九年第四四回総会が採択し、一九九四年を国際家族年とすると決議した。国連から出されている関連諸文書を読む限り、「国際家族年」は、世界人権宣言、女子差別撤廃条約、ナイロビ将来戦略、子どもの権利条約等を考慮し、その蓄積の延長線上に位置づけられるものであることが理解される。したがって、グローバルな視点で地球上の家族に生じている問題にあらゆる角度からの検討の必要を訴え、今日、家族機能の弱体化、崩壊と解体、ホームレス、都市化、移住、難民、貧困、極限状態にある家族等、市場経済圏、計画経済圏、開発途上国を問わず、共通して現れている現代の家族の否定的な状況を取り去り、社会における基本的な援助システムや法律の点検、再検討が必要であり、妥当な社会福祉政策が打ち出されなければならないことが「国際家族年」の背景にあることを明確にしている。国際家族年決定の経緯にはさまざまな要因があり、グローバルな開発政策に、家族資源を統合する国連の「家族政策」にその本質があるという見方をとるものもいる［渋谷　一九九四a、一九九四b］を見よ）。

（4）　私も一員である「女性労働問題研究会」は、一九九〇年代に入ってコンパラブル・ワースをめぐる国際的文献をフォローしてきたが、当時の情報の一端は、居城舜子が発表した二つの論文［居城　一九九三、一九九四］からうかがわれるであろう。その後、一九九〇年代後半から二〇〇〇年代に入っていくつかの紹介、研究が現れた［Gunderson 1994＝法政大学日本統計研究所ほか訳　一九九五、Blum 1991＝森ほか訳　一九九六］。最新の成果は第一二回社会政策学会奨励賞を受賞した森ます美［森　二〇〇五］のものである。

（5）江口英一監修の『現代の労働者階級』の書評が、鷲谷［一九九四］によってなされている。この書評は、私にはきわめて妥当と思われるが、「データの取り扱いについて」の論点で、ジェンダー統計視点からの批判が抜け落ちていること一点が悔やまれる。実は、この膨大な調査のジェンダー視点欠如を補おうと、労働総研の内部で、調査データのジェンダー視点による組み換えが試みられた［桜井・伊藤・木下　一九九六］が、ほとんど注目されることなく徒労に終わった。

（6）たとえば、アメリカ合衆国のコンパラブル・ワースの研究の一つで、階級利害からの接近とフェミニスト的意識からの接近を詳細に検証したBlum［1991］は、最終章第7章を「階級とジェンダー運動のラディカルな可能性」と題して階級とジェンダーの両側面からの考察をあくまでも重視する。

（7）社会政策学会第八七回研究大会での安川悦子の報告「日本型企業社会と家族問題」は当日の配布資料とども、社会政策学会研究大会社会政策叢書第一八集『日本型企業社会と社会政策』（啓文社、一九九四年）に掲載されている［安川　一九九四］。そこでのほとんどの図は、ジェンダー（男女）別の明示を急ぐあまりに、白書等からの転載であり、このような図示には不可欠の、数字のよっている統計原資料名さえも明記されていない。

第2章

生活・ジェンダー・社会政策

■労働と労働力再生産論の反省と新展開

一九九七年一〇月三一日に社会政策学会と佛教大学総合研究所主催で行われた、社会政策学会一〇〇周年記念シンポジウム「ジェンダーで社会政策をひらく」では、労働、福祉、家族の柱がたてられていたが、生活という切り口はなかった。社会政策は、広い意味では、人々の、労働生活のみならず労働力の再生産の場を含めた一日二四時間のトータルな生活を、週、年、労働生涯、生物的生涯にわたって対象にするはずである。

だから、生活問題という括りはかねてから社会政策学の領域の一つになっていた。もともと社会政策にとっての生活問題は、古典的貧困問題が中心であったが、次第に労働者状態をまるごと把握するうえで重要となり、その後の賃労働の理論の構成にとっても不可欠な視点となっていったのである。

戦前の旧社会政策学会は第六回大会（一九一二年）で「生計費問題」をテーマとしているし、第二次世界大戦中の戦時社会政策論のなかで、安藤政吉、大河内一男らは新たな国民生活理論を構築し、そのうえで戦後、篭山京、中鉢正美らとともに家庭経済論、家庭管理理論を展開した。私は一九六〇年、経済学部で社会政策を専攻する学生として、日本の家政学に影響を及ぼしかつ反発を呼び起こしていたこれらの生活理論に出会った。

戦後の社会政策学会の大会で共通論題に生活と銘打ったものをあげれば、第一一回大会（一九五五年）「国民生活の窮乏化と社会政策」、第三九回大会（一九六九年）の「生活構造の変化と労働者状態」、第七一回大会（一九八五年）の「社会政策の危機と国民生活」、第八三回大会（一九九一年）「社会政策学と生活の論理」、第八五回大会（一九九二年）の「変化のなかの労働と生活」、第八九回大会（一九九四年）の「今日の生活と社会保障改革」、そして、第九四回大会（一九九七年）の「アジアの労働と生活」がある。

もっとも、共通論題に「生活」の用語が入ったかどうかはそれほど決定的問題ではない。私は、第六五回大会（一九八二年）「『構造変動』と労働者・労働行政」という共通論題のとき、「現時点における日本労働者の生活構造」と題するテーマで報告を指名されたことがある〔伊藤　一九八四〕から、丹念に追えば、そのような例、および自由論題の報告のなかに生活をテーマとするものが多く含まれているだろう。

こうした、社会政策学のなかでの生活の取り上げ方にジェンダー視点を入れてみたらどうなるかが、本章のテーマである。本章は次の順序で展開される。

第一は、経済学は「再生産」「非市場」の問題を無視してきたというフェミニズムからの批判と社会政策学の生活問題研究との関連を扱う。第二は、社会政策学の一領域である労働問題研究と生活問題視点・ジェンダー視点との関係をふりかえる。第三に、特に生活をジェンダリングするときに必要な研究のツールとしてのジェンダー統計に目を向けたい。最後に、ジェンダー視点を入れた生活問題研究、おおかたの社会科学的研究での可能性と限界を考えたい。

1　社会政策学は「再生産」「非市場」の問題も包括した

経済学のなかで、社会政策学は労働力の生産と再生産の問題を対象とし、資本と賃労働の労働市場や職場での力関係だけではなく、再生産の生活の場や再分配等の非市場的側面も問題にしてきた。フェミニズム(2)は、経済学は「再生産」「非市場」の問題を無視したと批判するが、社会政策学会の歴史をふりかえってもこうしたフェミニストの経済学批判(3)は一定程度あたってはいるが、そのまま単純には受け入れられない。

ちなみに、フェミニズムのいう再生産とは第一義的に「リプロダクション」、すなわち「生殖」のことを意味する。私は、経済学における資本の「拡大再生産と縮小再生産」、財やサービスの「生産と再生産」、労働力商品の創出と「再生産」という用語法に慣れてきた。したがって、それぞれのジャンルのローカルタームを他領域の用語法を無視して、侵入し、置き換えることに慎重であるべきだと思う。また、その反対に特定のシューレの経済学の用語法（ジャルゴン）をもって他を律するのも混乱のもとになるから（たとえば、マルクス経済学の「価値」）、フェミニストの立場にたって再生産を単純に生殖と読み替えてみることにする。もっとも、「ジェンダーの再生産」という使い方はフェミニズムばかりではなく広く使われているから、再生産を生殖に限定しているばかりでもないことは認めてのことである。

さらにフェミニストのいう経済学とは何かという問題もあるが、それもここでは問わないことにする。それでも私はやはり、経済学の一分野である社会政策学は再生産の問題を取り上げてきたといわざるをえない。その場合の再生産は「労働力の再生産」である。労働力という概念をめぐる論議・論争をここでは繰り返さない。結論からいえば、そして異論もあろうが、私の考える労働力は人間の肉体的・精神的能力の総体をさし、けっして労働力商品だけを意味しない。それなら労働力という用語を使わないほうがよいというのであれば、人間とでも人間活動力とでも置き換えてかまわない。

わかりやすさを考えて人間で代表させよう。生殖とは人間の生産であり、同時に世代の再生産である。生殖のためには生殖する男女[4]の生活が前提となり、生殖の結果生まれてきた人間の生命の継続と人間としての発達が、最低、国連の人権宣言レベル、および憲法の定めるところによって保障されなくてはならない。

こうした意味での「再生産」「非市場」を社会政策は取り込んだ。しかし、労働力の「再生産」は、対象自体が社会科学で扱いきれるものではなく、自然科学プラス文化・芸術的なものを構成内容としている。だから、社会科学・経済学の一分科の社会政策学ですべて扱えといわれてもはみ出す部分がある。とてもすべてを包括しきれない。私は、家政学の世界にも入り込んで、社会科学・経済学・社会政策学を相対化して観察してきた。家政学は大学の学部名を、今日では生活科学あるいは生活環境学と置き換えているところが多く、科学研究費申請の分類でも「生活科学」に変わっていることからもわかるように、生活全般を扱うことの専門性においては、経済学とは異なる次元でその比ではない広さと深さをもっている。そこでは衣食住等生活必要手段の使用価値と文化・芸術面を広く扱うし、育児、家計、生活費、生活時間、家事労働を子細にかつ包括的に、技術的側面も含めて扱うのである。家政学の生活研究のまえでは、理論をより重んじる経済学者・社会政策学者はある意味ではたじろがずにはいられない。

社会政策学は、「再生産」や「非市場」の問題を理論的射程では扱ってはきた。しかし、家政学・生活科学のようにではなく、フェミニズムの特徴であるジェンダー視点とは関係なく、むしろジェンダーを捨象のうえで扱ってきたのである。そのこと自体、階級関係のなかで労働者の生活問題の解決を対象とした社会政策学ではごく自然であった。それぞれが自らの研究領域に課された課題の解決の可能性に挑戦し、限界に突き当たった時点で、学際的に摂取できる領域から補完して、仕切り直して対象にせまる以外に手はないと私は考えている。そしてそれが否応なく必要な時代に入っていくのである。

まとめれば、社会政策は「再生産」「非市場」の問題も包括しているから、社会政策学も、限定つきのやり方ではあるが、これらを包括してきたのである。

2　労働問題研究と生活問題視点・ジェンダー視点との関係

賃金、労働時間、労働条件等の典型的社会政策学の労働領域の問題の研究において、生活問題視点が次第に重視されてきた。社会政策学会ではながらく主として秋の研究大会がその問題意識を強くし、その成果が蓄積されてきていた[5]。

生活科学・家政学領域で生活費研究、生活時間研究、生活様式研究に従事してきた私が、賃金要求、労働時間短縮要求や過労死問題のシンポジウム等にかり出された時期がある。このとき必然的にジェンダーの問題が問われることになる。階級視点からの生活問題研究がジェンダー問題に出会ったのである。つまり、解決すべき問題は階級とジェンダーのからみ合いの複合物であり、階級視点からだけの接近ではことを打開できなくなったのである。そういう事態を、経済面ばかりでなく、歴史的・社会的要因、一言でいえば時代が招いたのだ。

たとえば賃金要求では、どの程度の賃金水準でどのような生活手段（財やサービス）を購入するのが標準的生活なのか、生活のなかに労働者として何を取り込んでいくべきなのか、今日では環境を配慮したあるべき生活様式とは何かという問題が、賃金要求の根拠として問われなければならない。全物量方式での標準生活費の算定のあり方が問題になった[6]。理想の賃金を男性労働者一人で稼いで家族を養うことは空論であることがわかる。

他方で妻の収入が増える。内職、パートタイムからフルタイムの共働きまで妻の勤め先収入がどうしても無視できなくなる。しかも、女性労働者のなかで既婚女性（夫およびそれに類する関係にある人がいる女性）の比重が増え、パートタイマーの比重が急速に高まる。他方、単身で経済的に賄っていく女性も増える。女性労働者が主導する男女同一（価値）労働同一賃金要求は、昔の「母ちゃんに内職させなくともよい賃金を」「パートさせなくてもよい賃金を」というスローガンと矛盾することは明らかになった。こうした問題と従来からの賃金要求（家族賃金、最低賃金）をどう統一すべきなのか。賃金という階級的問題にジェンダー課題がからみついた。

家政学は標準生活費の算定にあたって、生活手段・サービスの使用価値の質と量をまず問題にする。財を最終消費にもちこむ際に付け加わる家事労働についても、その質と量を問う。「誰」が「何」を「どのよう」な生活技術を用いて消費するかを問題にする。消費のプロセスから廃棄にもちこむ時期（消費財を使いきる耐用年数を含めて）と方法を、資源・環境問題をグローバルに考慮したうえで全物量方式で計算しようとする。最後に、それに価格（価格の選び方にも一定の理論と方法がある）をあてはめる。ここでは、家庭・家族関係のなかで「誰」（したがって男か女か）がその生活手段・サービスを消費するのか、ということが、仮にジェンダー課題に無意識である場合でも常につきまとっている。

生活時間統計ほど誰の目にもジェンダーが浮き上がってみえる統計はない。二四時間の中に生きていくうえで必要な行動を入れ込もうとして苦闘しているのは、実は労働生涯を通じて長時間労働にあえぐ会社人間の男性ばかりでなく、一定のライフステージで九時—五時でさっさと家路につく底辺のフルタイム共働き妻であることが多い。私は一九七五年から二〇〇〇年まで（それ以降は若手が引き継いで科学研究費を獲得して調査を続けて、二〇〇五年調査をまとめた）五年に一度、共同研究者を交代しながらも東京都在住の雇用労働者カップルに生活時間調査を続けてきた。一九九五年には、韓国の研究者とソウルと東京の同時調査を共同研究で行った(7)。

家庭生活の場から切り離してシングル単位で生活時間調査をしても、具体的な家庭の場でのジェンダー関係は希薄化されて明確にみえてこない。労働時間の問題を、階級問題だけで解決しようとしても運動の力とならない場合がある。生活時間はジェンダー問題であり、同じ家庭のなかの、生活の営みのなかでのジェンダーの問題として認識するときのほうが方向がみえやすいのである。

過労死問題は労働と労働力再生産のバランスの問題である（今日はこれをワーク・ライフ・バランスと言い表している）。それは、労働力再生産領域視点がジェンダーでの役割分担を暗黙に前提するだけでなく、男女労働者個人の問題としても見直されなければならないということである。つまり、労働と労働力再生産を男女で分業するのではなく、それぞれ、自分の労働と労働力の再生産に責任をもてる働き方の問題への注目ということになろう。

労働力再生産領域の問題は、ジェンダー視点なしにはとらえられない。それは、ジェンダーという明確な用語を用いたかどうかの問題ではなく、男性と女性の役割分担や経済的に不平等な関係を問題にすることなしに、生活の問題を論じることができないということである。

ここに、改めて生活・ジェンダー・社会政策をキーワードとして列挙してみると、社会政策の問題のある側面にジェンダー視点で新たな光をあてることができることに気づかされる。社会政策学は、生活問題＝労働力再生産問題に従来から取り組んできた経済学の一領域であり、経済学は生産を扱い、再生産・非市場を扱わないという断定は、社会政策学の歴史がある限りできないであろう。

しかし、ある側面では労働問題研究が生活視点を欠き、たとえ生活視点をもっていたとしてもジェンダー視点を欠いていた例が少なくないことも事実である。

生活視点とジェンダー視点は、本来別のものである。生活研究者にジェンダー視点欠如があるのは稀ではなく、ジェンダー研究者には生活視点不在のことがあるのをよく見かける。生活の現実のなかにこそ、ジェンダー視点が根づかなければ社会政策にとっては意味がない。

3　広義の労働と労働力の再生産論にジェンダーの視点を

社会政策を研究対象としている社会政策学会においては、一九九〇年代前半からジェンダー課題は意識され始め、「社会政策と女性」という認識は「社会政策とジェンダー」に転換した。学会内に組織的にも「ジェンダー部会」を設け、一九九五年以来、年次大会ごとにテーマを設定した分科会をもっている。このシンポジウムのあとも、一九九八年三月、日本学術会議第三部経済政策研究連絡会が主催して「パラダイムの変換と経済社会政策」と題するシンポジウムを開催した。社会政策学会からは「ジェンダー視点で経済社会政策を拓く」と題して大沢真理幹事が報告し、高田一夫学会代表幹事（当時）が討論者になった。同年五月、社会政策学会のジェンダー部会は「福祉国家とジェンダー」というテーマ設定をしているし、それは、一九九八年一〇月の学会にも受け継がれている。また、ジェンダー関連書の書評分科会を設けて多数の男女会員が参加している。

「ジェンダーで社会政策をひらく」をわかりやすくいえば、「男女共同参画」時代の社会政策を新たな発想で考えていくということである。それはまた、ジェンダー不平等に陥ることを防ぐ社会政策のことであり、人がジェンダーフリーに生きられる条件としての社会政策でもある。国は「男女共同参画基本法」を準備している。これからは、意思決定機関にジェンダーに偏らない男女の参加があっての社会政策立法でなければならない。

日本の社会政策学会一〇〇年の歴史は、単純化すれば「階級で社会政策をひらく」であった。それは時代の反映であり、資本と賃労働関係が問題の核心になったからである。今日の情況からふりかえってジェンダーブラインドであったなどと非難されるべきものではない。問題は、歴史のなかで対象自体が変化するその流れを、どのように的確に認識して対応してきたかである。

福祉国家の困難・高齢社会・女性労働の困難・環境問題・規制緩和・失業等々、広義の労働と労働力の再生産が困難な今日、「ジェンダー」は、社会政策の対象自体によって要求されるまだプライオリティの高い視点の一つとなっている。市場労働・雇用労働以外の広義の労働に対する社会政策にはジェンダー視点は不可欠である。さらに社会政策は、従来から中心においていた経済的要因のみならず、その名の示すとおり社会的（文化的を含む）要因にも目を向けなければならない。社会政策が効果的であるためには、多文化社会の今日、文化的要因をも視野におさめなければならない。

以上の視点は、いわば新たな社会政策本質論争にも挑み、社会政策論の新展開に寄与すると思われる。もとより社会政策そのものは、学会員のためにあるのではなく、男女市民のためのものであり、そのための理論構築が学会に課されているのである。

4　生活研究のツールとしてのジェンダー統計

生活研究にジェンダー視点で取り組むとき、政府が生産する社会・経済統計の利用が不可欠であるが、この政府統計が使いものにならないことがある。その理由は、実は統計生産者の側のジェンダー視点の欠如にある。私はここで、ジェンダー一般ではなくジェンダー統計に絞って問題にする。ジェンダー統計とは、統計の作成にあたって、たんに男女区分があるというだけでなく、問題のある男女の状況把握や関係改善に連動することを認識して作成された統計数値および統計図表とここでは定義しておく。例をいくつかあげてみよう。

まず一つは、日本が継続性と規模を誇る国の家計調査における収入主体の性別表示の問題である。総務庁（現総務省）「家計調査」も「全国消費実態調査」も、長い間、「世帯主」の対語として「妻」をおいてきた。「世帯主」の定義はこれまでながく「主たる生計維持者」、現在の「家計調査」では「家計費に充てるための収入を得ている人」であって、けっして性を現すものではない。にもかかわらず、その対語が女性＝「妻」だったのである。この点は、「世帯主」概念そのものにも疑問を投げかけた国連「ナイロビ将来戦略」（一九八五年）前後の国際的動向等に刺激された日本の女性の運動や、生活研究者（実は家政学領域の）からの要望によって一九九〇年代に入って部分的に改善され、「世帯主」の対語に「配偶者」をおき、主要な表だけにはかろうじて両者ともに男女の別を明示するものとなった。しかし、貧困の女性化の問題が重視されている国連「北京行動綱領」（一九九五年）以降の今日でも、「男性世帯主」と「女性世帯主」を対照させて家計収支を比較する統計は作られていない。「母子世帯」という区分はあるが、これは「女性世帯主世帯」と同じではない。また「母子世帯」に対して「父子世帯」という区分はない。

第二に、収入とならんで、支出の男女差（多くはジェンダーにもとづく差）も重要であるが、今日では明白な差は単身世帯の統計からのみ得られる。単身世帯の収支調査は、毎月集計される「家計調査」では行われず、五年に一度の「全国消費実態調査」で行われていた。一九九五年以降は単身世帯の急速な増大を反映して、小規模ながら総務省も「単身世帯収支調査」を継続して行うようになり、それが二〇〇二年から「家計調査」のなかに統合された。しかし、このジェンダー差をみることができる恰好の数値が、ほとんど（すべてではないが）男女計で集計されていたのである。単身者の統計であれば男も女も関係なく合計してしまうというのは、ジェンダー視点の欠如を意味する。

第三に、国の唯一ともいうべき生活時間調査「社会生活基本調査」（総務庁、現総務省）をめぐる問題をあげよう。この調査は一九七六年から五年に一度行われているが、一九九一年、続いて一九九六年に行われた二度の調査は、北京における第四回世界女性会議の「北京行動綱領」の問題提起を受けて経済企画庁（当時）が行った「アンペイドワークの測定」にも、利用されたほどのものであった。しかし、同調査は生活行動分類中の家事労働関係が欧米の同種の調査に比べて大ざっぱで、かつ、同じアンペイドワークの範疇をも含んでいる社会的活動関連の項目も詳細な区分になっていなかった。このことは、企画の段階で、男女の異なる生活行動（特に家事労働や社会的活動）への深い洞察に欠けていることを現している。こうした問題については、研究者もNGOも自前の調査を行って改善点を検討し、政府に具体的要望もあげた。私たちの一九七五年来の生活時間調査は、この欠落点を補うためのものであった。高齢社会に対応する生活時間調査として行われた一九九六年「社会生活基本調査」は一部改善がみられ、二〇〇一年調査からは、従来の調査をA、新たに項目を増やした集計をする部分をBとして公表するようになった。

EU統計局は、一九九〇年代後半から生活時間のヨーロッパ統一調査に取り組んでいるが、アフターコード方式による分類は、特に家事労働部分が詳細で、成果が期待されている。一九九七年一一月には、EU主催の生活時間調査ワークショップに日本の総務庁統計局からの代表も参加しているが、ヨーロッパ統一調査に呼応して一九九六年に実施した、法令にない「生活時間基礎調査」の結果の集計の公表は行われないままであった。しかし、既述二〇〇一年調査Bに活かされたものと推測される。

第四に、農業に従事している男女の特徴を明白に示す統計の不備である。国も「男女共同参画二〇〇〇年プラン」にもとづき、「農山漁村におけるパートナーシップの確立」をかかげ、農業就業人口の六割を占める女性の地位向上に取り組んだ。しかし、「農業センサス」をはじめとする、伝統ある農林統計にジェンダーの視点は乏しい。「男子の（農業）専従者」「男子生産年齢人口のいる世帯」というように、男子だけを全体から単独で区分し、「あとつぎ」も男性を前提として製表されている。他方、「家事・育児が主の人」は女性のみの区分しかない。「家族経営協定」でも、家事労働が協定項目外にされる意識の背景は、こうした統計表の作り方の伝統とも関連していよう。農業政策、農家の女性政策策定のためのジェンダー統計は他の統計に比しても遅れている。

第五に、福祉とジェンダー統計である。社会政策はこれまでも貧困に目を向けてきたが、「貧困の女性化」が国際的に問題視されている。従来の貧困化理論は階級としての絶対的貧困と、資本に対しての相対的貧困を統計によって示したが、現在は貧困の女性への偏りを問題にする。そのことによって、女性に対するきめ細かい政策を打ち出すことが可能になるからだ。しかし、必要な統計の整備が遅れている。また統計のユーザーとしても、統計の生産の側に、どの統計がどのように必要かとの働きかけが必要とされている。

以上のように、人々（男女）の生活状態を正確に把握し、必要な改善策を講じようとするとき、ジェンダー統計の不十分さが浮かび上がる。

ジェンダー統計問題を初めて私が考えたのは、一九八五年の「ナイロビ将来戦略」二九五項の世帯主用語にまつわるものであった［伊藤・居城　一九八九　一七―二八頁、Ito & Ishiro 1989 pp. 663-672］。私のジェンダー統計への認識の出発点は、実質男性「世帯主」に偏重する家族手当問題への女性労働者の疑問にあったが、学会レベルでは、一九九三年フイレンツィエで開催された第四九回国際統計協会（ＩＳＩ）大会であった。この大会では「ジェンダー統計」のセッションがもたれ、ここでスウェーデン統計局のビルギッタ・ヘッドマンらの国際的ジェンダー統計運動に出会った。ヘッドマンは国連の技術顧問としてジェンダー統計の訓練や作成の指導にあたっており、ＧＯ（政府機関）ばかりでなく、ＮＧＯ（非政府機関）の統計活動も重視していた。一九九五年の北京における第四回世界女性会議の折、ヘッドマンはイタリアのフランチェスカ・ペルーチたちとともにジェンダー統計のワークショップをNGOサイトで三回開催したほか、政府間会議サイトでも正式な会合を開いた〔伊藤・森 一九九六〕。

国連では、INSTRAWがジェンダー統計運動の先頭にたっているし、アジアにおいては、ESCAP統計部、同WID部等が中心になってアジア開発途上国の統計関係者を訓練し、ユーザーフレンドリーなジェンダー統計の作成に力を入れている。

北京で採択された「行動綱領」のなかでのジェンダー統計の項目（六七、六八、一二九、一六五、一八七、一八八、一九〇、一九三、二〇三、二〇六、二〇七、二〇八、二〇九）は、各国政府にその指針を示している。しかし日本政府は、日本が有数の統計生産国であることを自負して、ジェンダー統計の国際的取り組みの真意を理解できていなかった。また、研究者は統計のユーザーとしては受け身であり、統計の生産者に対して生活政策に必要な統計の生産を政府に要求していなかった。もっとも、国立女性教育会館（NWEC）は、プロジェクトチームの数年にわたる作業によって、ジェンダー統計のデータベースともいうべき「女性と家族に関する統計」を作成した。しかし、この事実に注目したり、期待をかけたフェミニスト研究者がどれだけいたであろう。フェミニストは往々にして統計ニヒリズムに陥り、「統計ではなく個人を」重視する傾向があった。多くの支持が得られないせいもあってか、当初このデータベースのコンピュータ画面はジェンダー統計のめざすユーザーフレンドリーとはとてもいえないものであったが、改善やデータ更新は徐々に進み、二〇〇三年と二〇〇六年に『男女共同参画統計データブック—日本の女性と男性』〔独立行政法人国立女性教育会館　二〇〇三、二〇〇六〕を発行し、今ではジェンダー（男女共同参画）統計のナショナルセンター的役割を果たすにいたっている〔中野　二〇〇七　六九―七八〕。

前述のISIは、イスタンブールで開催された一九九七年の五一回大会で、「ジェンダーに区分された統計データ」というテーマ設定セッションをもった。ここでは、ポルトガル語圏からジェンダー統計というときの「ジェンダー」という英語になじめないことや、消費統計、農業統計ではジェンダー統計の作成が困難である等の意見が出された。このセッションをもとりしきったヘッドマンは、ペルーチらと三人で、一九九七年にスウェーデン統計局からすぐれたジェンダー統計のテキストブック〔Headman et al. 1996＝法政大学日本統計研究所訳　一九九八〕を出した。この書はジェンダリングではなく、エンジェンダリングという英語を使っている。

一九九八年のISI政府統計部門・統計調査部門の世界会議（メキシコ）では、「女性と統計委員会」がオープンセッションを設け、ジェンダー統計の促進のためにも統計生産部門への女性統計家の進出が必要であることが議論された。

ジェンダー統計を「生活研究のツール」として位置づけるとき、ジェンダー統計の困難は、冒頭に例示したような世帯統計、消費統計（フローとストックの両面）、農業統計のほか、労働費用統計、国民経済計算、アンペイドワークの測定等に広く現れる。貧困の女性化の現状把握と妥当な社会政策、女性が多く担っているアンペイドワークの測定と国民経済計算との関連等、ジェンダー統計の課題は多く残されている。

5　ジェンダー視点の可能性と限界

一九九七年の社会政策学会百周年記念シンポジウムの参加者は、「ジェンダーで社会政策をひらく」とはどういうことかと、テーマに対するそれぞれの解釈、あるいは疑問・期待をもって臨んだであろう。ジェンダーは、検索用語としてジェンダー、ジェンダード、ジェンダリング、ジェンダライジング（エンジェンダー、エンジェンダリングもある）等がある。これまで日本語としては存在しなかったジェンダーという用語は、日本人には馴染みにくい。

シンポジウムでは、小松満貴子は、労働政策をジェンダーの視点でみたとき、保護と平等の相克が続いてジェンダーによる分断が行われてきたこと、第二期均等法時代・女性保護撤廃の時代に入って、ジェンダーフリーになれるかを考える必要があること、これまで社会政策・労働政策の対象となってこなかった市場に入らない労働もジェンダーの視点ではそれらの対象にする必要があるということを問題にした〔小松　一九九九 五七―九〇頁〕。

二宮厚美は、福祉国家の五つの柱として、労働権、教育・学習権、所得保障、社会サービス保障、住宅保障をあげた。それぞれにジェンダーの視点を導入するとき有効な場合も多いが、最近しばしばみられる「過度のジェンダー主義」ともいうべき現象は、かえってそれ自体「ジェンダー主義的バイアス」を生み出し、問題解決に役だたない面もあることを指摘した〔二宮　一九九九 一―一三三頁〕。

セクハラ、夫婦別姓問題で活躍中の戒能民江は、法ジェンダー論から社会政策への問いかけを行った。選択的夫婦別姓制度導入の民法改正の難航についてふれ、夫婦別姓と社会政策の関係を問い、企業社会の暴力とジェンダーや、企業に組み込まれていないセックスワーカーの問題について社会政策学会はどう考えているのかと問題提起した［戒能　一九九九　一三三―一五八頁］。シンポジウムでの議論のとおり、これからの社会政策はジェンダー視点の導入によって切りひらかれる側面が多い。しかし、二宮のいう「過度のジェンダー主義」も「ジェンダー視点の欠如」とならんで、社会政策および社会政策学に混乱をもたらすこともある。生活視点欠如のジェンダー論が、「脱生活視点」「ジェンダー視点公害」ともなる。現実の生活の営みは、視点の一面化では全面的には把握できない。生活とジェンダーの関わりを示す例として、高校家庭科検定不合格事件をめぐるマスコミの論調があった。

私は長い間、日本家政学会の分科会である家庭経営学部会（一九九七年に生活経営学部会と名称変更）に関わってきた。その関係で、一九八〇年代半ばから、高校家庭科の検定教科書の家庭経営部分の執筆に参加することとなった。当時、国は女性差別撤廃条約を批准して、それに抵触する部分の法改正を準備していたときであった。「女子のみ」を対象とした家庭科の検定教科書を書くため、ジェンダー平等にぎりぎりのところまで配慮しながらも学習指導要領の範囲を逸脱しない書き方の技術が必要であった。

また、現場の家庭科教師が使いやすいものを書くという配慮も必要になる。執筆途中に、現場の先生方の校閲をあおぐことが多かったが、いろいろな意見があがってきた。

検定教科書を執筆するということは、私の理解では、内容的に関連する学術の最高の到達水準と関連分野のNGOの活動や国際的動向も押さえたうえで、日本の現実のさまざまな約束事（検定教科書の場合それが学習指導要領であることは論をまたない）の枠を十分に念頭に入れながら執筆内容を厳選し文言を推敲していくことである。この場合、執筆者の研究成果、見解が生のかたちで書かれることはまずない。そこが、検定教科書とそれ以外の著作との違いである。

私が初めて検定教科書の執筆にたずさわるようになってから十数年がたち、男女必修家庭科の時代に入った。男女のための高校家庭科の教科書は、一般にいわれているのとは逆の意味での、ジェンダーバイアスの訂正を行わなければならなかった。「女子向き」を「両性向き」に書き換えていくというのは一種のパラダイム転換であるから、女子向け時代のジェンダー平等配慮の延長程度では不十分で、質的に異なる発想をもたなければ書けないということになる。

そうこうして、私が参加した最初の男女必修高校家庭科教科書が検定をとおり、一九九四年四月、いよいよ高校生に使われるときがきた。私たちは次の世代のために一つの責任を果たしたという感想をもった。「家庭科も変わった」というのが、新しい検定教科書を見た人の実感だった。こうして男女必修家庭科教科書は、注目も浴び、男子高校生も使うので販路も量的に広がったのである。

そして一九九六年度、二度目の検定のときがきた。私が関わっている教科書は、一九九〇年代前半の国連の一連の人権・開発・環境・女性問題との取り組みのキーワード（ジェンダーやエンパワーメントも含めて）や写真をかなり大胆にもちこんだ。そして多くの指摘箇所をクリアしながらではあったが、文部省の検定を通過した。

一九九七年六月、文部省の検定結果の発表のあと、各種マスコミから取材の電話がかかってきた。それは、高校家庭科教科書の大量不合格について意見を述べよという内容であった。電話の主の多くは、不合格の教科書の執筆者から検定不合格問題についてニュース性のある意見を聞き出そうとしていた。

その後しばらく、マスコミはこの問題をかなり大きく取り上げた。その内容は次のように図式化されていた。つまり、検定通過の教科書は「家庭生活経営」の視点にたち、旧態然として、現実の多様な家族の実態を反映しない「面白くない」内容のものであり、検定不合格の教科書は、家族の多様性を認め個人を中心にすえた新しい考えで、「面白い」内容のものだというのである。

この問題は、確かに大きくは、当時の政府が六大改革（問題の教育改革を含む）を進めるなか、選択夫婦別姓民法改正の延期、自由主義史観の台頭と社会科に典型的な新たな教科書攻撃、家族の多様化と家族（子ども）の困難のますますの進展と時を同じくして起こっていた。しかし、高校家庭科教科書検定「不合格」問題はこうした背景に共通する一般性と同時に、特殊性ももっていたと私は思う。検定側の理由は、学習指導要領範囲逸脱・時期尚早説であった。もっとも、これは検定側と教科書会社とのシナリオでできた一種の儀式という側面もあって、翌九八年度の再提出で、一定の書き直しのうえ合格となっている。この問題についての私の考えは、次のようなものである。

第一に、家庭科が家庭科である限り、個から始まり、個に重点をおくことの強調では不十分である。家庭とは、それがいかに多様なかたちをとっても個の寄せ集めではない。「生活を営む」という視点は、けっして「古い」として一蹴されるべきものではない。個人、家族・家庭をめぐる深い人間問題について、高校生を相手とする「教科書」の叙述は吟味されたものでなければならない。

第二に、このかつてないマスコミの関心は男女必修高校家庭科の実現、家庭科のもつ可能性への幅広い関心の一般的高まりを反映していた。それは、新規教科書会社の参入と、かつてなら家庭科の存在にすら気づかなかったかもしれない、新しい執筆者層の増加にも現れていた。マスコミは、既述のような図式化という短絡の危険性と同時に、新しい家庭科の可能性への一般の関心を深めるプラスの役割も果たしたのであって、その点は評価される。

第三に、マスコミの誘導の裏に、教科書市場の販路拡大競争があった。市場経済・国家の検定制度が同じ土俵で生きなければならない矛盾は見落とせない。ジェンダー視点の穏健な導入というだけでは飽きがくる。検定合格の手堅い一書を確保したうえで、次の販路拡大の冒険に出る時代となった。教科書会社もその労働組合も、背後でマスコミを販路拡大に利用したのであろう。

第四に、識者や教師までこうした図式を無批判に受け入れていた。合格したものは本当に良くない内容か、不合格のものはどう良いか、自分の目で教科書の白表紙本を手にとって確かめることはしない。読まれもしないまま「良くない教科書」を書いた人というレッテルをはられた執筆者たちは、検定制度を批判しながらも、「家庭生活の営み」を安易に軽視する、「過度のジェンダー主義」をも警戒したくなる。生活はジェンダー視点だけで切ることができない、複雑な要素からなっているからだ。

今後、あらゆる方面での男女共同参画事業の推進のために、出版企業を含め、マスコミの力をかりることが多くなる。このとき、ジェンダー視点を最上位のものとして振りかざせば、それは一種の「踏み絵」の役割を果たすことになり、ジェンダー視点はイデオロギーと化す。

ジェンダーという用語が空気のようになり始めた欧米諸国では、「ジェンダー視点」は科学に方向を示す一定の役割を果たして、他の方法と融和している。たとえば、ミクロ経済学的手法を使う労働経済学における賃金格差や労働時間短縮をテーマとする研究におけるジェンダーというファクターの地位である。そこでは、ジェンダーはただの変数の一つにすぎない。他方、ジェンダー視点は、特別に振りかざさなくとも、あらゆる研究のなかで不可欠のものとして前提にされるようになってきている。

これらをみていると、「ジェンダーで社会政策をひらく」というテーマ設定をする、日本的特徴が浮かび上がってくる。ジェンダーで社会政策をひらいたあとは、ビヨンド・ジェンダー（ベティ・フリーダン[8]）の方向にいくだろう。それまでの間、「過度のジェンダー主義」ではないやり方で、ジェンダーの視点を入れ続けなければならないことに変わりはない。

（1）「ジェンダー視点を入れる」ということの原語は、社会的・文化的に規制された性差を表すジェンダーという名詞を、動詞で用いて現在分詞にしたジェンダリングである。最近はジェンダーライジングという英語も見かける。日本語で「ジェンダー化」と訳す場合もあるが、わかりにくいので、「ジェンダー視点を入れる」と書く。

（2）私のフェミニズムの定義は、「女性の地位向上、男女平等をめざす思想・理論・運動のなかで、改革すべき社会関係の根本・上位にジェンダーをおく考え方」である。したがってこの定義でいけば私はフェミニストではない。フェミニズムについては、本書第6章で取り上げる。

（3）一九九七年、この論文執筆の段階で、私は「フェミニスト経済学」という今日明確なかたちをとっている経済学を具体的にさしていってはいない。しかし、すでに一九九二年、ワシントンD.C.で、フェミニスト経済国際学会（IAFE）が設立され、一九九五年には、学会誌Feminist Economicsが創刊され、従来の経済学の体系と方法を問い直し、経済学のフェミニズムによる再概念化を試みていた。私は、一九九五年の国連北京女性会議のNGOフォーラムで、このグループがワークショップを開いているのに遭遇している。日本では二〇〇四年に「フェミニスト経済学日本フォーラム（The Japan Association for Feminist Economics）が創立され「経済学をジェンダー化する」という共通論題がかかげられ、以降毎年大会が開かれている。二〇〇五年は「少子化のフェミニスト経済分析」、二〇〇六年は「総合社会政策のフェミニスト経済分析」、二〇〇七年は「格差社会のフェミニスト経済分析、二〇〇八年は「ベーシックインカムへのフェミニスト的接近：ペイエクイティ、生活賃金、家事労働」という野心的共通論題がかかげられている。

（4）最近は生殖技術の発展により、人間をつくるにはもはや男女はいらないとのことであるが、あくまで一般論で論じる。

（5）社会政策学会は春・秋と年二回の大会を開く伝統があるが、秋の大会ではたとえば、第七一回大会（一九八五）「社会政策の危機と国民生活」、第八三回大会（一九九一）「社会政策学と生活の論理」、第八五回大会（一九九二）「変化のなかの労働と生活」、第八九回大会（一九九四）「今日の生活と社会保障改革」というように生活視点が強いテーマがかかげられている。

（6）たとえば、日本家政学会家庭経営学部会関東地区標準生活費研究会は、一九八一年『標準生活費の算定』という共同研究書を出した。この本は、マーケットバスケット方式によって標準生活費を計算した家政学領域の一二名の研究者の総合研究である〔日本家政学会家庭経営学部会関東地区標準生活費研究会　一九八二〕。

（7）私たちの独自の生活時間調査は五冊の本にまとめられている〔伊藤・天野ほか　一九八四、伊藤・天野編　一九八九、天野・伊藤ほか　一九九四、伊藤・天野・李編　二〇〇一、伊藤・天野・天野・水野谷編　二〇〇五〕。

（8）ベティ・フリーダンの最後の著書の書名をさす〔Friedan 1997＝女性労働問題研究会労働と福祉部会訳　二〇〇三〕。

第3章

家族内のジェンダー不平等と平等

■生活経営学の視点から

「家族とジェンダー」というテーマを取り上げるに際して、私は家族社会学的な、あるいはフェミニスト的な関心を中心にはおかない。私は、生活経営（家庭経済、生活時間、家事労働）研究、およびジェンダー統計研究から接近した限りにおいて「家族とジェンダー」という問題について考察する。かつて㈳日本家政学会が一九九四年の「国際家族年」と取り組んだ際、私はその小委員会メンバーとしてこの活動に参加し、家族とジェンダーの問題についていろいろ考えさせられた。また、国立女性教育会館の「国際家族年」に関連する国際シンポジウムのパネリストを務めたり、日本家政学会が国際家政学会（IFHE）編の *Families in Transition*［Leidenfrost 1992］の翻訳を行った際も、その企画責任者としてたずさわった。国際家族年を記念したこの書は、家庭経営学部会（現生活経営学部会）のメンバーによって翻訳されたものであり、ここでは、家族・ジェンダー・開発の関連が取り上げられている。

一九九五年、北京で開催された「国連第四回世界女性会議」には、幸いIFHEアジア地区代表として、懐柔県でのNGOフォーラムでのワークショップだけでなく、北京内の国連アクレディティション（正式承認を受けた）ＮＧＯエリアを拠点にして政府間会議に参加することができた。その関係から、北京「行動綱領」の家やジェンダー統計に関する項目が文言として定着していくプロセスを、身近に見守ることができた。したがって、これらの経験をふまえて、生活経営学研究の視点から家族とジェンダー、および家族内ジェンダー不平等の測定の問題を中心に取り上げたい。なお、本章でジェンダー・エクイティ（Gender Equity）という用語を用いるが、エクイティを使う理由は二つある。一つは、ＩＦＨＥが一九九二年以来、ホーム・エコノミクス教育プログラムのなかでこの用語を普及させているからであり、もう一つは、カナダのペイ・エクイティ（Pay Equity）運動にもみられるように、Equityという語は、公平という平衡感覚を背景にした法に起源をもつ用語でもあるからである。私は従来の市場経済のもとでの権利としてのEqualtyから、公正や正義という倫理的内容も含めたEquityをここでは採用している。

1　「国際家族年」における家族とジェンダー再論

▼「国際家族年」の理念再確認

第一章でふれたとおり、「国際家族年」設定の背景には、開発の過程への家族資源の有効な統合という意図が働いているとの指摘もあるが、国連の基本文献から、まず最も積極的な理念を読み取ってまとめると、次の三点である。

第一は、国連は家族の多様な形態と機能を認め、その機能を代替するのではなく遂行する方向を支援し、家族が家族としての責任を果たすことができるよう、保護と援助を与えようとしているということであった。

第二に、「国際家族年」はそうした多様な形態と機能をもつすべての家族の要求を包括するが、それが家族員（女性、男性、子ども、高齢者、障害者、青年等）個々人の人権と矛盾するものであってはならないという点に配慮し、すべての個人の基本的人権と自由を促進することを強調しているということであった。

第三は、家族員個々人のなかでも特に女性に注目し、家族内の男女平等を促進し、家庭責任と雇用機会の平等な分担を達成する方向づけがなされている、ということであった。さらに、「実行プログラム」の主要問題の筆頭に、「家族が、とくに女性の権利を保護する新しい行動を作り出す媒体となるようにする条件を確立すること」がかかげられている。

同文書内にある「実行プログラム」の具体的項目には、家族機能の弱体化・崩壊・解体問題、女性が世帯主である家族の問題、貧困・ひとり親家族の経済問題、所得保障の法制度、家庭内暴力、家族内援助システムと社会援助システム、家族法と家族政策、家族計画などがある。同文書は、国際家族年の期間に取り組むべき問題についての書類を添付している。それは次の一〇項目からなる。①人間の価値、文化的アイデンティティ、歴史的継続性を守るための組織としての家族、②経済的な機能、条件および地位、③教育、④家族法、⑤暴力と家族、⑥家族解体、⑦個々の家族員、⑧開発のための社会福祉、⑨家族のための政策、⑩研究。その内容は、前述、一面としてあった家族年への懸念要因に対して、差別撤廃・人権尊重という側面の優位性を前面に出すかたちで整えられたのかもしれないが、日本の家族年の運動を積極的に進めるヒントになるものが多く含まれている。

ウィーンの国際家族年事務局は、一九九一年に、1994 International Year of the Family という文書を出し、スローガン "Building the Smallest Democracy at the Heart of Society" とシンボルマークを決めた。意味するところは、「社会の中心＝家族において築く、単位としての民主主義」というところであろうが、日本政府は「家族からはじまる小さなデモクラシー」と訳している。

▼「国際家族年」にみる家族ジェンダー：日本の場合

「国際家族年」の根底には、「家族とジェンダー」の課題がつきつけられている。ところで、家庭・家族は、日本ではどのように理解されていた（いる）であろうか。

日本人の家族のとらえ方は、①家父長制による女性支配の構造というとらえ方（日本のラディカルなフェミニストの多くはこの立場にたつ）、②男女役割分担固定を肯定し、社会通年に迎合するタイプ（日本ではまだこのタイプが、男性を中心に女性においても多数派である）、③両性の共同生活による人間発達をめざし、男女の共同参画と、現状を変革する次世代の主体形成の場ととらえる立場（これも少数派）と三つに分類することができる。

②は論外として、①について補足すると、「イエ」「家父長制」という用語を聞くと、昔の家族制度を思い出す人がいるのは当然であるが、しかし今日も、「家族」と聞いただけで「イエ」と同じイメージをもち、「家父長制」こそ今日の家族の本質をつくキーワードであるばかりか、現

代社会の本質でもあり構造でもあるという側面があると考えられるのは、論拠なしとはしない。なぜなら、今日の家族も、かつての「イエ」と同じように、本質的に「家父長」制的な女性抑圧の機構であるという側面を引き継いでおり、女性に対する虐待や暴力、人権侵害の場でありうるからであり、それが社会機構にまで拡大していると考えられるからである。主たる生計維持者たる世帯主（男性）が妻子を養い、扶養される妻が家事労働を一手に引き受け、企業に忠実な会社人間（夫）を送り出す構造を再生産しているという事実、また、それと関連して次世代の不平等なジェンダーの再生産も、実は家族内でこそ率先してなされているという側面も否定できないからである。

しかし、ものごとには必ずその反面がある。つまり、家族は、こうした女性に対する虐待や暴力、人権侵害の場であり、家父長制的な女性抑圧の機構であるという側面をもつ反面、上述③の側面をあわせもつことも事実である。つまり、家族は民主主義を実践する基本的社会単位として、調和したジェンダー関係・男女間のパートナーシップを実践し、家族員の人権を守って人間発達を可能にし、エンパワーした主体を育てる場である、という側面もまちがいなくもっている。実際、そうした努力を意識的に行っている家族もけっして少なくはない。むしろ現実がそれを必要としていて、そうしなければ、家族の生活が維持できないという階層が、実は多数派なのである。

▼家族がジェンダー関係についてもつ二つの側面

国際家族年に出されたさまざまな議論を追っていて、このどちらか一面だけを、特に家族の

「家父長」的側面に重点をおいて、それを固定的なものであるとして強調する論調には私は疑問を感じていた。なぜならば、このような家族を変えることこそが目標でなければならず、構造的に家族とは前者のようなものであるという確認だけでとどまっていては展望がまったく開けてこないからである。現実を直視しなければならない。しかし、ある側面を一面的に強調することは客観的とはいえない。家族のもつ両面を見すえて、変革への展望を切り開くことが重要なのであり、それがまさに生活経営学の目標ともなる。

そうした視点からいえば、家族政策が、当然、前者①の諸問題の解決に努力し、後者③の側面を強くサポートしなければならないことは自明である。

だが他方、「国際家族年」の設定自体について、次のような国際的懸念があった。それは、第1章でも若干ふれたが、①女性を台所に押し返す、②特定の家族モデルを押し付ける、③家族の紛争的側面を隠す、④開発のなかでの家族資源の利用として女性に不利な方向に働く[1]、というものであった。しかし、国連の家族年に関する文書からは、家族のなかでの両性平等の追求が可能となる施策例を豊富に読み取ることができ、それを積極的に活用することで、伝統的家父長制家族・性支配と従属を克服する条件を生み出すことができる方向づけを与えていくことに注意深くなければならない。それは、家族イデオロギーの強化ではなく、あくまでも実態に即し、目的の明確な（ジェンダー・エクイティを前提とした）具体的社会政策による、家族へのサポートである。

アジアの家族について書かれた一九九三年の「国際家族年のためのアジア・太平洋地域政府間準備会議（北京）報告」（SD/IYF/Rep. 16 July 1993）および関連文書をみてみよう。

勧告は、「政策勧告」として、まず、横断的政策を勧告し、続いて部門政策（雇用、教育、健康、家族支援政策、家族計画、農村開発、住宅・物的環境、犯罪防止）、社会諸階層に対する政策（女性、子ども、青年、障害者、高齢者、移民・難民）、家族関係法への政策をあげている。さらに「国際家族年の準備と行事のための勧告」として、各国が家族年のための国内委員会をおき、家族年に関する国内行動計画をつくることや、政府とNGOとの協力関係、一九九四年から五月一五日に国際家族デーを挙行すべきことなど、具体的内容が勧告されている。

北京での家族に関する宣言は、「……将来において地域の社会開発の方向の案内役となる家族によって演じられる重要な役割を認識している二〇〇〇年に向けてのESCAP地域の社会開発戦の決議を想起し、家族は社会の本来の基本的単位であり、社会や国家に保護されるべきものであることを認め」、「ESCAP地域のすべての政府は、地域準備会合の勧告に基づき、家族の発展、家族の役割及び機能強化を志向する政策、計画及びプログラムを推進すべきである。」とうたっている。七項からなる宣言は、女性差別撤廃条約・子どもの権利条約の批准促進（四項）、一九九三年一一月二八日から一二月二日まで、マルタのヴァレッタで開催された国際家族年NGOフォーラムへのNGOの参加（五項）、一九九四年六月七日から一四日までジャカルタで開催された開発における女性に関する第二回アジア・太平洋閣僚会議で、家族における女性の役割および地位に関する問題の審議（六項）、国際家族年に関連して、世界人権会議（九三年）、人口および開発に関する国際会議（九四年）、世界開発サミット（九五年）、北京での第四回世界女性会議（九五年）を支持し参加すること（七項）が、宣言されている。

家族年をこうした勧告と宣言が位置づけるものとして受け止めることによって、各国NGOが、政府に対して家族年にあたってどのような取り組みを要求すべきか、あるいは自ら何をなすべきか、鍵になる点を多く発見することができる。

▼「北京行動綱領」と国連・国連関連機関の「家族とジェンダー」関連事項

一九九四年の「国際家族年」の翌年が、第四回世界女性会議であった。一九九五年、北京における第四回世界女性会議への取り組みのなかで、私は、「行動綱領草案」が第Ⅱ章　世界的枠組みパラグラフ8において、他の国際年とならんで、「国際家族年」を「女性のエンパワーメントと平等の問題を強調している」例として位置づけていることに注目していた。また、同じく「草案」において、家族を扱ったパラグラフ30全体がブラケット［　］に包まれて議論を呼んだ。［　］が外されて採択された「行動綱領」では、パラグラフ29となって、かなりの文言に訂正・加筆があったことにも、私は着目していた。

時を経るにしたがい、当時の白熱した議論の余韻も薄らぐと考えられるが、「北京行動綱領」は、のちに「北京＋《プラス》5」（二〇〇〇年、ニューヨーク、後述）、「北京＋《プラス》10」（二〇〇五年、ニューヨーク、後述）と呼ばれるように、世紀をまたいで、ジェンダー・イッシュー解決のグローバル・スタンダードとも称されるようになるので、長くなるが、ここにその全文を記しておきたい。なお邦訳にはNGO訳もあるが、ここでは外務省訳を用いている。

まず、「行動綱領草案」（ブラケット付き）パラグラフ30は次のようであった。

「女性は、社会の基本単位たる家庭において重大な役割を果たす。女子差別撤廃条約を批准した当時国は、家族の安寧および社会の発展に対する女性の偉大な寄与を念頭に置いて批准を行った。だが、この寄与は今なお十分に認識されていない。批准国は、母性および家庭ならびに育児における父親・母親双方の役割の社会的意義をも念頭にとどめ、生殖における女性の役割が差別の根拠になるべきではなく、育児には男女および社会全体による責任分担を必要とすることを認識している。」

この特別問題がなさそうに思われる最初の二文が、議論となった。採択された「行動綱領」では、パラグラフ番号は29となって次のように表現されてブラケット［ ］がとれた。外務省訳も微妙に変化している。

「女性は、家族の中において重大な役割を果たす。家族は社会の基本単位であり、そのように強化されるべきである。家族は、幅広い保護および支援を受ける権利がある。異なる文化的、政治的および社会的体制の中で、様々な形の家族が存在する。家族一人一人の権利、能力および責任が尊重されなければならない。女性は家族の安寧および社会の発展に多大な貢献を行うが、これはその重要性において、まだ完全に認識され、または考慮されていない。母性（マタニティ）、母であること（マザーフッド）、ならびに家族における、また育児における親の役割の社会的意義が認められるべきである。育児は、親、女性および男性、ならびに社会全体の責任分担を必要とする。母性、母であること、親であること、および出産における女性の役割が差別の根拠になることも、女性の完全な社会参加を制限することも共にあってはならない。また、多くの国で女性がしばしば果たしている家庭の中の他の家族の世話における重要な役割にも、評価が与えられるべきである。」

ここでのブラケットはずしの論議は、家族とジェンダーの問題が地球規模で大きな課題であることを示している。まず、合意され採択された「行動綱領」では、第一に、家族が社会の基本単位であることは認めつつ、そこでの女性の役割の重要性を切り離す表現に変えられている。社会の基本単位としての家族は、女性の責任によってではなく、権利として保護・支援されなければならないのである。第二に、家族の多様性と家族員個々人の権利、能力、責任の尊重が明確にうたわれている。第三に、女性が家族にとって重要な意味をもつことを完全に認識させ、考慮させようとする方向が出されている。第四に、母性、母であること、親の役割が区別され、育児における親（男女ともに）の役割とともに、それらは社会的なものであり、特に育児は男女の親と社会の責任分担を必要とすることが明記されている。第五に、母性、母であること、親であることや出産によって、女性が差別されたり、社会参加を制限されてはならないとしている。第六に、女性による他の家族の世話も評価されるべきだ、とされているのである。

「行動綱領草案」が一九七九年の差別撤廃条約の枠内で書かれていたのに対し、採択された「行動綱領」には、それ以降の家族とジェンダーに対する国際的議論や理解の発展が盛り込まれている。また、ここですでに、上記の第三と第五は家庭内での女性の貢献の評価の方向が出されていると読み取れる。

このように、北京「行動綱領」の「草案」と「決議」の間で「家族」は揺れ動いていた。この問題は、家族内のジェンダー不平等の測定に関連するジェンダー統計と、無報酬労働測定の項目、統計・測定の手段としての生活時間の取り扱いというかたちで「行動綱領」に盛り込まれる。「行動綱領」は、パラグラフ206の(g)で、「報酬のある労働と無報酬の労働における女性と男性との差異に敏感な生活時間調査に向けて諸活動の国際的分類を開発し、性別データを収集する」ことを奨励しており、これは従来からの生活経営学的課題とも結びつくものである。

次に、北京における国連のジェンダー統計に関する活動にみられる家族とジェンダーにふれたい。国連統計部は、北京における「第四回世界女性会議」で、ジェンダー統計に関するパネル・ワークショップ、ミーティングを、NGOフォーラムの場を含めて四回開催していることはすでに述べた。それらは、INSTRAWと共催の「生活時間統計と男女の労働の認識についてのパネル」、「世界的規模でのジェンダー統計に関するワークショップ」、「ジェンダー統計生産者のためのインフォーマルミーティング」、「政策のためのツールとしてのジェンダー統計パネル」と名づけられていた。

このなかから家族とジェンダーに関連する点を拾い上げてみると、「生活時間統計と男女の労働の認識についてのパネル」では、かねてからUN統計部を舞台にジェンダー統計の旗手的存在であるスウェーデンのビルギッタ・ヘッドマンを座長に、統計における女性の可視性を促進するための戦略、無報酬労働の貢献の測定と評価、時間とアウトプットをつうじての計算を問題にしていた。生活時間の国際的研究者であるカナダのアンドリュー・ハーベイがGDPとならんで、家計サテライトアカウント（Household suttelite acount）を問題にし、GEP（Gross Economic Product）という概念を提唱した。ワークショップ「世界的規模でのジェンダー統計」では、統計は国際的言語であるとして、各国のジェンダー統計作成の実態が紹介された。「ジェンダー統計生産者のためのインフォーマルミーティング」では世界的規模でのジェンダー統計の促進や一九九六年の統計家会議のための計画が話された。ＥＳＣＡＰの統計部長カリッド・シジキは、ジェンダー統計実施が国の統計活動の主流になっていないこと、専門家がいないこと、基本データの主源泉はセンサスであり合計数であって、男女比較が困難なこと、女性に対する暴力、財産など特定ジェンダー統計を得る困難、世帯主規定、労働の概念、識字、貧困について標準的尺度がないこと等、問題指摘を行っていた。「政策のためのツールとしてのジェンダー統計パネル」では、ノルウェーのグレート・バーゲが、ノルウェーは教育、労働市場、生活時間、同一賃金における男女平等の政策決定に高いプライオリティをおいており、統計集もその視点で作っていると述べた。また、アメリカ合衆国の難民プログラムシニアコーディネーター、アン・ハワースｰウィレは、難民のジェンダー統計の整備を強調した。このようにジェンダー統計の整備は、「家族とジェンダー」の問題の解明に役だつものである。

▼国連のジェンダー統計集『世界の女性』[2]およびUNDPの人間開発報告書[3]の示す家族とジェンダー

国連のジェンダー統計集『世界の女性　一九九五―その実態と統計―』（日本統計協会訳）は、「第1章　人口・世帯・家族」のところで、世帯と家族について定義を与え、各種統計を示している。そこでは、「世帯は、普通、食事またはその他生活に必要なものを共にする一人以上の人の集まりとして定義される。二人以上の世帯では、世帯員は血縁関係にある場合・ない場合、あるいはその組合せの場合がある。国連の勧告は、一九九五〜二〇〇四年ラウンドの世界人口センサスのために見直しが行われるであろう。現行の勧告では、世帯を、それに含まれる核家族とその他の世帯員の間の親族関係によって分類している。核家族は、(1)結婚している（または同棲している）夫婦で子供がいてもいなくてもよい、または(2)母親または父親と一人以上の未婚の子供から構成される」としている。

また、「女性が世帯主である世帯」についての比率を地域別に「配偶関係別女性世帯主および男性世帯主の割合」でみると、カリブ海地域は女性世帯主世帯が世界で最も多い地域で三五％が女性世帯主世帯であること、「配偶関係別女性世帯主および男性世帯主の割合」ではどの地域でも配偶者のいる場合は圧倒的に男性世帯主が多いのに対して、死別・離別、または別居世帯では、女性世帯主が圧倒的に多いことがわかる。

無報酬労働の測定も、家族とジェンダーを表す重要な統計である。『世界の女性　一九九五―その実態と統計―』では、生活時間統計を利用して「女性および男性による無給の家事労働の分担」を計算している。それによっても日本の生活時間統計は、特に家事労働の項目が不備であること、男性の分担が極端に低いことがわかる。この項目が不備な点については、私自身も共同研究者とともに、家政学領域で、独自の調査を長い間継続しなければならなかった（後述）理由となっている。

国連『世界の女性　二〇〇五―統計における進展―』では、「世帯」という概念が、「家族」という概念より頻繁に使用され、この二つが必ずしも重なり合うとは限らないこと、また、世帯情報が国連に報告される国・地域の数が低下したことが述べられている。

一九九五年のＵＮＤＰ（国連開発計画）の人間開発報告書は『ジェンダーと人間開発』を特集し、その第４章は「女性の仕事を評価する」であった。要点は、「女性は男性より長時間働く」、しかし「女性の仕事の大半が無報酬で、視野に入れられず、過小評価されている」というものであった。同報告書は「一九九三年に改訂された国連国民経済計算方式（ＳＮＡ）では、家庭内で生産され、消費された物のいくつかについては市場価格に換算して計算している。だがそれでもまだ多くの家事や地域社会の仕事は、価値を認められないままである。このように社会における総生産は実際より低く見積もられており、多くの人びと、とくに女性による経済貢献は認められず、報酬が支払われることもない」［UNDP 1995＝人間開発報告書　一九九五　一〇一頁］と書いている。

一九九六年のＵＮＤＰ報告書『経済成長と人間開発』でも、この問題は繰り返される。報告書は「家事労働や地域活動など、社会で認識されてもいなければ評価されてもいない仕事は多い。しかもその多くは女性が担っている。先進国では、女性の全労働時間のおよそ三分の二は記録されていないが、男性の場合はわずか三分の一である。開発途上国では、女性の場合は先進国と同じであるが、男性の場合は四分の一以下に減る。…中略…家事労働や地域活動が完全に数量化され、金銭対価として換算された時に初めて、女性の労働が当然受けるべき評価を全面的に受けることになるのである」［UNDP 1996＝人間開発報告書　一九九六　六二頁］といっている。

一九九七年のＵＮＤＰ報告書『貧困と人間開発』では、「女性を世帯主とする家庭は、男性を世帯主とする家庭よりも貧困ライン以下の生活をしているために、女性は男性よりも貧しい。本当だろうか。そうであるともそうでないともいえる」として各国の例をあげ、「女性と男性は貧困の経験が異なる。そして貧困の女性化は、男姓よりも女性のほうに貧しい人が多いかという問題よりも、貧困の深刻さの問題、女性自身とその子どもが貧困から脱却するのが困難なのかもしれない」〔UNDP 1997＝人間開発報告書　一九九七　七六頁〕として、断定を避けている。しかし、大半を農業に頼っている南アジアの場合、「ほとんどの女性は土地を所有していないし、自由にもしていない。これが女性自身や家族を貧困から抜け出すのを困難にしている」（同報告書七七頁）と指摘している。少し飛ぶが、二〇〇六年UNDP報告書『水危機神話を越えて―水資源をめぐる権力闘争と貧困、グローバルな課題』でも、家庭内での分業体制のなかで、水汲みに費やされる時間が女性に重く、時間的貧困とジェンダー不平等の拡大を指摘している〔UNDP 2006＝人間開発報告書　二〇〇六　五〇頁〕。

2　家庭内無報酬労働の測定のための各種生活時間調査の試み

▼ヨーロッパ統一生活時間調査と総務庁統計局生活時間基礎調査

一九九五年、EU一二カ国は統一生活時間調査を実施する計画をたてた。これは、アンペイドワーク測定がねらいの一つとなっており、生活行動分類も非常にきめ細かなものである。総務庁統計局労働統計課は、一九九六年二月ヨーロッパ統一生活時間調査に呼応して、「生活時間基礎調査」を実施した。しかし、指定統計である「国勢調査」と「全国消費実態調査」の集計の谷間に埋もれて、公表されなかったことはすでに本書第2章（四九頁）でふれたとおりである。

この調査は無報酬労働の概念とその計測にとっては、非常に興味深いものであった。まず「社会生活基本調査」がプレコード方式であるのに対し、アフターコード方式で集計する。行動大分類数は九分類、中分類数は四三分類、小分類数は一二九分類である。そのうち家事関連を取り出してみると、「社会生活基本調査」の「家事関連」が家事、介護・看護、育児、買い物の四分類でしかないのに、「生活時間基礎調査」は中分類でさえ一〇分類あり、小分類は家事関連だけで四六分類もあって「社会生活基本調査」の、身の回りの用事、趣味・娯楽、社会的活動、受診・医療までを含んでいた。炊事関係のみの小分類を示せば、食事の支度、食事の後片づけ、趣味としての調理、他の人のための食事の支度、というようにさらに四分類されていた。

しかし、既述のように二〇〇一年「社会生活基本調査」は、従来の調査（A票）に、アフターコード方式のB票を加え、家事労働に関してもより詳細なジェンダー比較を可能にした。

日本はアジアの統計大国であるが、政府の生活時間分類はヨーロッパ統一調査と比べ遅れている。一九九六年三月、私はアジアのジェンダー統計のことを調べるため、バンコクのＥＳＣＡＰ本部の統計部を訪問する機会があった。その責任者も、アジア開発途上国での統一生活時間調査分類はほとんど不可能であると言っていた。はたしてそうであろうか。「生活行動の国際分類の開発」という「行動綱領」の呼びかけに応えて、日本はヨーロッパ寄りでよしとするのではなく、特にＥＳＣＡＰ統計部も未着手のアジアの生活時間分類や、広くジェンダー比較統計作成をも考慮に入れて、各省庁が連携した統計行政を行う方向に日本の無報酬労働の測定も位置づけられ、実施されることが望ましいと私は思った。その後国連はＥＳＣＡＰ地域を考慮に入れた生活時間行動分類を発表している［中山　二〇〇六］。

しかし、経済企画庁（当時）は、無報酬労働の測定のために有効な生活行動分類による新しい調査集計をまたずに、一九九一年「社会生活基本調査」の統計値で計算して発表したのち、一九九六年の同調査を用いた数字をこれにつなげたことは前章で述べた。同庁は無報酬労働の貨幣評価値を、機会費用法、代替費用法スペシャリスト・アプローチ、代替費用法ジェネラリスト・アプローチの三つの方法で行ったが、いずれも男女の生活時間差と賃金格差が反映して、評価額は男女に圧倒的差が出るばかりでなく、両方が相乗して、国際比較においても、無報酬労働のGNP比が低く出た。

▼生活経営学的生活時間調査

一九七五年以来、「社会生活基本調査」が実施される前から、私は共同研究者や対象地域を変えながらも、二〇〇〇年まで家庭経営学の生活時間研究の蓄積を継承して、東京都で五年に一度の生活時間調査を実施してきた。

なかでも一九九五年調査は、最初から日韓の共同研究として行われた。行動分類についてもヨーロッパ統一調査の分類を参照しながら、両国の生活様式、生活文化の相違を考慮し討議を重ねてつくり、調査はソウルと東京で同時期に実施された。その成果の一部を一九九七年の第九回アジア地区家政学会（ＡＲＡＨＥ）大会（ソウル）で報告し、ＡＲＡＨＥ機関誌にも投稿し掲載された（*The Journal of Asian Reagional Association for Home Economics*, Vol. 4, 1997, Vol. 5, No. 1, 1998）。生活時間調査からみる限り、日韓の生活時間をめぐる家庭内ジェンダー問題は、ヨーロッパとの比較とは異なって、ほとんど同質である。しかし、韓国においては、家族関係は日本より緊密であり、その範囲は親族関係にまで及び、家事労働の範疇には親族をも含む交際・孝行も含まれる。したがって、文化の相違を超えた家事労働時間比較、つまり生活時間調査を用いた家事労働の評価は、ある意味では困難である。(4) 家事のなかでは、高齢社会を迎えて介護労働が社会的問題になっている。介護時間の計測を大量調査から割り出すことは困難である（しかし、総務庁「社会生活基本調査」は、一九九六年調査で初めて六五歳以上の高齢者のいる世帯の生活時間を分離した）。

また、社会的・文化的活動のなかにも無報酬労働が存在する。社会的活動・消費者活動に含まれる市民参加型生活支援サービス活動をどう評価するかが、それである。この場合、paid（支払い）か unpaid（不払い）かではなく、「北京行動綱領」で用いられた remunerated（評価）か unremunerated（無評価）かという設定のほうが具体性をもつ場合もある。つまり、その活動に関わった期間の経験年数の社会的経歴換算とか、その活動中の疾病や事故の社会的補償とか、その他考えうる限り、直接 paid ではないが remunerated とされるとはどういうことかを考えることも重要という意味である［伊藤　一九九七］。

3　家庭経済ジェンダー統計をめぐる諸問題

▼家族（世帯）内の収入・消費とジェンダー

家族における配偶者間の収入の分かち合いは、家族内ジェンダー関係の経済的基盤であるが、年々妻の家計寄与率は高まっている。総務庁（当時）「家計調査」勤労者世帯で、一九九七年の世帯主収入のうち男性は月平均四七万二六一一円、世帯主の配偶者収入うち女性は同五万六四六五円（無収入の妻を含む平均）であって、世帯での夫妻の収入の分担比率は八九対一一である。これを核家族世帯の夫婦勤労者共働き世帯（含むパートタイマー）に限定すれば、それぞれ、四八万四四六三円、一六万五七六五円となって、七五対二五の分担比率となる。単身世帯の調査（総務庁「全国消費実態調査」や「単身世帯収支調査」）では、同一世帯ではないが男女の収入比率はより近くなる。勤労者世帯の世帯内の配偶者の収入の大小は、一定限度で、配偶者扶養手当ての賃金収入への加算や、税金の控除という非消費支出の減少という利点を主に男性にもたらし、これが収入の男女格差をいっそう拡大させる［斎藤　一九九七、一九九八］(5)。

消費支出の世帯内ジェンダー差については、世帯単位の「家計調査」からは得られない。単身者の調査からは、食費については男>女、被服履き物費は男<女、住居費は男<女、交通通信費は男>女、教養・娯楽費は男>女等の事実が確認されている［Ito and Aneha 1996］が、個人単位の消費と世帯内消費とではジェンダー関係が異なるであろう。その点についての問題解明は研究課題である。

要するに、単身世帯についてのみ、収入・支出両方のジェンダー比較は可能であるが、世帯単位では、収入以外は把握が困難であるということである。この問題に関しては生活経営学領域で若干の蓄積がある［Ito and Aneha 1995／斎藤　一九九七、一九九八］。

▼世帯単位の税金、年金、財産とジェンダーの問題

家族と税金とジェンダーの関連は、配偶者控除や保育料算定基準としての世帯合算の納税額計

算時に意識される。配偶者の年収が課税最低基準以下の一〇三万円以内であれば、本人に課税されないばかりでなく、その配偶者が雇用者である場合には配偶者控除の特典がある。この金額が一〇〇万円であった時代から、この程度の収入はパートで働く主婦に代表されたことから、パート就労の「一〇〇万円の壁」といわれてきた〔全国婦人税理士連盟　一九九二〕。

年金問題とジェンダーの関わりについては、一九八六年に基礎年金の導入にともなって新国民年金が施行されて以降は、「第三号被保険者問題」として議論されている。「第三号被保険者」とは、国民年金に加入すべき者（=被保険者：二〇〜六〇歳までの全国民）のうち、「第二号被保険者」（厚生年金または共済年金の加入者）に扶養されている配偶者（妻とは規定していないが一般にサラリーマンの妻で、無収入ないし一九九八年現行基準年収一三〇万円未満の者）である。この者の保険料は、夫が負担するのではなく、厚生年金の会計から一括して払われる。したがって、この問題は家族内ジェンダー関係におさまらず、社会的ジェンダー関係にまで広がっている。年収一三〇万円は健康保険の被扶養者認定基準であり、一九九九年の年金制度改革においても、現行制度を維持することは、年収一三〇万円以下の収入で働く主婦パートタイマーを労働力政策として奨励していることと同義であり、家族とジェンダー、労働とジェンダーの相互作用を見せつけられる思いがする〔塩田　一九九七、杉井　一九九八〕。

家族の財産をジェンダー視点から分析することは、その問題意識自体が新しい。御船は東京女性財団の『財産・共同性・ジェンダー――女性と財産に関する研究』に参加し、「女性と財産」あるいは「妻と財産」の問題が従来取り上げられてこなかった理由の一つに、「前提として個人の財産という考え方が必要となるが、ごく最近まで、実生活のレベルで個人の財産の考え方が採用されてこなかったことがあげられる。財産が、家族の財産、家系の財産といった加産のレベルで考えられていたことが原因として考えられる」〔御船 一九九八〕としている。この研究では、財産に対して女性が男性よりも「遠い距離」におかれていること、妻と夫の間には大きな「資産格差」が存在していること、これらの現実が「夫婦の共同性の意識」におおわれていることを指摘している。女性農業者については土地所有名義等ついてのジェンダー課題は問題にされてきてはいるが、家族とジェンダー研究の一つの柱として、今後注目すべき領域であろう。

この問題は、個人と家族共同体の問題、あるいは、世帯・家族（カップル）を単位とするか、個人（シングル）を単位とするかという「単位」論議と関連する。この論議は家族とジェンダーという問題のなかで無視できない。自立した男女個人が個人単位の生活からライフステージを出発させたとして、その個人がその先どのようなライフコースを選択するか（①一生をシングルで、②カップルで世帯を形成しノーキッズで、③カップルで子供を産み育てる、④その他さまざまな家族形態とその起伏で）の連続性・非連続性を詳細に検討しなければならない。

4　家族とジェンダー・エクイティへ――「国際高齢者年」（一九九九年）への流れで

「国際家族年」時点で日本の家族の問題をみると、行政が責任をもつ共働き家庭支援、「ＩＬＯ一五六号条約＝男女労働者・家族的責任を有する労働者の機会均等および平等待遇に関する条約」批准の促進（一九九五年四月一五日日本政府批准）、家族員の一人として女性の人権尊重のためにも、雇用における男女平等と同一価値労働・同一賃金、夫婦別姓を認める男女平等への家族法、世帯単位の社会政策・税制・年金の見直し、男女ともにゆとりある家庭生活を過ごす労働時間短縮の推進、等々があげられていた。

しかし、日本政府の「国際家族年」の具体的プランは、国連にみられた理念と必ずしもかみあわず、先述のように少子社会対策、家庭基盤充実対策という、いわば「日本型家族年」が前面に出されていた。また、一九九四年の国際家族年の取り組みと一九九五年の第四回世界女性会議に向ける女性のエネルギーは、ＮＧＯにあっては切断されていたか逆方向を向いていたかのように思われる。しかし、家族の問題を回避しないで、あるいは家族を家父長制の構造というイデオロギーの次元にとどめないで、家族を変革する具体的課題＝社会的サポート（たんに社会政策だけではなく）と、ジェンダー・エクイティを結びつけていく方向づけが必要である。社会的サポートは、なによりも公的なものに期待されるが、同時に協同・共済を含む非営利組織によっても手がけられており、それへの家族側からの参加も社会的サポートそのものを創造していく。

現に、親がつくり、子どもたちがそこで生きている「多様な家族」は、いずれもジェンダーの再生産ではなく、ジェンダーの新しい関係を築くものとならなければならない。公的領域の社会政策による社会的サポートと、自らが創造するセクターによるサポートと家族内の資源管理の両面をコーディネートする能力が要求される。「日本型家族年」の特徴ともいうべき少子化対策だけを追ってみても、政府の社会政策の一つに、文部省、厚生省、労働省、建設省が出した「今後の子育て支援のための施策の基本的方向について」(いわゆるエンゼルプラン)があった。その施策の具体化の一環として、大蔵・厚生・自治の三大臣が「緊急保育対策等五か年事業の整備目標等」を合意し、そのなかには、〇~二歳児の保育の促進(低年齢児のすべてが入所できる水準まで確保)をはじめ、延長保育、一時的保育、放課後児童クラブ等一〇項目の緊急目標がかかげられていた。これは一九九九年三月までの計画であった。この時期に到達したあと、多様な保育を本当に必要としている人、学童保育の制度化を願っている人に手応えを感じさせただろうか。不十分なままである。

また、男女が共に暮らし、子どもを産み育てることに夢をもてる社会をテーマとした『一九九八年版 厚生白書』が「三歳児神話は、少なくとも合理的な根拠は認められない」[厚生省 一九九八 八四頁]と書いて注目された。「三歳児神話」のなかをかいくぐって、産休明けから保育所に子どもを通わせた経験をもつ、もう中高年になった多くの働く母親は「何を今さら」と思ったことだろう。「日本型家族年」は少子化という現実に追いたてられながら、抜本的ではない後追いの政策をたてていたのではなかったか。ジェンダーにセンシティブでない政策が続いた結果、少子化はますます進んだとはいわないまでも、少なくとも、「国際家族年」の理念を「日本型家族年」に矮小化してほしくはなかった。

国連は、すでに一九九二年に、一九九九年を「国際高齢者年」とすることを決定していた。国際高齢者年の趣旨は、「高齢者が安心して、自分の生き方、あるいは自分の運命を自分で決めていく──自己決定──ことができる、そういう尊厳ある生活を送れるように人権保障を徹底する」ことであり「人口の高齢化と人権保障の二つの流れの合流点に国際高齢者年がある」〔井上 一九九八〕といわれる。このなかで、家族（「家族はその形態や構造こそ多様であるが、世代を結びつける社会の基本的単位であり、各国の伝統と習慣にしたがって維持、強化、保護されるべきである」〔高齢化に関する国際行動計画 一九九二〕）そして高齢人口の過半数を女性が占めるという問題で、家族とジェンダーは「国際高齢者年」とも深く関わる。

（1） 開発と家族の関係についていえば、国際家族年が人権・平等と家族、開発と家族の問題をぬきにはありえないということが示唆される。ＷＩＤ（Women in Development）あるいはＧＡＤ（Gender and Development）についての議論や実践が活発ではあるが、国際家族年では、それは、むしろＷＦＤ（Women and Family in Development）、つまり、Ｗ＝Womenだけでなく F＝Familyを入れて開発の問題を考えることが必要になってくる。なぜなら、原則として近代的個人主義を土台とする先進国においても、女性は家族共同体のなかで独特の被束縛的位置にいるが、開発途上国では、女性は、それ以上に強く伝統的家族と一体となっており、しかも、地球の女性人口の三分の二はその開発途上国に住んでいるからである。開発を開発途上国の開発という意味に限定せず、生産力の発展という次元でとらえてそれに対応する先進国の家族の変化までを視野に入れても、個人としての女性の問題と家族要因をクロスさせることが重要であることは、たとえば、「家族賃金と女性の賃金」の関係を一つあげただけでも理解される。既述のアジア・太平洋地域国際家族年政府間準備会議での各国家族の状況報告を配布資料でみても、この地域の家族の問題の主要な側面は、開発における家族と女性をめぐる問題、すなわち、経済開発の過程での経済活動への女性の参加、結婚、離婚、出産力、家族計画と人口、子どもの世話、家庭内暴力、高齢者の問題等であった。開発と女性への注目は、開発におけるジェンダー関係への注目とならんで、世界システムのなかでの開発と家族への注目という二方向で展開されなければ、現実に根ざした問題に対する政策課題が具体的にならないのではないかと私は思う。

国連の文書からは、これまで述べてきたとおり、家族におけるジェンダー関係を、女性の家族への回帰ではなく、フェミニズムと矛盾しない立論で積極的に展開し、家族のなかでの両性の平等の追求が可能な施策を具体的に要求できる可能性を読み取ることができる。国際家族年に、フェミニズムと矛盾しない家族政策への取り組みを運動として展開することは可能であって、その取り組みの成果は伝統的家父長制家族の止揚と、新しい平等な、支配と従属を克服した家族の創造へとつながる。

(2) 国連のジェンダー統計集『世界の女性』は、一九九一、一九九五、二〇〇〇、二〇〇五年と四回発行され、すべて日本統計協会の邦訳がある［UN 一九九一、一九九五、二〇〇〇、二〇〇五］。

(3) UNDPの人間開発報告書は、一九九〇年以降毎年発行され、すべて国際協力出版会によって邦訳出版されている。

(4) 結果は伊藤・天野・李編［二〇〇一］参照のこと。

(5) この時点から一〇年後、総務省の「家計調査」の二〇〇七年の数値を若干付け加える。この一〇年間で、集計方法にも変化があったが、二人以上の勤労者世帯全体で、二〇〇七年の世帯主の男性の勤め先収入は四一万八五六〇円、配偶者の女性のそれは、四万三四四〇円で、ともに一〇年前より低く、世帯での夫婦の家計分担比は一〇年前と変わらない。しかし、妻の勤め先収入を月八万を境に上下二分し、夫妻で収入をどう分かち合っているかの数値が得られるので、妻が月八万以上の勤め先収入があるものをみると、夫の平均勤め先収入は四五万三四五一円、妻のそれは二三万五八八円で、勤め先収入の分かち合いは、夫六六%、女性三四%となっている。統計表の整備によって、夫妻の経済関係が以前よりは細かな部分まで公表されるようになったといえる。

第4章
ジェンダー統計視点にたつ
■研究動向

1　ジェンダー統計への注目

前章までで明らかなとおり、私は、社会政策学と、生活経営学の二つの分野で、労働力の再生産領域の問題（生活研究）と取り組んできたが、この仕事には政府が生産する社会・経済統計―特にジェンダー統計―の利用が不可欠であった。

ジェンダー統計とは、確認しておきたいのだが、統計の作成にあたって、たんに男女区分があるというだけでなく、問題のある男女の状況把握や関係改善に連動することを認識して作成された統計（数値および統計図表のこと）である。なるべく前章までの重複を避けて、ジェンダー統計の現時点までの研究動向を述べておきたい。

前章までに、私は、世帯主問題、家計ジェンダー統計問題、生活時間ジェンダー統計、農業ジェンダー統計、福祉ジェンダー統計の問題点についてふれた。その後の改善点をみれば、世帯主問題では、総務省統計局の家計統計〔「家計調査」と「全国消費実態調査」〕は、「世帯主」の対語に「配偶者」をおき、主要な表だけにはかろうじて両者ともに男女の別を明示するものとなった（つまり、「家計調査」では、世帯主〔うち男〕、世帯主の配偶者〔うち女〕と非対称で不十分ながら性別を示す方向もみられるようになった）こと。また、一九九六年から「全国消費実態調査」では、世帯主の性別を比で示している（たとえば二〇〇四〔平成一六〕年では、全国、二人以上の全世帯では、世帯主が男性のもの〇・九二二であるのに対し、女性は〇・〇七八というように）ことにみられる。しかし、「全国消費実態調査」の特定世帯に「母子世帯」はあっても「父子世帯」という対称はみられない（厚生労働省の「母子世帯等実態調査には、「母子世帯」のほか「父子世帯」の統計もある）など十分なものではない。

また福祉統計のなかでは、厚生労働省関係の統計で障害者（児）に関するものは、統計そのものが不十分である。私は、これまで大学院生のテーマとの関わりで障害者ジェンダー統計の必要を指摘してきた（〔中野・伊藤・伊藤　二〇〇一　一〇一―一一四頁〕参照）が、二〇〇六年一二月「障害者権利条約」が、国連で採択（二〇〇八年四月発効）され、日本政府は二〇〇七年九月二八日に署名した。(1)「障害者権利条約」は、「人種差別撤廃条約」、「女性差別撤廃条約」、「子どもの権利条約」等、国連の一連の人権条約の流れで、一九七五年の「障害者権利宣言」のあと三〇有余年を経て採択・署名にいたったものである。同条約全五〇条のうち、第六条が女性に関するもの、第三一条が統計とデータ収集に関するものであった。

第三一条統計および資料の収集は、政府仮訳によると「1．締約国は、この条約を実現するための政策を立案し、及び実施することを可能とするための適当な情報（統計資料及び研究資料を含む。）を収集することを約束する。この情報を収集し、及び保存する過程は、次のことを満たさなければならない。(a)障害者の秘密の保持及びプライバシーの尊重を確保するため、法令によって定められた保護（資料の保護に関する法令を含む。）を遵守すること。(b)人権及び基本的自由を保護するための国際的に受け入れられた規範並びに統計の収集及び利用に関する倫理上の原則を遵守すること。2．この条の規定に従って収集された情報は、適宜分類されるものとし、この条約に基づく締約国の義務の履行の評価に役立てるため、並びに障害者がその権利を行使する際に直面する障壁を特定し、及び当該障壁に対処するために利用される。3．締約国は、これらの統計の普及について責任を負うものとし、障害者及び他の者が当該統計を利用可能とすることを確保する」となっている[2]。現在の障害者（児）調査が、こうした方向で整備され、さらに複合的不利益を受けかねない女性障害者の問題を浮き彫りにするために、障害者ジェンダー統計の整備が望まれる[3]。

2　社会政策学会とジェンダー課題と経済統計学

社会政策を研究対象としている社会政策学会においては、一九九〇年代前半からジェンダー課題が意識され、「社会政策と女性」という認識は「社会政策とジェンダー」に転換した。学会内に組織的にも「ジェンダー部会」を設け、一九九五年以来、年次大会ごとにテーマを設定した分科会（一九九五年は「家族賃金」、一九九六年は「ペイ・エクイティ」〔男女同一価値労働、同一賃金〕、一九九七年は「男女共同参画の政策展開」、一九九八年は「福祉国家とジェンダー」、一九九九年は「シングル・マザー」、二〇〇〇年は「提言：ジェンダー政策パッケージ―均等待遇原則と個人単位」、二〇〇一年は「社会的・経済的格差とジェンダー」、二〇〇二年は確認できず、二〇〇三年は「ジェンダー・ケア労働・セクシュアリティ」、二〇〇四年は「ワークフェアとジェンダー」、二〇〇五年は「ドメスティック・バイオレンス防止法のインパクトと社会政策」、二〇〇六年は「日本におけるジェンダーレジームの諸相」、二〇〇七年は「保育の構造改革と保育労働者」、二〇〇八年は「ケア／再生産労働のグローバル化」）がもたれている。

秋の大会では、ジェンダー関連書の書評分科会を設けて多数の男女会員が参加している。一九九七年一〇月、社会政策学会は一〇〇周年を記念し、京都市で、地元大学と共催で市民参加の「ジェンダーで社会政策をひらく」と題するシンポジウムを成功させた（本書第2章参照）。一九九八年三月、学術会議第三部経済政策研究連絡会主催のシンポジウムでも、経済社会政策をジェンダー化（ジェンダリング）する新たなパラダイムを提起している。

二〇〇〇年五月に開催された、社会政策学会第一〇〇回大会時、ジェンダー部会は、「提言：ジェンダー政策パッケージ―均等促進原則と個人単位」と題し、雇用差別、雇用保険、年金、介護保障、公的扶助の問題をジェンダー視点で取り上げた。

さて、今回取り上げたジェンダー統計を「経済社会政策のツール」として位置づけるとき、ジェンダー統計の困難は、冒頭に例示したような世帯統計、消費統計（フローとストックの両面）、農業統計のほか、労働費用統計、国民経済計算、土地統計、アンペイドワークの測定等広く現れる。貧困の女性化の現状把握と妥当な社会政策、女性が多く担っているアンペイドワークの測定と国民経済計算との関連等、ジェンダー統計の課題は多く残る。

しかし、社会政策学は、多くのジェンダー統計を必要とするにもかかわらず、それ自体をテーマとして取り上げることはなかった。それはもっぱら経済統計学会のジェンダー統計研究部会にゆだねられている。

たとえばＵＮＤＰは、世界の貧困の測定のための「人間開発指標」（ＨＤＩ）の考え方にジェンダー視点を入れて、女性の稼動所得、専門職・技術職・管理職・国会議員に占める割合をもとに指数化（算出）したジェンダー・エンパワーメント尺度（ＧＥＭ）を作成し、国別の順位を出している。ＧＥＭは、社会政策学者によって、また男女共同参画局その他でもよく利用されているが、その発表以来、その計算方法に疑問も投げかけられている。批判の要点は、所得水準が組み込まれることによって、低所得の国においては、男女平等が徹底していても、指数値は高くはならず、反対に日本のような男女不平等が著しい国であっても、著しく低位にはならない。すなわち、ＧＥＭは男女平等の尺度ではないという点にある［伊藤陽一 二〇〇二］。この分野では、男女平等に関する尺度としてＧＥＭの弱点を一定程度免れた指標として、世界経済フォーラムの「ジェンダー格差指数（GGI：Gender Gap Index）」のほうがまだ優れている、と評価されている。ちなみに、二〇〇七年について日本をみると、ＧＥＭでは五四位、ＧＧＩでは九一位である［World Economic Forum 2008］(4)。これらの研究は目下のところ、もっぱらジェンダー統計研究部会をもつ経済統計学会の仕事となっている［杉橋　二〇〇七］。ジェンダー統計に関しては、統計の生産者と、統計学の専門家と、さまざまな目的で統計を使用する統計のユーザーの連携が必要と思われる。

3　二〇〇〇年代のジェンダー統計研究の動向

▼ジェンダー統計および研究をめぐる二〇〇〇年代の国際的動向

一九九五年の北京女性会議から二〇〇〇年の「北京＋5」会議を経て、この間のジェンダー統計をめぐる国際的動向を、前章と多少重複するが概観する。

まず第一に、ジェンダー統計に関する二つの出版をあげたい。一つは、国連統計部編で、一九九一年に続いて *The World's women : Trends and Statistics* の一九九五年版と二〇〇〇年版、*The World's women : Trends and Statistics* が出版されたこと、二つは、スウェーデン統計局のB・ヘッドマンほかによる *Engendering Statistics : A Tool for change* の一九九六年の出版と各国語版への翻訳（日本語版：一九九八、スペイン語版：一九九九、ロシア語版：一九九九、中国語版：二〇〇〇）である。

こうしたなかで、各国のジェンダー統計集の編集も進み、ESCAPなどの国連の地域機関ほかで引き続きジェンダー統計書の作成が行われている。こうして、ジェンダー統計は、「女性の統計」から「ジェンダー統計」へとメインストリーミング化し、国際機関のウェブサイトや文書には、開発、人権、貧困などの他のキーワードとともに、「ジェンダー統計」が頻繁に見られるようになったのである。

第二に、ＵＮＤＰの一九九五年の人間開発報告書が、北京会議に向けてジェンダーを特集してジェンダー関係指標を提唱し、これが国際的に広く引用されるにいたった。詳細なジェンダー統計表が求められる一方で、問題分野の状況を端的にまとめあげた統計指標が求められた。そしてこのＵＮＤＰのジェンダー関係指標（人間開発指数ＨＤＩにジェンダー視点を入れたジェンダー開発指数ＧＤＩ、ジェンダー・エンパワーメント指標ＧＭＥなど）については、各国で評価され利用されると同時に、国際統計学会（ＩＳＩ）などでは、統計学者からの批判も出されていることは既述のとおりである。しかし、単純化した指標のあり方・妥当性をめぐるこうした論議の活発化は、ジェンダー統計論議の分野の広がりをも意味しているともいえる。

第三に、ペイドワークに対するアンペイドワークの評価の議論も活発となり、無償労働を把握するための有力な統計源泉であり、同時に男女の生活の全体に関する情報源である生活時間調査の実施が呼びかけられ、ＥＵ諸国を中心に、生活時間調査が実施されるにいたった。これによって無償労働の貨幣評価が行われるが、これと並行し、あるいはこの結果を織り込みながら、ジェンダー平等政策との連携、活用が追求され始める。

第四に、既述 *The World's Women* にデータ的にバックアップしている「女性の指標データベース」（Wistat）とともに、国連ヨーロッパ経済委員会（UNECE : United Nations Economic Commission for Europe）でのジェンダー統計ウェブサイトの開発作業の進行と、二〇〇二年秋における完成がある。このサイトは、ヨーロッパ諸国についてのジェンダー統計比較表を提供している。またこのサイトは、広く統計利用者に向けて統計提供するためにいまや一般化したウェブサイトの機能を活用している。ジェンダー統計についての説明に始まって、タームや統計分類その他にリンクする重層的な解説を用意し、さらに各国統計局のサイトへのリンクをもはっている。このウェブサイトは、各国のジェンダー問題の詳細分析には不足であるが、ジェンダー統計活動のひとつの到達点とみることができる。

第五に、二〇〇〇年九月の国連総会時のサミットにおいて「ミレニアム開発目標」（ＭＤＧｓ）が合意され、この目標が定められたことである。ジェンダー平等目標として、この中項目にターゲット３：Promote gender equality and empower women をかかげたことがあげられる。このＭＤＧｓは、一九九〇年代の人権、環境、人口、女性、社会開発、貧困撲滅その他に関する国連世界会議をふまえ、特に、サミットでの貧困撲滅目標の提唱ののち、国連諸機関とＯＥＣＤ等の間での協議を経て、二〇〇〇年に総合的に整理され、二〇〇〇年の国連総会時のサミットで「ミレニアム開発宣言」にまとめられ、二〇〇一年に数値目標を入れて具体化されたものであり、二〇〇六年に見直しが行われた。

この目標を現在、国連ほかの国際諸機関が主要なものとしてかかげている。このことは、ジェンダー平等目標がより広く浸透しているとともに、ジェンダー問題の解決は孤立してできるものではなく、貧困との連関で、同時的に取り上げられるべき問題であることを示している。そして、目標への数値の採用、さらに進捗状況の数値による評価というサイクルが、世界規模の目標とともに広く注目されることになったことも重要であると思われる（本書第10章　二三四―二三五頁、表3参照のこと）。

二〇〇〇年に目標が出発してから二〇一五年を目標年次とすると、二〇〇七年は中間年であった。国連事務総長は国連に対して進捗状況を提出しており、二〇〇七年のレポートも出版ずみである。そこでは貧困削減目標は、目下の進捗度では、サハラ以南アフリカ地域など一部で達成できないなどの危惧が示されている。

第六に、国際統計協会（ISI）やその下部関連会議での、ジェンダー統計研究をめぐる議論の活発化である。ISIは一九九〇年代の初めからジェンダー統計に注目するが、その蓄積のうえに、特に二〇〇〇年のスイスのモントルーで開催されたISIの下部機関国際政府統計学会議（IAOS）では、ジェンダー統計は人権統計のなかに組み込まれて多くのセッションがもたれた。そこでは、欧米・アラブ・アフリカ・アジア諸国と地球上すべての地域をまきこんで活発な討議が行われた。

第七に、ジェンダー統計の充実の度合は、最終的には、世界各国でのジェンダー統計の作成の進展によって判断される。『世界の女性　二〇〇五―統計における前進』は、過去三回のこのシリーズが世界の女性を統計で描いたのに対して、ジェンダー統計の作成状況についての報告であった。これによれば、人口や就学の分野での性別統計はかなり作成されているが、死因別死亡、経済活動人口、失業、職業別雇用者、産業別賃金などについては大きく不足している。これらの状況を受けとめて国連統計部は、北京会議以降のジェンダー統計の前進は遅れをとっているという認識のもとに二〇〇六年から再度、取り組みを強化し始めた。すなわち、データベースGenderInfoの創設、ジェンダー統計計画の制定、世界ジェンダー統計フォーラム（Global Forum on gender statistics）の毎年の開催等である。二〇〇七年一二月にローマで開かれた第一回フォーラムは、国連その他国際機関、世界各地域からの参加を得て、ジェンダー統計の国際会議にふさわしい多彩な内容のものとなっている。ジェンダー統計活動の国際的な盛り上がりが期待されるところである。Global Forum on gender statistics は，国連統計部のジェンダー・サイトから獲得できる。(5)

▼日本のジェンダー統計をめぐる現状

政府サイドでは、それに先だつ動きに新たにプラスして、男女共同参画ビジョン（一九九六年七月）、男女共同参画二〇〇〇年プラン（一九九六年一二月）が制定された。さらに二〇〇〇年の世界女性会議をも展望して、男女共同参画社会基本法制定（一九九九年）、男女共同参画計画（二〇〇〇年）策定に及び、地方自治体での男女共同参画計画の策定の開始と広がりをみせた。政府統計自体の改善や新規調査の開始（北京女性会議で提起された重点課題に関わって、無償労働、女性への暴力などへの取り組みなど）もあり、関連統計書（女性労働の実情、男女共同参画白書、女性白書など）、中央政府や地方自治体関連機関による意識調査書、データブック等の単行本、政府や労働団体、その他研究機関等による臨時的研究報告書・調査書なども多く出されるようになった。

こうしたなかで、この間の特徴として第一に、地方自治体における男女共同参画条例の制定もあって、ジェンダー統計への関心が顕在的・潜在的に広がったことがあげられる。当初は、条例や計画の制定自体が目的とされたが、それらの計画等の実効性を求められるようになると、そこにうたわれたジェンダー問題についての数量をも取り上げた具体的把握、計画への数値目標の採用、そして目標に向けての進捗度の点検における統計の使用が必要になってくる。一九九〇年代から続いている地方自治体におけるジェンダー統計書の内容は、「女性についての統計」から「女性と男性の統計」（ジェンダー統計）へと変化してきた。

第二に、政府および政府関係でのジェンダー統計問題の取り上げがある。以下にその具体例をあげよう。男女共同参画局が二〇〇一年度に「主要政府統計における性別表示の状況」調査を独立行政法人国立女性教育会館（ＮＷＥＣ）に委託したこと（ＮＷＥＣは一九九〇年代前半からの「女性及び家族に関する統計データベース研究開発報告」の蓄積がある）。男女共同参画会議の苦情処理・監視専門調査会で二〇〇二年秋から、男女共同参画計画の具体化として、政府統計研究におけるジェンダー統計の充実を課題として取り上げ、検討を進めていること。統計審議会が企画機能を失ったのちに、新しい統計行政のあり方を検討する省庁間会議で「ジェンダー統計」が取り上げられていること。ＮＷＥＣは「ジェンダー統計に関する調査研究」プロジェクトとして八名の研究者と館員からなる委員会をたちあげて、二〇〇一年度には上記の委託研究を遂行し、二〇〇二年度には、①ジェンダー統計リーフレットの制作、②ジェンダー統計ハンドブック（『統計でみる女性の現状』のリニューアル）の作成、③現行ＮＷＥＣ「女性と家族に関する統計データベース」の改善方向の作成、を進めていること。同じくＮＷＥＣが二〇〇二年八月に開催した女性学・ジェンダー・フォーラムにおいて、「ジェンダー統計」のセッションが初めて設けられたこと。

ＮＷＥＣは、上記委託調査の報告書［独立行政法人国立女性教育会館 二〇〇二］を、さらに日本の女性と男性に関する統計データブックを、二〇〇三年、二〇〇六年と相次いで出版した［独立行政法人国立女性教育会館 二〇〇三、二〇〇六]。このこともすでに述べたが、二〇〇八年夏現在、二〇〇九年版の準備が進められている。

▼日本でのジェンダー統計研究

こうした日本での動向や政策課題と呼応しながら、日本でのジェンダー統計研究も、いくつかの学問領域で広がりをみせた。

第一に、私が所属している㈳日本家政学会生活経営学部会は、一九八〇年代から教育と研究における政府統計のユーザーとしてのみならず、小規模統計の生産者としても女性と男性の統計に関心が高かったが、この間、ジェンダー統計概念の深まりがみられた。具体的統計の検討に連なるかたちで、実証研究の分野で、政府統計のジェンダー統計視角からの検討、国際比較表の提示を含む分析研究が広がり始めた。家計・消費・生活研究、労働時間・生活時間、アンペイドワーク・ボランティア、福祉、労働統計、農業統計の分野でのジェンダー視点からの研究が広く行われた。これらは、日本の学界のみならず、アジア地区家政学会でも報告され、また一部は経済統計学会、一部は日本社会福祉学会でも報告されて蓄積されている。

第二に、本来統計の専門家集団である経済統計学会が、「ジェンダー統計」研究部会を設置し、二〇〇一年以降毎年の全国研究大会で、ジェンダー統計に関するセッションを主宰し、学会誌の特集を分担するなどの活動をした。科学研究費補助金に二〇〇一年度に新たに設けられた「ジェンダー」部門で、この学会のメンバーが、ジェンダー統計のテーマを応募して採択され、多くの若手女性研究者を含む研究プロジェクトが組まれた。このプロジェクトと上記の学会内の「ジェンダー統計」研究部会が連動して、女性会員の数を増やし、学会は活発化した。私もその分担研究を行った。

さらに、科学研究費補助金を得たジェンダー統計研究グループは、一九八〇年代からの日本におけるジェンダー統計研究を跡づける文献集成を三冊にわたって発行した。これは、今後のジェンダー統計研究に貢献するものである。(6) この文献集成のなかにはジェンダー関係統計指標の検討・開発論議、さらに統計的分析の諸手法の検討その他、ジェンダー統計の発展に関する外国事情や周辺の諸事情の紹介や検討、主要なジェンダー問題に対応する統計の所在等の案内、アウグスト・ベーベルの歴史的研究［伊藤　二〇〇四ａ］——いわゆる第二波フェミニズム以降ではなく、そのおよそ一〇〇年前にジェンダー統計的視角の萌芽が女性解放理論のなかで必要に応じて備えられていたことを検証するもの——も収録されている。

二〇〇三年三月には、科学研究費グループの成果も報告書としてまとめられた。さらに、このグループは、二〇〇五—〇六年度の助成金も得て研究を続け、その報告書を二〇〇七年に出している。(7)

4　政府統計の一ユーザーとして政府統計に望むこと

私は、大学での教育や研究の関係から、四〇年も関連政府統計利用してきた。最近は必要などきにウェブサイトにアクセスして最新情報を得ているが、特に『家計調査年報』、『社会生活基本調査』等の出版物は、私の研究室メンバーの座右の書である。

政府統計は、政府によって統治や諸施策の立案のために生産されるが、それらが国民の税金を用いて生産される限り、広い意味で納税者がさまざまな目的のために利用する便宜をはかることを考慮に入れてよいはずである。学生・院生が、政府統計を利用するとき、解説を読んでもわからない場合がある。私は問い合わせ先に電話で率直に質問させて、そのときの質問の仕方、窓口の対応と回答について報告を聞くことも、政府統計に関するユーザー教育、また政府統計を用いる研究の一環であると考えてきた。これらの点を念頭において、政府統計に望むことを書いてみたい。

▼国際的視点にたったリーダーシップを

第一は、国連やその機関が統計上の問題で各国政府に勧告的文書を出しているとき、この統計大国の日本が、それらにあまりセンシティヴではないという点である。統計数値の継続性を優先するあまり、従来からの路線の踏襲にこだわり、方針上も、実務的にも、国際的動向を検討したうえで国民の要望や疑問に適切な回答を与える、という姿勢にいたっていないことがある。たとえば私の院生が、二〇〇〇年農業センサスに向けたＦＡＯの、ジェンダー視点を取り入れるようにという勧告に対する日本の対応を農水省に質問したときが、そうであった。日本の農業労働力統計は男女対照的統計をとることが無駄に思われるようである。国際的動向を無視して、従来の統計の継承にこだわることは、統計に対する新鮮な関心と信頼からやがて利用者を引き離すことになりかねない。

第二は、政府の統計家や、経験を積んで民間機関に移られた統計家の方々のアジア開発途上国の援助が盛んであることは喜ばしい。こうした援助は、政府関係の統計家だけでなく、研究者も協力している。私が要望するのは、そうした援助でのリーダーシップとともに、関連統計国際学会等でも日本の政府の統計家に、アジアの統計大国として「政府統計の品質」等を問題にする議論のリーダーシップをとっていただきたいことである。私はＩＳＩの下部組織の、ＩＡＯＳ国際政府統計学会の会員であるが、その会議に参加すると、必ず「政府からきましたか」と聞かれ「いえ、大学から」と答える経験をする。海外の参加者の多くは、政府統計機関、および国連とその機関の統計関係者である。もちろん日本の総務省統計局その他の方ともお会いするが、日本の政府機関からの参加者の少なさは、前述した第一の問題点と関係しているのではないかと思う。

日本では、これまで政府が責任をもっていた統計の生産の一部を民間に委託するという論議が盛んである。これは、統計のあり方を深く取り上げている国際的な「統計の品質論」が十分に消化されたうえで議論されているとは見受けられないこととも関連する。

▼いろいろな目的で統計を利用したい人々のために

第三は、政府の公表統計に対して、ユーザーは多面的な関心をもって使用することがある。「ここがこうなっていればよいのに」という意見に、「そういう目的で作られた統計ではないから」という政府（統計学者も）の対応にしばしば出くわすことがある。そのとき、統計の生産者は、「そういう使い方もあるのか」という発見をしていただきたい。ユーザーの多様な要求に、すべて応えることはできないこともわかるが、改善の余地のあるものもあるはずである。多様なユーザーの目線にたち、統計を一般の利用者に近づけることが政府統計活動への国民の理解と支持をとりつけるうえでの基本である。この点での不足は、政府統計の性急なリストラへの抵抗を弱いものにしかねない。

第四に、もとをたどれば税金によって政府が生産している統計は、日本の社会を分析する貴重なデータであるから、ミクロ統計データの使用に対する規制を他の先進国なみにしていただきたい。というのは、学会で、しばしば一般の研究者が入手できないデータを使った報告に出会うことがある。ミクロ統計データの一部使用が一般の研究者には認められないのに、国立大学に所属する一部研究者にはその利用が可能であり、私のような私立大学の教員たちは疑問に思ったものである。現在はそのときよりは門戸も開かれ、統計改革論議のなかでミクロ統計利用の方向も指摘されている。しかし、一般公募のミクロ統計利用とは異なった、いわば特権的利用があり、省庁と関係をもっている一部の研究者だけに学会報告や論文が使用可能になっていることがあるのではないかという場面にも出くわした。しかし、この点での公平性も徐々に改善をみせているという前進があった。(8)

▼男女共同参画に関わる統計（ジェンダー統計）を意識した統計行政を

第五に、男女共同参画の推進に関わる性別統計の研究は、男女共同参画局や独立行政法人国立女性教育会館、さらには冒頭にふれた『世界の女性』の翻訳や、省庁の関係部署の努力で一定のレベルまで前進したと思う。人口減少社会となった日本の労働力をはじめとする社会のあり方を展望するうえでも、男女共同参画に関わる統計の充実は不可欠である。またこの分野での途上国に対する統計の援助もＪＩＣＡを中心とする関係者の一部によって着手されつつあるが、この分野での理解が政府統計や統計研究者に定着したとはいえない。特に男女共同参画に関心をもつ新しい統計利用者が地方自治体の職員や住民を含めて増えている．こうした潜在的な統計利用者のこの鉱脈にも注目し、掘り起こし、要求を汲み上げ、また政府統計への理解を深めてもらう方向をめざすなら、いわゆる「統計調査環境の悪化」への一定の歯止めにもなるとも考えている。

ジェンダー統計運動はもともと統計の生産者と統計のユーザーとの相互関係のうえに成り立っており、ユーザーによる統計生産者へのニーズの反映や、統計がユーザーフレンドリーに提供されることを要求してきた。社会政策の研究および政策提言には、政府統計の加工利用が不可欠であるが、こうしたジェンダー統計的運動は、むしろ生活科学・家政学の生活経営学部会や経済統計学会のほうが先行している。社会政策を研究する統計のユーザーとして政府統計への批判的切り込みが必要と私は考えている。

（1） 邦訳については、当初、川島聡・長瀬修仮訳（二〇〇七年三月二九日付）「障害のある人の権利に関する条約」があり、ついで、外務省によって署名のための閣議に提出した訳文が政府仮訳として流布された。これは、政府内において内閣法制局や各省庁と意見交換を行いながら、担当省庁である外務省がまとめたものであるというが、今後の国会提出へ向けた作業において変更の可能性ありとされている。日本障害フォーラム（JDF）などのNGOは、政府の権利条約の解釈が仮訳に反映され、国内制度や施策の検討のうえで重要となる政府の公定訳のもとになるということで、今後修正を求めていく旨を表明している。さらに、川島聡・長瀬修は、二〇〇七年一〇月二九日付で仮訳を更新した。

（2）これは、川島聡・長瀬修仮訳（二〇〇七年一〇月二九日付）では、「1締約国は、この条約を実現するための政策を形成し及び実施することを可能とするための適切な情報（統計及び研究データを含む。）を収集することを約束する。締約国は、この情報を収集し及び保存する過程において、次のものを遵守しなければならない。(a)障害のある人の秘密性の保持及びプライバシーの尊重を確保するための法定の保護（データ保護に関する法令を含む。）(b)人権及び基本的自由を保護するための国際的に受け入れられた規範、並びに統計の収集及び利用に関する倫理原則。2この条の規定に従い収集された情報は、適切な場合には分類されるものとし、また、この条約に基づく締約国の義務の履行の評価に役立てるために並びに障害のある人がその権利を行使する際に直面する障壁を明らかにし及び当該障壁に取り組むために用いられる。3締約国は、これらの統計の普及についての責任を負うものとし、障害のある人及び他の者がこれらの統計にアクセスすることができることを確保する」となる。

（3）国際的には、国連統計委員会に専門的検討成果を提供する研究組織としての「障害者統計」検討グループ（いくつかのトピックスに関して類似のグループが形成されている。創設された市の名を冠しているのでシティー・グループといわれ、障害者統計は「ワシントン・グループ」である）が二〇〇一年に発足し、以後、毎年会合を開いてきている。障害者把握のための一連の尺度、障害者についての簡単なあるいは詳細調査項目のテスト、センサスへの導入などを検討してきている。このグループが中心となって国際的な関心が広がりつつある。しかし、日本での取り上げは遅れているようである。

（4）なお、経済統計学会ジェンダー統計研究部会は年三回のニュースレターを発行しており、国際的動向等の情報も豊富である。ジェンダー統計世界フォーラムに関しては、ニュースレター№12（〇七年一二月）、№13（〇八年五月）、№14（〇八年八月）が取り上げている。

（5）http://unstats.un.org/unsd/demographic/meetings/wshops/Gender_Statistics_10Dec07_Rome/default.htm.

（6）平成一三年度～一四年度科学研究費補助金基盤研究（C）（一）課題番号一三八三七〇三一「ジェンダー統計研究の進展と関連　データベースの構築」（研究代表者　伊藤陽一）二〇〇三年三月。

（7）平成一七年度～一八年度科学研究費補助金研究成果報告書　基盤研究（C）課題番号一三八三七〇三一「ジェンダー統計研究の一層の展開―地方自治へ、アジアへ、世界へ」（研究代表者　伊藤陽一）二〇〇七年三月。さらに、法政大学日本統計研究所『研究所報』№35、特集ジェンダー（男女共同参画）統計（二〇〇七年二月）。また、ジェンダー統計の国際的最新の情報や研究の動向は、経済統計学会のジェンダー統計研究部会発行のウェブニュースが最先端を行っている。

（8）日本における政府統計のミクロデータの提供は、欧米に比べてこのように試行的な段階にあったが、統計法が二〇〇七年五月に全面的に改定され、新統計法では、学術目的などの高度な公益性が認められる場合に、利用者の求めに応じて、オーダーメード集計表や、プライバシーの保護措置が十分に取られたミクロデータの提供を新たに規定した。今後が期待される（［水野谷　二〇〇八　四三六頁］参照）。

第5章 社会福祉・社会政策・生活科学の学際性

いかなる分野の研究も、その固有のテーマの先行研究のレビューなしには進められないが、その研究の独創的展開には、テーマと隣接する関連研究領域の最新の動向の把握と関連づけが大きな意味をもつことがある。特に最近の学術の動向は、ある学術領域がその境界を他に開き、他の研究領域に閉鎖的であるということを避けようとしている。それは、日本学術会議の改革のなかでの新学術領域の再定義の経過をみても理解されるし、そもそも、今日、研究の対象自体が対象の複合性をあらわにして、ある一定の学問枠のなかで対象の全体を的確に把握することが困難になってきているからでもある。

これに対応して、それぞれの研究領域は、独自性をもちながらも隣接する領域と相互に関わり合い、時には融合し、時には越境者を受容することによって、個別の領域が、いっそうの独自性を際だたせる場合もある。

本章の目的は、私の出自である①社会政策学、衣食の道として入った②家政学・生活科学・生活経営学、時代が私に接近を要求した③社会福祉学、という三つの学術領域の関連を扱って、それぞれの領域の特徴と、研究の視覚の相互乗り入れの際のルール、乗り入れによる研究の新たな展開の可能性とを探ろうとするものである。

この三つの学術領域は、社会政策は学会創立一〇〇周年、家政学と社会福祉は五〇周年を、二〇世紀から二一世紀への変わりめに相前後して通過したので、特にその通過点に視点をおき、比較するという方法によって上記目的にせまりたい。しかし、生活科学といっても幅が広いので、生活科学を、旧名称家政学の相対的理解および私の専門分野に最もちかくかつ専門の一つにもなった生活経営学領域に限定する。したがって、この領域は家政学の五〇年ではなく、専門部会である生活経営学部会の三〇周年通過点（二〇〇〇年）として注目する。

1　三つの領域の内容的関連

社会政策学は経済学部出身の私の出自そのものであり、院生時代から社会政策学会に参加し、正会員になってから二〇〇八年現在でほぼ四〇年になる。この学会は、一九九七年に創立一〇〇周年（実質的に学会を名のったのは一八九九年）を、二〇〇〇年には、戦後再開した一九五〇年の第一回大会から数え第一〇〇回大会を記念した。私は社会政策学会のこの「二つの一〇〇」の区切りにおいて、前者では、学会幹事として市民シンポジウムのコーディネーターを、後者では、代表幹事（一九九九―二〇〇〇年）を務めてこの通過点を迎えた。もともとこの学会は労働力の再生産領域を扱うという点で、家計収入や労働時間を含む生活時間、家族内労働力の支出と再生産の分担や共同という問題で家政学・生活科学・生活経営学と隣接している。貧困問題を中心とする生活問題や生涯所得保障を対象として、「社会保障部会」や「総合福祉部会」を設置して、社会福祉学と重なり合った領域をもっていた。

私の最初の勤務先での所属が家政学科だったこともあって、社会政策学会に遅れること二年にして日本家政学会の会員となり、下部機関である当時の家庭経営学部会（現、生活経営学部会）に所属してからも三五年を超える。この部会において私は、経済学の社会政策学的手法と家政学的手法とのミックス・相互乗り入れによって、家計・生活時間研究・労働力再生産労働研究を効果的に深めることが可能になることを学んだ。創立後まもなく一九七〇年代半ばから、日本型福祉社会が人々の生活に及ぼす影響に関心をもった同部会は、その創立一〇周年を記念して、『日本型福祉社会と家庭経営学』（日本家政学会家庭経営学部会、新評論、一九八一年）を出版した。さらに世紀の転換点ちかくから、生活の社会化現象が福祉の社会的サービスの諸問題と深い関わりをもつことを理論的に把握して、創立三〇周年を記念して『福祉環境と生活経営—福祉ミックス時代の自立と共同』（日本家政学会生活経営学部会、朝倉書店、二〇〇〇年）を出版した。このことは、生活経営学が、歴史的にいかに福祉の領域と関連が深いかを物語っている。

この部会の親学会である日本家政学会は、二〇〇八年に創立六〇周年記念を祝い、さらに国際的上部団体、国際家政学会は創立一〇〇周年を記念する大会を、二〇〇八年七月にスイスのルツェルンで開催した。

他方、日本社会福祉学会には、私は、昭和女子大学生活科学部生活環境学科に「福祉環境学コース」がおかれた一九九八年に入会した。この入会の時期は、社会政策学会の代表幹事就任の時期と重なり、一部生活経営学部会長の時期とも重なり、かつ「福祉環境学コース」主任でもあったので、通常の学会入会とは異なる緊張をともなっていた。社会政策学会との関係では、両学会に足場をおいてリーダーシップをとっている会員の存在があり、生活経営学部会との関係では、生活経営が生活福祉経営とでもいうべきものに転化しつつあり、私の勤務している大学との関連では、「社会福祉プロパー」の独自性を、他と差異化しようとする同僚のプレッシャーのなかにあったからである。

社会政策学会や生活経営学部会が、他領域からの学問的越境をむしろ歓迎するのに対し、社会福祉学会は、毎年数百人に及ぶ新入会員を迎え入れながら、領域としての純潔を守ろうとし、「質の低下」を危惧して越境者に排除の気配をみせるように思われた。こうしたことはなぜ起こるのであろうか。

私のこれまでの経済学や家政学の研究からして、社会福祉学の多くの領域、たとえば原論・理論はもちろん、高齢者、児童をはじめ、公的扶助を含む貧困問題から生活問題一般、社会保障、家族、女性、障害者、社会福祉政策などはきわめて身近な存在であった。しかし、たとえ同じ対象を扱ったとしても、社会福祉学的研究方法が社会政策学的方法、あるいは生活経営学的方法とは異なるものであることはまた当然であり、その「差異」「独自性」こそが、隣接領域の研究者にとって学び、吸収したいという思いを湧きたたせる魅力あるものにほかならないだろう。それぞれの領域は私からみていずれもそうしたものを備えており、「質の低下」は懸念するに及ばないのではないかと思われる。

その証拠に、社会政策学会や生活経営学部会の会員のなかには日本社会福祉学会に所属する会員も多く、社会政策学会の研究大会時には、「書評分科会」で、学会の会員であるか否かを問わず、社会福祉学関連の書物も多く取り上げられてきていた。また、学会内には前述のように、古くから「総合福祉部会」も位置づいていた。そのような密接な学術的交流のなかで、各学会にはそれぞれ特有の独自の方法が存在するのである。

社会福祉学には、社会政策学が対象とはしない狭義の「社会福祉」（援助技術・方法）や、社会福祉学が必須とする実習・実務・現場経験への対応という厳然たる領域が存在する。この領域の存在は、対人福祉サービスの提供を主たる領域とする社会福祉学にとって固有の領域である。しかし逆に、医師、看護師、保健師、教師、心理カウンセラー、さらには消費者問題被害や多重債務者に対する対応を含む各種相談員も対人サービスを行うのであって、その技法・価値観・倫理は社会福祉学だけの専売特許とはいえないことも明らかである[1]。

現在、少子高齢化が進む現代日本社会が要求する社会福祉関連大学・学科が急増し、社会福祉専門職養成への社会的期待が日本社会福祉学会の会員増をもたらしている一方で、名称を生活科学（その他）と変えて本来の姿をみえにくくしている家政学系の大学の変容による日本家政学会の会員の漸減、という現象が起こっている。

社会政策学はどうかといえば、従来の対象領域を広げながら、他の二つの学問領域とは異なる蓄積された理論的魅力によって、会員をそれなりにひきつけている。ひきつけ方が、本流をそれ

表1　社会政策学・社会福祉学および生活科学の特徴の簡単な対比

	社会政策学	社会福祉学	家政学（生活科学）の生活経営学領域
大象／守備範囲／領域	戦前：あらゆる社会問題 戦後：賃労働者と家族に対する政策	社会的問題状況、生活問題・福祉ニーズ ミクロ・メゾ・マクロ、地域への視点強	戦前：家計・家事・家政（家庭管理） 戦後：家族・家計・時間・労力管理
研究方法	経済学／労働問題中心（労使関係論） 社会科学内でおおむね収束	生活者視点の重視／個別支援性 学際的研究、隣接領域多い	戦前家政学／経済学／経営学／法学等 社会科学＋労働科学＋システム論
パラダイム転換	高度経済成長の崩壊—福祉国家の挫折—総合的社会政策 広く生活問題・福祉問題への対策	福祉国家の困難／新保守主義・自由主義 福祉サービス供給主体の多元化 自己決定／自己選択への対処	伝統的家事・家政—家庭経営—生活の社会化—生活経営—生活主体形成—生活福祉経営
専門職としての資格	無	社会福祉士等多々有	家庭科教員・HEIB
メイン学会	社会政策学会	日本社会福祉学会	（社）日本家政学会生活経営学部会
メイン学会創立年（戦前）	1897　1907—1919—1924	—	—
メイン学会創立年（戦後）	1950	1954	日本家政学会1955、部会1971
戦前からの継承	理論として有、組織として断絶・再出発	理論・実践として有、組織は新	女子教育の実積として有
現在（2004）会員数	1100	5000	日本家政学会3500、部会340
会員男女比	男性75％対女性25％	男性60％対女性40％	男性25％対女性75％
会員増減特徴	会員漸増（学問的関心・理論的魅力）	会員激増（さまざまな動機と現実の必要）	会員漸減・高齢化、部会は漸増
学会の開放度	積極的勧誘・越境／新気風の歓迎	結果的に大（危機感・警戒心有）	大（もともと学際的・他分野受容的）
入会者の資格	原則研究者・修士課程以上院生	実践者・現場を多く含む	学歴・職階・推薦者不問
日本学術会議登録分類	第３部（経済政策研連）	第１部（社会福祉・社会保障研連）	日本家政学会は第６部（家政学研連）
第19期日本学術会員の現有	無	有	日本家政学会は有
学術の動向への態度	メリットベースに悠長な装い	メリットベースへの強い自覚	学会は学会誌審査論文至上主義的
国際交流	当初欧／現在韓国社会政策学会	韓国社会福祉学会	IFHE、ARAHE 等交流盛ん
ジェンダー配慮度	1990年代から意識的	2004年～女性福祉をジェンダーとする	部会はジェンダーセンシティヴ
伝統的学部／学科設置	官学的	私学的	官学的なものと私学的なもの（学閥的）
学会の気風	体制批判的・論争的	現実的・現場主義	現実的・実践的

表2　系譜・潮流の推移概観

	社会政策学	社会福祉学	家政学＝生活科学／生活経営
1890年代―戦前	桑田熊蔵／福田徳三／森戸辰男／櫛田民蔵 1919：学会内対立(協調会／社会主義) 1924：内部対立から推進力喪失	人類の歴史とともに始まる 慈善・救貧事業から社会事業へ	明治：翻訳的家政学，良妻賢母 大正：近藤耕蔵(生活の科学化) 昭和：井上秀(家庭管理法)
戦中：1930―40年代	大河内一男(成立：戦時社会政策論) 戦時体制下の国民生活論	1940年代以降に成熟・成立	常見育男(職業教育としての家政) 倉沢剛(皇国家政観)
戦後：1950―60年代	社会政策本質論争(主体と範囲) 大河内一男(パラダイムの中心) 森耕二郎(分配政策) 隅谷三喜男(労働経済学) 氏原正二郎(労使関係)	孝橋正一(社会福祉政策論) 竹内愛二(社会福祉技術論) 岡村重夫(社会福祉固有論) 一番ケ瀬康子(運動論) 三浦文夫(社会福祉経営論)	伝統的家政学：松平友子・氏家寿子 社会政策学からの越境 中鉢正美・篭山京・大河内一男 労働生理学の導入 稲葉ナミ・桑田百代・大森和子
転換点：1970―90年代	OECDの「総合社会政策」概念 英を中心としたソーシアル・ポリシー論 福祉国家・福祉社会に対応できない 生活問題は社会化と個別化の両面統合 ジェンダー視点による領域の拡大	福祉国家の行き詰まり 社会福祉基礎構造改革 措置から契約へ／自己責任・決定 小さな政府／地方分権／地域福祉 在宅福祉	家庭経営学部会の設立 米独経営学・システム論の越境 家庭科男女必修時代 国際交流(ARAHE/IFHE)の時代 家庭経営学から生活経営学へ
21世紀	対象の拡大	専門職の高度化	生活経営～生活福祉経営へ

ることを気にもしないほどの荒っぽさをともなっていることについては、私は実は問題だと思っているが、いずれ時がくれば自然の調整もあるだろう。

2　社会政策学・社会福祉学・生活経営学の接点と異同の基本的確認

まず、私が考える社会福祉（学、学会）、社会政策（学、学会）、家政学＝生活科学、特に生活経営（学、部会）を対比して表を作成してみた。この指標は充分に練られたものではない。表にする際の極端な単純化が誤解を招くことを恐れるが、一応掲げておく。

表1は、社会政策学・社会福祉学および生活科学の特徴の簡単な対比を示したものである。**表2**は、三領域の学問的系譜・潮流を歴史的に概観したものである。

3　社会政策学会はどのようにして一〇〇年の節目を通過したか

本書第2章で述べたところではあるが、社会政策学会は、一九九七年同志社大学で開催された第九五回大会時に「社会政策学会一〇〇年―百年の歩みと来世紀にむかって」という共通論題でこれまでの学会の歩みを総括し、課題を確認した。その前夜（一九九七年一〇月三一日）、佛教大学との共催で市民公開の「ジェンダーで社会政策をひらく」というシンポジウムを開催した。共通論題の座長には日本社会福祉学会のリーダー格の一人でもある岩田正美があたり、この時のすべてを収録したものは、『社会政策叢書』編集委員会編『社会政策叢書第二二集　社会政策学会一〇〇年』（啓文社、一九九八年）という単行本のかたちで、さらにシンポジウムについては、佛教大学総合研究所編『ジェンダーで社会政策をひらく』（ミネルヴァ書房、一九九九年）で、いずれも市販されている[2]。

一〇〇周年時の議論の中心は、社会政策の主体は何かと、社会政策学の守備範囲はどこまでかという問題であり、依然として根強い「労働問題中心主義」が、これも日本社会福祉学会の会員でもある武川正吾によって批判された。「今日の学問が一定の専門分業の中に存在せざるを得ない」としても、福祉国家段階・福祉社会にふさわしい社会政策学の範囲の再編成が必要であることが議論された。なお、一〇〇周年を記念して学会のホームページが開設されたが、二〇〇四年八月半ばで一五万回を超えるアクセスがあり、二〇〇八年五月で二八万三千回を超えるアクセスがある。それ以前にリンクをはった会員・役員用メーリング・リストとともに学会の改革のツールとなった。

社会政策学会は年二回の大会を開催しているので、私の代表幹事在任期間には、第九七回大会から第一〇〇回大会という四回の大会が開催された。また、大会ごとに共通論題を設定しており、そのキーワードが端的にその大会の特徴を物語る。実質的創立一〇〇周年にあたる一九九九年の第九八回大会のテーマは「社会政策における国家と地域」、第一〇〇回大会（二〇〇〇年）は「自己選択と共同性―二〇世紀の労働と福祉をふりかえって」であった。これら共通論題のテーマにも、一九九七年の一〇〇周年記念時の総括と課題が活かされ、年齢的にも若返った四〇代から五〇代の役員によって学会の舵取りが進められており、二〇〇三年の第一〇六回大会は「新しい社会政策の構想―二〇世紀的前提を問う」を共通論題とした。

社会政策学会がもっていた課題を大きく展開させるためには、課題に応えうるかたちをもった学会の組織・運営が必要であった。社会政策学会は、本章表2中に示した理論上の流れがあったが、他方、組織運営の古い硬直化した体制も問題であった。組織改革の契機は、まずなによりも古いしがらみにとらわれない、かつ学閥的にフリーであり、萌芽的ともいうべき新しい発想の役員の直感に耳をかたむけることである。また、異なる組織文化をもつ他学会に通じている会員の経験も大いに活かされる。問題点を先取りしたリーダーを中心に、目的・方向は同じだが、異質な考え方をする個々人の徹底的議論と、個々人の責任ある実行力が必要である。

一九九二年の大会でパラダイム転換を呼び起こしたジェンダー視点は、当然の帰結として「労働問題」以外に対象領域を広げ、ジェンダー部会を産み落とし、一九九五年以降は、毎年部会による分科会が設けられて、学会全体に新しい問題を提起し続けている。そのような経過で一九九七年には、前述のとおり「ジェンダーで社会政策をひらく」が合言葉になるほど、ジェンダー視点はメインストリーミング化した。その牽引力は、学会の意思決定機関にあって理論的実力と政策関与能力とパワーをもつ女性会員の存在であったが、それを自然のこととして受容する深い見識をもつ男性役員と裾野の広い一般会員、そして学会の古い組織文化の変容・新しい組織文化の創造の進行であった。

二〇〇〇年の第一〇〇回大会は、まさに改革の第一段階の終了、クライマックスだったとみてよいだろう。

組織変革の進行は、新しい未来の会員にまで影響する。学会の課題とされた領域・範囲は、まさに現実が要求するものへと広がり、その現実に即して、出自の異なる老若男女の多くの越境会員を広く迎え入れ、混血し同化した。学会の高かった垣根はやがて無に等しくなった。学会での領域・範囲の論議と平行して、組織改革による効果が進行し、なんらかの魅力を感じて越境してくる他分野からの会員に「社会政策の独自性は云々」などと言わずに歓迎した。社会福祉学と異なって戦前男性のみの学問であった社会政策学の学会は、次第に女性会員を増やして会員数に比例する女性を結果的に選挙幹事として当選させ、学会誌編集委員会、学会賞選考委員会等ほとんどすべての意思決定機関に会員数比例以上の女性会員を有している。学会の適切なジェンダーバランスは、当然学会の性質を変える。

4　五〇周年通過点での日本社会福祉学会への問題提起

一九九八年、私は日本社会福祉学会研究大会と総会に出席した。初めてみる日本社会福祉学会の総会から多くのことを私は学んだ。日本社会福祉学会会長は三年任期で二期まで務められるので、それ以降私がみたものは大橋謙策会長時代の日本社会福祉学会であった。その終わりの五〇周年記念シンポジウムのシンポジストになったので、まだ深い理解に到達しているとはとうていいがたいときに発言するはめに陥った。(3)

大橋会長の二期六年間に、社会政策学会は二年任期再選なしの三人の代表幹事が交代した。日本社会福祉学会は、会長の諮問機関として学会の改革構想委員会を設置して報告書を出し、社会福祉と倫理特別委員会からは「日本社会福祉学会研究倫理指針」(4)が出され、二〇〇四年一〇月一〇日から施行された。また、社会政策学会は日本学術会議の会員を落選ばかりさせているのに対し、日本社会福祉学会は日本学術会議を足場にした活動も活発である。倫理指針は、当時他の二つの学会がもっていない日本社会福祉学会の高いオリジナリティであり、ここから他の二つの学会も学ぶべき点が多かった。社会政策学会は二〇〇八年五月の総会で「社会政策学会倫理綱領」を通過させた。

日本社会福祉学会の五〇周年記念大会は、大会企画シンポジウムとして、「社会福祉学研究五〇年の総括と展望」、「ソーシャルワーク、ケアワークの理論化・実践化にむけて」、「日韓交流企画シンポジウム」、「社会福祉実践の価値と倫理」、「社会福祉の研究教育とこれからの課題」を開催し、学会編の『社会福祉学研究の五〇年 日本社会福祉学会のあゆみ』（ミネルヴァ書房、二〇〇四年）を刊行した。(5)

このような日本社会福祉学会の五〇周年の通過点に、私は、社会政策学会の視点から、日本社会福祉学会に次の問題提起を行った。

第一は、今後ますます社会的必要にせまられ、必ずしも学問的に純粋な動機ではない入会者が日本社会福祉学会の門をたたくことが予想される。そういった現実に対し、そのこと自体が、学会へのニーズであり、学会の存在意味以外の何ものでもないと積極的にとらえることはできないであろうか。私のように近接領域にいるものからみても、社会福祉学は異質なものへの学問的警戒心が強いように見受けられる。しかし、不純な異分子とも見受けられる参入者は、社会福祉学のレベルを下げるのではなく、新たな学問的パワーを注入する存在に転化する潜在力であるとは考えられないだろうか。社会政策学に責任をもつ立場にいて、社会政策学への異分野からの越境者を多く迎えて私は常にそう思ってきた。

第二に、大学院教育であるが、学術的訓練・後継者たる研究者養成はどの領域においても容易ではない。社会人院生と専門職大学院とが時代の風潮であるかのようであるが、研究者養成のための大学院と専門職大学院とは異質である。また、実務経験豊かな社会人のもてる知識をまとめることが即研究として体をなさないこともある。あたかも福祉サービスのユーザーの個別性への対応と同じく、社会福祉学が多様な大学院ニーズに応え、研究者養成と実務家社会人への対応を、大学院として両立させることに学会は手をこまねいているわけにはいくまい。これはいわば日本社会福祉学会のダイバーシティ・マネージメントともいうべきものであろう。社会政策学の現場からの大学院社会人入学者は主に労働組合運動・協同組合運動や女性運動の運動経験者ではあるが、むしろ理論志向であって学問の性格上実務的専門職大学院的志向ではない。

第三は、今後の新たな日本学術会議改組、日本学術会議法の一部改正によって、会員の選出にもメリットベースが重んじられながら、他方でそれとは異なる企業・実業界・現場主義が重視されようとしている。日本の文部科学行政は両刀を使って従来の学問領域にチャレンジしてきている感がある。このパラドックス現象をどう捌いてのりきっていくかは、社会政策学会ともども日本社会福祉学会にとっても今後の課題となるだろう。

第四に、ジェンダー視点についてである。社会福祉学のジェンダリングが学会においてメインストリーミング化することと、福祉専門職がおかれている現場のジェンダーバイアス解消への取り組みは、とりわけ大きな問題に思われる。社会福祉学領域では、もとより一九九〇年代半ばから、ジェンダー視点でのすぐれた研究が行われている。(6) ジェンダー視点を社会福祉学会の組織や研究内容のメインストリーミングにすると同時に、現場のジェンダー課題に取り組むことは、深いところで関わり合っているのであり、このことは社会福祉のユーザーにとっても優先度の高いニーズであると思われる。

第五に、社会福祉の背景にある福祉国家の問題、日本型福祉社会における経済政策、社会政策と日本の社会保障の新自由主義・新保守主義的後退が生活の現実のなかにどう現れるかを、社会福祉教育のなかに位置づける必要がある。社会福祉は人間の部分ではなく全体を、背景をみることを要求される。その背景を政治学的・経済学的に学ぶことは福祉専門職の質の向上と大きく関わるだろう。これは、政治還元主義でも、経済還元主義でも、従来の運動論でもない。背景にある現実を大きくとらえるスタンスのなかで、社会福祉専門職の価値や倫理にも方向性が与えられると思うからである。

第六に、家政学・生活科学・生活経営学の蓄積から摂取するものが多いということに思いをいたす必要があろう。しかし、私がみるところそれをあまり感じさせない。この点は、次節と関わらせて述べる。

5　生活経営学部会はどのようにして三〇年を通過したか

家政学・生活科学部から社会福祉関連学部に衣替えした大学も少なくはない。私の勤務先昭和女子大学においても、現、人間社会学部福祉環境学科は、もともとは短期大学部家政学科改め生活文化学科社会福祉コースと元家政学部改め生活科学部、生活美学科改め生活環境学科におかれた福祉環境学コースとの合体であった。この事実ははっきり記憶されなければならない。なぜなら、私の勤務先の福祉環境学科はこの歴史的事実の積み重ねのうえで、これらを母体に、これらの資源を文化として成立したからである。資源は有効に利用されなければならず、家政学・生活科学の総体が資源であったはずである（しかし、二〇〇九年度から学科名称は福祉社会学科に変わる）。

生活科学は生活経営学に特化されるものではないが、生活科学のなかでの私の専門領域をなす生活経営学は、過去から社会福祉ととりわけ隣接し、今日も将来も関係を深めていくであろうことが予測される。

冒頭にもふれたが、また表1にもみられるように、生活経営学は二〇〇〇年に、部会三〇周年を記念して『福祉環境と生活経営―福祉ミックス時代の自立と共同』（朝倉書店）を出版した。私は、生活経営学部会が家庭経営学部会と呼ばれていた時代の最後一九九三―九五年と、生活経営学部会と名称を変えた最初一九九七―九九年にこの部会の部会長を務めた。私の任期が終わったのち、部会は三〇周年を記念した。記念出版の内容は、①今、なぜ、生活者の自立と共同か、②家族・地域のなかでの自立と共同、③福祉における産業化と市民化、④企業社会の変容と生活保障、⑤時代を拓く自立と共同、という柱だてであった。

社会福祉学からみての生活経営学の不足点は、障害者福祉領域の欠如と援助技術視点を含まないという点であろう。他の福祉領域は相当程度カヴァーされている。この書を読まれた、看護技術専門の澤田信子・現神奈川保健福祉大学教授は、「こういう視点こそが必要なのだ」と、二〇〇〇年の日本家政学会主催のシンポジウムの席上でシンポジストとして感想を述べられた。社会福祉士養成講座の『介護概論』のなかに生活経営的視点が要求されたり、介護福祉士の養成に家政学の理論や実技が必要とされるのは、福祉のユーザーは生活経営する人々であるということを物語っていた。(8)

このように、社会政策とは異なる角度から、家政学・生活科学・生活経営学は、社会福祉の密接な隣接領域である。生活経営は生活の社会化が進んだ今日では、生活福祉経営となり、部分的に社会福祉学の広がる範囲を引き受けて社会福祉と融合する。

家政学系大学に土台をおいて社会福祉系学部・学科が発足した大学は、蓄積された資源を活かすことによって、現在社会福祉に要求される新しい独自の分野を創造することを可能にする。こうしたことが現在日本の多くの大学に起こっていることは、社会的要請からみてけっして不純とはいえないことである。

このようなときに、生活経営学部会は三〇周年の時点を通過したのである。

本章の目的は、社会政策学と、社会福祉学と、家政学・生活科学・生活経営学という三つの隣接した学術領域の関連を扱って、それぞれの独自性と研究の視覚の相互乗り入れによる研究の新たな展開の可能性とを探ろうとするものであり、それぞれ、関連主要学会の一〇〇年、五〇年、三〇年の通過点を比較した。

会員数を急激に増加させて成長めざましい日本社会福祉学会は、国家資格の福祉専門職、援助技術領域、特定の現場、研究倫理指針をもつことによって、他の二つの領域と区別される社会福祉学に責任をもつ学術団体として際だっている。しかも、社会福祉学の対象は、生活する人々一般に普遍化してきている。このことは、生活が関わるすべての領域との社会福祉の連携を必要としているということでもあり、社会福祉学の強みである。

私は、メインの社会政策学と、サブメインの生活経営学に三〇年近く遅れて、五〇歳代の終わりに社会福祉学の門前に立たされた。まだ一〇年くらいの学会歴では、しかも、この領域での下積みを経験したことのない身では、最後まで、外からは社会福祉士養成の厚生労働省による改革に振り回され、内にあってはエクスクルージョン感をぬぐえないまま、門外漢で終わるしかないことを残念に思う。

（1）私は、本書のはしがきで述べたような成り行きで経済学部で社会政策学を専攻し、最初に当時の同一労働同一賃金の理論を学び、続いて炭鉱の合理化が労働過程と炭鉱労働者の生活に及ぼす影響に取り組み、女性労働問題に踏み込んでいった。その流れで、大学院ではドイツのプロレタリア女性運動の指導者クララ・ツェトキーンの女性解放理論をテーマとして修士、博士の学位をとった。
就職を意識して、大河内一男流の家庭経済学、家庭管理論に二股をかけて、家政学の世界に入ったが、四〇年の大学教員生活のうち最初の二〇年は家政学の世界にあった。家政学はやがて生活科学と呼ばれるようになるが、私は、家政学のなかでも社会科学領域を扱う家庭経営学領域（のちに生活経営学と呼ばれる）に守備範囲をおいて、家事労働研究、生活時間研究へとテーマは広がっていった。私の頭の中ではそれは、あくまでもジェンダー視点にたった労働力再生産の研究として統一されていた。

四〇年の後半の二〇年は、女性文化研究と社会福祉研究をせざるをえない立場にたたされた。一九八九年から関わった女性文化研究は女性労働問題研究とは似て非なるものとはいえ、接点はみえていたので、違和感はなかったが、一九九八年から大学の事情で降って沸いたように強制的に関わらなければならなくなった社会福祉の世界では、家政学に入り込んだとき以上の困難が待ち受けていた。それは、一言でいえば、社会福祉プロパーの同僚からの表現のしようのないエクスクルージョンであった。家政学は出自が家政学でないことでむしろ歓迎されたが、社会福祉では出自が違うということが、それほど障害になるものなのか、この困難はその後一〇年たっても変わることはなかった。
（2）佛教大学総合研究所編『ジェンダーで社会政策をひらく』（ミネルヴァ書房、一九九九年）のほうは、本書第2章で述べているので、『社会政策叢書』編集委員会編『社会政策叢書第二二集　社会政策学会一〇〇年―百年の歩みと来世紀にむかって』（啓文社、一九九八年）についてふれると内容は、次のようなものであった。

第一部　Ⅰ「社会政策思想の誕生―戦前期社会政策学会を中心にして」池田信／Ⅱ「戦時期の社会政策論」山之内靖／Ⅲ「本質論争から労働経済学へ」高田一夫／Ⅳ「転換期の社会政策学」武川正吾

第二部　Ⅴ「労働関係論と社会政策に関する覚え書―中山伊知郎教授と生産性向上運動」仁田道夫／Ⅵ「社会政策とジェンダー―21世紀への展望」竹中恵美子／Ⅶ「高齢社会と社会政策―社会保障の展開と社会保障の構造改革を中心に」三浦文夫

第三部　Ⅷ「現代社会政策学の方法と課題―竹中恵美子氏の所説によせて」堀内隆治／Ⅸ「男女共同参画社会と育児・介護の社会保障」塩田咲子／Ⅹ「労働関係研究の今日的課題―二つの報告へのコメント」熊沢誠／Ⅺ「社会政策学の一世紀と賃労働の理論の半世紀と」下山房雄

第四部　Ⅻ「21世紀の社会政策研究」中西洋／ⅩⅢ「社会問題と社会政策―〈社会政策学会100年〉シンポジウムのまとめにかえて」岩田正美／ⅩⅣ「パラダイムの変換と現代社会政策」西村豁通

（3）　私がはじめて日本社会福祉学会に入会し、大会・総会に出席したのは、一九九八年第四六回大会（明治学院大学・白金校舎）のときであった。自発的入会ではなかった。一九九八年五月、社会政策学会の代表幹事になった年であったからまた一つ、異文化をもつ学会に入会することに最初から抵抗を感じた。しかし、この入会には私の勤務先の大学が、そして生活科学部生活環境学科福祉環境学コースの将来がかかっていた。私はそのコースの主任でもあったからである。本当に個人的になんだかんだといっている場合ではなかった。まわりを見わたせば、私と同じく大学から強制加入させられた同僚が、大会や総会にかならずしも参加しているわけではない。私は一九九八年一〇月一七日、一人懇親会場に行って、会長に選出されたばかりの大橋謙策氏のもとに走った。誰も紹介してくれる人がそばにいなかったからしかたがなかった。ひとえに、「昭和女子大学にも福祉環境学コースができたからよろしくお見知りおき願いたい」という一心であった。幸い大橋謙策氏があたたかく迎え入れてくださったので、どんなにほっとしたかわからない。古川孝順氏、杉村宏氏と親しくお話できたのもこの日のことであった。もっとも、このお二人は社会政策学会の会員でもいらっしゃる。

（4）1指針内容は、A：引用、B：事例研究、C：調査、D：書評、E：査読、F：二重投稿・多重投稿、G：学会発表、H：研究費、I：差別的表現とされる用語や社会的に不適切とされる用語、J：共同研究、K：アカデミック・ハラスメントに分かれて全三八項目からなる。二〇〇八年一月からは、日本社会福祉学会研究倫理委員会規程が施行されている。

（5）『社会福祉学研究の50年』は、六部構成で五七〇頁を超える分厚いものである。内容は次のとおりであった。

第Ⅰ部「戦後社会福祉研究の総括と21世紀への展望―自らの立場との関係で」仲村優一／「戦後社会福祉の総括―思想史的立場からの反省と課題」阿部士郎／「社会福祉研究の展開と展望―『社会福祉学』の在り方を中心に」一番ケ瀬康子／「戦後社会福祉の政策研究の総括―とくに一九六〇年代後半以降を中心に」三浦文夫／「『総合科学』としての社会福祉学研究と地域福祉の時代」大橋謙策

第Ⅱ部「社会福祉学研究の50年と日本社会福祉学会　学会創立への動き―戦後社会福祉学研究の萌芽・一九四五年―一九五五年」宇都榮子／「初期の学会活動―共同研究と社会福祉総合論・一九五六年―一九六四年」杉村宏／「学会組織の動揺と収束―社会福祉研究の混迷・一九五六―一九七三年」遠藤久江／「学会組織の飛躍的拡大―視点の転換：政策批判と政策提言・一九七四年―一九八九年」田澤あけみ／「学会組織の整備と質―制度改革論と資格制度論・一九九〇年以降」平戸ルリ子

第Ⅲ部　記念座談会・対談・聞き書きからたどる日本社会福祉学の50年

第Ⅳ部　日本社会福祉学会地方部会史

第Ⅴ部　資料編

（6）杉本貴代栄の数々の著作がその代表である。たとえば氏の編著『社会福祉のなかのジェンダー―福祉の現場のフェミニスト実践を求めて』（ミネルヴァ書房、一九九七年）、『フェミニスト福祉政策原論―社会福祉の新しい研究視覚を求めて』（ミネルヴァ書房、二〇〇四年）がある。

（7）しかし、二〇〇〇年代以降、生活経営領域も、障害児の親の生活や、聴覚障害女性の生活自立の問題等、障害者視点が入りつつある。

（8）しかし、厚生労働省は、二〇〇九年度の社会福祉士のカリキュラムから介護概論をはずし、技術的なことの教育に重点を移した。

第Ⅱ部

女性問題をとらえる

◉思想・運動・労働

第6章　女性解放思想と現代フェミニズム

一九五〇年代の後半から、実践や研究の場で世界や日本の女性運動を追ってきた私は、これまでも表記の内容を含むいくつかの論文を発表してきた［伊藤　一九八二a、一九八七、一九八八、一九九二］。本章は、第一に、一九九〇年代の転換の時代を経て、これまでの私の自己批判を含みながら、二〇世紀から二一世紀の世紀の変わりめにおいて、表記テーマに再挑戦したものである。第二に、そのことによって、今日新たに提起されている「労働運動とフェミニズム」あるいは「労働運動にジェンダー視点を入れる」ことの思想的・理論的関連を考えることにつなげたい。第三に、二一世紀の進展とともに、フェミニズム運動の場で生じるであろう問題点について私の予測についてふれる。

1　女性解放思想とフェミニズム

▼女性（婦人）解放

日本ではフェミニズムという語が多用される以前に、「婦人解放」という用語が市民権を得ていた。それと並行して、「婦人」という日本語自体がフェミニズムの影響で死語化され「女性」に置き換わっていく。つまり、特別の日本語訳をもたないフェミニズムという外来語が、一九七〇年代から、「女性（婦人）解放」という日本語と徐々に入れ替わっていくのである[1]。

「婦人解放」と「女性解放」は、ニュアンスが異なるし、また「女性解放」とフェミニズムも同義ではない。しかし私は、「女性（婦人）解放」（以下「女性解放」に統一する）も、フェミニズムも、歴史的に連続しながら変遷し、内容も重なり合ったり、異なる側面を互いにカヴァーしながら女性の問題に対応して発展してきたと考えている。

女性解放思想は、性による社会的差別を初めて目に見えるものにした近代社会の産物であり、自由、平等、人権思想に起源をもつ。一般に、人間の解放とは、抑圧されている状態から解き放たれることであり、奴隷解放、農奴解放、民族解放、部落解放、ファシズムからの解放などのように使われている。いずれも差別、不利益、抑圧からの自由や、公平や平等、正義や人権の尊重を含む内容をもっており、それらを侵害されている人間集団の状態の変革を意味する。つまり、女性解放は、たんなる女性の地位向上、男女平等より、包括的で変革的な概念である。しかし、女性解放という用語は、欧米でも一八世紀では使われてはおらず、それは一九世紀のものであり、日本では主に二〇世紀の初めから中期に用いられた。

女性解放という場合の「女性」は、人類の半分を占めているのでけっしてマイノリティではないが、それぞれの所属する階級や階層、人種に分かれて存在し、かつ、そのどれに所属してもそれぞれに男性に比べて不利益をこうむる性という共通認識が根底にある。このことからまた、女性のこうむる不利益とその根源、改善策には、所属階級・階層・人種ごとに相違があり、女性の要求や意識もけっして単一ではないという事実も同時に指摘しうる。

初期の欧米女性解放運動が、ごく単純化すれば一国内のブルジョワ（広く新興の市民階級、狭くは資本家階級）的なものとプロレタリア（古い用語では無産階級、一般に資本・賃労働関係に入った労働者階級）的なものに分かれたのはそうした理由によるものである。前者は後者よりも早く、当初から男性に対する女性（生物学的性別ではなく、社会的性別＝今日でいうところのジェンダー）という意識が中心になり、後者は、男性を含めた階級運動の一部であったというのも、それぞれの客観的存在の反映であった。ここをまず混同すべきではない。あえて単純化し、本質還元的に表現すれば、ブルジョワ女性解放思想はジェンダーを上位に、プロレタリアのそれは階級を上位においたのである。

しかし、抑圧や従属が一国を超え、植民地（国家）・民族（人種）間の従属という要因が入ると、ジェンダー・階級・民族（人種）というからみ合いになる。加えて、男性と女性の二分法ではなく、性の同定の困難さやセクシュアリティが問題になってくると、女性の運動は新たな転換をせまられることとなる。

女性の抑圧と、それからの解放は、女性のみではない抑圧される者全体の解放の要因との関わりを複雑にもつのが普通である。こうした要因の多重性と、そのなかでの本質的なものの抽出の困難さ複雑さが、従来の比較的単純な思想しか包括しえず、かつ統一的イメージを与えることのできた女性解放思想に代わる多様なフェミニズムの出現の歴史的かつ現代的背景にあるといえよう。

▼フェミニズム

フェミニズムという語が、いつどのように使われ始めたかを明らかにする文献はほとんどなく、しかもそれを問題にせず使われることが多い。フェミニズムは、ラテン語のフェミナ（女性）から派生した語で、もともと「女性の特質を備えていること」という意味であり、一八九〇年代に男女平等の理論や女性の権利運動をさして使われ始め、一八九五年に印刷された文字として最初に登場し、広く用いられるようになるのは二〇世紀に入ってからのことと、リサ・タトルは説明する［Tuttle 1986＝渡辺監訳　一九九一］。さらに、フェミニズムの定義は論者によって異なり、現在も基本的意味さえも論争されている。最も広い意味では、「どんな方法や理由であれ女性の従属に気づき、それを終わらせようとしている」［ibid.］すべてであるとされる。

日本においても、江原由美子は、一九九〇年代の前半に、「誰もが合意するような日本のフェミニズム理論の『学史』は未だ存在していないし、多くの著作家が頻繁に引用する定評のある

『理論』が確定しているわけでもない」〔江原　一九九四〕といっていた。

とはいえ、そのようにあいまいなフェミニズムという語が、過去にさかのぼって、過去の思想や運動の総括にも使われるようになる。また、フェミニズムという語を使っていなかった時代を含む一八世紀後半からの女性解放運動を、「第一波フェミニズム」とネーミングする。しかし、あまりに多様で拡散的な意味をもつフェミニズムが横行すると、江原〔一九九七〕をして「『フェミニズム＝女性解放論』という『正確な知識』が定着した」といわせたりもする先祖帰り的収斂も必要になる。

日本では、冒頭に述べたように、フェミニズムという用語は、一九七〇年代から二〇年以上をかけて、二〇世紀の終わりまでに、女性解放という用語から、徐々に置き換えられていくが、そのプロセスは、一方で強くジェンダー・イデオロギー的でありながら、他方では没階級イデオロギー的であるという表と裏をもっている。

日本でフェミニズムという語が現代のように用いられるにいたる前に、一九二〇年代と一九五〇～六〇年代に、それぞれの時代に応じてフェミニズムの吟味がなされてきた。しかし、この事実はすでに風化され、無視されるか忘れ去られている。二つ例をあげよう。一九二八年七月、山川菊栄は、『女人芸術』創刊号に「フェミニズムの検討」を発表した。そこでは、フェミニストは、「第一次世界大戦時、全人類の文明を破壊するために、資本の走狗となった」〔山川　一九二八〕とされている。これは、第一次世界大戦に反対しなかったブルジョワ（市民）階級の女性解放運動のある種のものを批判していると思われる。この場合の山川のフェミニズムの意味は、女性の運動を階級・階層視点からみたイデオロギー的色彩の強いものとなっている。

もう一つ、一九五三年に『フェミニズムの歴史』という本を書いた玉城肇のフェミニズム理解を、『平凡社世界大百科事典』〔一九六七 一四六―一四七頁〕での要約でみると、「フェミニズムには、明確な理論体系があるわけではなく、時代とともに変化し、また国によっても変化する女性尊重の思想または運動である。それゆえ他の理論・世界観ならびに運動によってささえられ裏打ちされて発展するものである。したがっていろいろな色合いをもったフェミニズムがあるということになる」とある。

玉城は、フェミニズムには女権主義と母性主義の二つの流れがあったが、社会主義を基調とする女性解放運動によって統一されたとしている。玉城は、時期的にあとから出てきた「社会主義を基調とする女性解放運動」が先輩格のフェミニズムを統一したとみるのである。この見方は一九五〇年代から一九六〇年代の世界と日本の女性運動の現実の一反映であったというべきだろう。しかし、今日この考えはおおかたに受け入れられない。では、社会主義を基調とする女性解放運動とは何であろうか。それは、マルクス主義とどういう関係にあり、のちのマルクス主義フェミニズムとはどう関わるのであろうか。

▼社会主義を基調とする女性解放運動とマルクス主義フェミニズム

ここで、かつての社会主義女性解放運動とマルクス主義フェミニズムの関係について考察したい。確かに社会主義女性解放論は、フーリエらの空想的社会主義の流れを汲みながら、マルクス、エンゲルスの理論に組み込まれ、ベーベルによって思想的・理論的潮流がつくられ、ツェトキーンによってドイツ社会民主党や第二インターナショナルの実践の場にもちこまれて、プロレタリア階級の女性の解放運動の理論的支えとなるものである。これは、マルクス主義女性解放理論というほどに厳密なものではなく、社会主義という用語のほうがあたっているであろう。

二〇世紀に入って、日本の幸徳秋水や堺利彦、福田英子がこれを摂取、受容した。社会主義女性解放運動そのものは、二〇世紀にヨーロッパとアメリカ合衆国をつなぎ、女性選挙権運動とプロレタリア女性解放運動を結んで、第二インターナショナルのなかで「国際女性デー」を生み出した。やがて、ロシア革命へつながり、レーニンも初期に関わった第三インターナショナルの場で政策化されて、日本の山川菊栄へと連なっていくものであった［伊藤 二〇〇三b］。

この階級イデオロギー的プロレタリア女性解放運動は、一九世紀後半から二〇世紀初めの女性選挙権運動では、ブルジョワ女性解放運動（これが後に「第一波フェミニズム」といわれる）と部分的に要求と行動を共にしていたが、他の多くの部分は思想的にも、具体的要求内容としても異質のものであった。さらに、これも単純化すれば、ブルジョワ女性解放論をプロレタリア女性運動からかなり明確に（決定的にとはいわない）区別することとなったのは、主に二〇世紀に入ってからの二つの戦争に対する態度であっただろう。さらに、この段階では、プロレタリア女性解放運動も、もはや社会主義という用語一般で代表させるには不充分であり、広く社会主義を標榜する各種労働者政党の思想的傾向やその政策と結びついて分裂し、それぞれのイデオロギー、各党派を反映する女性運動とならざるをえなかった。

私は、こうした性格をもつプロレタリア女性解放運動を研究の対象としてきた。ここでは、空想的社会主義の流れが、フローラ・トリスタンからシャーロット・パーキンス・ギルマンにいたるまで多くの思想家に、解放された女性像の夢を描かせたということ、マルクスやエンゲルスの著作のなかに、資本と賃労働のなかに包摂された女性労働者が、男性労働者と共通点と相違点をもちながらも資本蓄積運動のなかでどのような必然的運命を負わされなければならなかったかということの詳細（〔伊藤　二〇〇三a　一一四―一二五頁〕参照）については省略する。また、初版一八七九年のアウグスト・ベーベルの『女性と社会主義』が、以後彼の生存中三〇年にもわたって改訂され、二〇数カ国語に翻訳されて世界中にどんなに多くの男女読者をもったかということ、日本でも今世紀初めの部分訳・断片的紹介から、一九二三年の山川菊栄によるアメリカ社会党のメタ・シュテルンの英訳からの重訳完訳以来、七人の訳者の手による邦訳の努力と、戦後一九五〇年代、六〇年代の発行部数の合計にまで思いをいたすことは容易である。(2)

さらに、クラーラ・ツェトキーンが、ドイツ社会民主党と第二インターナショナルの女性運動の先頭にたち、左派としてローザ・ルクセンブルクとともに、第一次世界大戦に反対したこと、また、ローザ亡きあと、ドイツ共産党と第三インターナショナルのなかで一九二〇年代を通じての人類史上困難で新たな情勢のもとでどのように女性解放運動を展開しようとしたか（クラーラと対立したリリー・ブラウンやマリー・ユーハッツがどのような女性解放の主張をもっていたかも含めて）、一九三〇年代の最晩年には、かたやナチスと闘い、かたやスターリンと意見を異にしながら、女性解放運動のためにいかに努力したかを書き綴るには、多くの紙幅を必要とする。

こうした歴史的事実に人々の思いをいたらせることは、女性運動の研究者としての私の仕事である。一九一〇年、ツェトキーンやベーベルが活躍していた第二インターナショナル時代末期に創設された「国際女性デー」は、一九七七年以降「国連デー」として世界中の女性によって取り組まれている。二〇〇〇年には、九〇年の歴史を経て、いまや多くのジェンダー課題が包摂され、国連やその諸機関をはじめ、多様なフェミニズムが共同してインターネットで運動情報を提供し合ったり、異種の政治イデオロギーの女性団体が、それぞれに「国際女性デー」にちなんだ催しを行うにいたっている。

では、こうした一部マルクスやエンゲルスが関わったプロレタリア階級の女性運動を支えた社会主義女性解放思想の流れ（既述のようにこれも一つではなく諸派あるのだが）と、現代のマルクス主義フェミニズム（あるいは社会主義フェミニズム）とはどんな関係にあるのだろうか。社会主義女性解放運動からマルクス主義フェミニズムが出てきたのかという問いに私は、それは単純ではなくむしろ違うと答えるだろう。マルクス主義フェミニズムもフェミニズムである限り、フェミニズムに力点があるのが当然であり、フェミニズムのためにマルクス主義の一部を利用しながら、他のフェミニズム同様、マルクス主義そのものの主要部分にはむしろ否定的である。現代フェミニズムは、フェミニズムである限り、どのフェミニズムもマルクス主義がもっている、本質還元主義や経済一元論的側面を批判、否定することのうえに成り立つものであり、マルクス主義フェミニズムもその例外ではない。それはマルクス主義の発展に役だつかどうかなどは論外・問題外であるが、結果的に役だつこともなくはないということであり、現に役だっている面もある。それがフェミニズムのフェミニズムたる所以なのである。花崎［一九九九］は、「リヴは新左翼から生まれた」といったが、マルクス主義フェミニズムもその点ではウーマンリヴと通底している。

2　現代フェミニズムの思想的背景と流れ

▼第一波、第二波、第三波フェミニズム

フェミニズムを歴史的に論ずる場合、一九六〇年代から新たに勃興した女性解放の新しい潮流を「第二波フェミニズム」と呼んで、既述の「第一波フェミニズム」とつなぐ叙述がめだつ。しかし、そのような縦区分からは、明らかに、前述のプロレタリア女性解放運動は位置づけられないまま、歴史に居場所を見出せず、抹殺されてしまう結果になる。あるいは、プロレタリア女性解放運動が「第一波フェミニズム」にくくられてしまっているのかもしれない。しかし、それにはあまりに事実認識に無理があることは明らかだが、通説的フェミニズムの歴史区分に異議申し立てをするものは不思議と見あたらない。そこに私は「第二波フェミニズム」という区分のもつある種の「イデオロギー」をみてとる。

一九六〇年代には意識されていなかったかもしれないが、のちの歴史は、プロレタリア女性解放運動に位置を与えない「第一波、第二波フェミニズム」という区分が、二つの体制の対立、すなわち冷戦と政治的党派の対立の反映であったことを示すようになる。さらにソ連・東欧の崩壊後、この区分の普遍化が勢いを増す。そのうえで「ポスト冷戦」といわれる一九九〇年代は「第

三派フェミニズム」が登場し、フェミニズム自体が急旋回していくのである。

フェミニズムの流れを、歴史的に第一波、第二波（そして、第三波）と区分する多数派に対して、私は、「フェミニズム」と「新フェミニズム」、その真ん中に「社会主義女性解放思想」という区分をしてきた。同時に、私は大方の論者がなぜ自分でフェミニズムの分類をせず、欧米の文献に依拠した議論を定説のごとく受容するのかに、孤独な疑問をいだいてきた。

この問題と関連して、ワットワース［Whitworth 1994＝武者小路監訳 二〇〇〇］が「日本の学界では、何か公認の学派の分類や代表的な研究者の選び方がある、かのような意見がある。それは、社会科学を導入・紹介する日本の学界の特殊事情からくる見解で、北米学界では必ずしもそうは考えられていない。北米学界の中でも開拓者精神の旺盛な著者などは、むしろ研究者ひとりひとりが、その主張を学界の諸潮流の中に位置づけるのに、最もわかりやすい説得力のあるかたちで自分なりの分類と選択をすることが、学問の進歩につながると考えている」といっている。私はそのとおりだと考える。

だが、ここで通説に従えば、「第一波フェミニズム」とは、今日からふりかえって、一八世紀以降の近代リベラリズムの流れを汲んで起こってくる欧米の一八八〇年代から一九二〇年代の女性参政権獲得要求を中心とした市民的（ブルジョワ）女性運動を直接的にはさす。マーシャ・リアが一九六八年の論文で、一九六〇年代後半のアメリカやイギリスの女性運動（一九七〇年のシュラミス・ファイアストーンやケイト・ミレットに象徴されるラジカルフェミニズムによってその起源が代表される。日本では、ウーマンリヴと呼ばれた運動がこれにあたる）と区別して「フェミニストの第一波」と呼んだときから使われ始めたとされる。フェミニズムの第二波は、大越［一九九六］がいうように「男性中心を転倒させた女性中心のイデオロギー」であった。第二波のフェミニズムは、多様な主張の派を生み出し、変質しながら、一九八〇年代の終わりまで続いた。これに続く新たなフェミニズムは第三派、第三世代フェミニズム［Tobias 1997］とも呼ばれる。これは「性差別および他の諸差別を内包して成立している男性中心文化体制の全体構造を、問題化する地平を開いた」と、前著で大越はいう。

しかし、ここで読者も気づかれると思うが、第一波と第二波との間が開きすぎている。一九三〇年代〜一九五〇年代の三〇年間に、欧米はもとより日本にもなんらかの女性の運動は存在しなかった、ということはありえない。たとえば、数的に少数であっても、ファシズムや戦争に反対する女性の運動をどう位置づけるのか。このことを考えても、第一波、第二波というフェミニズムの流れの見方では、どうしても欠落する部分が、同時代にも、中間期にも生じるのである。私はこの点を疑問に思わずにはいられない。

私はいわゆる西側ではなく旧東側的発想によって、二〇世紀に入ってから戦前の「フェミニズム」といえば、ブルジョワの女性運動と思想の代名詞であると考えてきた。したがって「新フェミニズム」というのは、マルサス主義に対する新マルサス主義のごとく、現代によみがえるブルジョワフェミニズムを意味していた。一九八〇年代を通じて私は、一九六〇年代以降の世界の各種フェミニズムのすべてを、この後の分類「新フェミニズム」に入れていたのである。

しかし、プロレタリアとは誰か。ブルジョワとは誰か。時代の進展はその境界をあいまいにした。日本をみれば、たとえばこれまで女中や乳母を雇っていた階級も、女中や乳母を提供する側の階級も消えたかのごとくではっきりとは区別されず、女性の進学率は上昇し、女性の意識も流動的となり、表面上の階級差はあいまいになった。それらに代わって家事・育児・介護労働の各種社会化が機能し始める。女性の階級差のメルクマールは、従来とは異なる新たな指標をもち出さざるをえなくなった。そのようなとき、女性の要求の背景に「階級」を上位におくことは、（依然として重要な要因ではあることを否定しないが）説得力をもちにくくなった。このことは、フェミニズムを単純に新フェミニズムと一括することにも無理をきたし、分化し進化する現実とその反映としてのフェミニズムの分類に有効性をもたないことを私自身認めざるをえなくなった。

▼どのフェミニズムか

次に、現代フェミニズム（いわゆる第二波以降）という場合、フェミニズムの多義性・多様性にもふれなければならない。私が所属する女性労働問題研究会が労働運動とフェミニズムを結びつけて「労働運動フェミニズム」というとき、どの思想、どの理論を受容するフェミニズムかと私は問う。それに対し、おおかたはそういうことをなぜ問題にするか、フェミニズムはフェミニズムだという認識である。しかし、私は次のように考えている。

フェミニズムとは、(A)一応は各種思想・理論に付随するもので、最近のフェミニズムの本を数冊取り上げても、何かの思想や理論の後ろにフェミニズムがついて合成語としているものの数は多い。たとえば、リベラルフェミニズム、ラジカルフェミニズム、実存主義フェミニズム、社会主義フェミニズム、マルクス主義フェミニズム、ポストモダンフェミニズム、エコロジカルフェミニズム、グローバル・フェミニズム、現象学フェミニズム、無政府主義フェミニズム、新左翼フェミニズム、新自由主義フェミニズム、ポストコロニアルフェミニズムといった類である。

次に、(B)分野ごとに区分されるフェミニズム・フェミニストがある。たとえば、精神分析とフェミニズム、フェミニズム社会学、社会福祉とフェミニズム、フェミニズム経済学、宗教とフェミニズム、フェミニズム倫理学、セクシュアリティとフェミニズム、フェミニズムセラピィ、キリスト教フェミニズム、ブラックフェミニズム、レズビアンフェミニズム、ドメスティックフェミニズム等である。

さらに、(C)として、どれかの(A)、つまり思想・理論につくフェミニズムと、どれかの(B)、つまり分野とが組み合わされ、その組み合わせの傾向というものがあるのではないかと考えられる。たとえば、「女性労働」分野に関わるフェミニズム(B)は、すべての種類の(A)でもよいというわけではない。女性労働問題研究会が一九五〇年の創立以来、一九八〇年代の終わり頃まで、長期にわたって理論的・思想的背景としてきたものは、私の区分からすると、プロレタリア女性解放思想であり、社会主義・マルクス主義の系譜の理論であってもフェミニズムという種類のものではなかった。しかし、一九九〇年代に入って、それだけではたちゆかなくなったのである。女性労働者の地位向上、男女同一賃金のためには、欧米先進国の労働運動がそうしているように、あらゆる有効なフェミニズム理論の力もかりなければならない。

しかし、女性労働問題の解決のための理論としては、たとえば新自由主義フェミニズムはもちろん、過度のジェンダー主義のラジカルフェミニズムを上位におくのはそぐわない。どうしても、フェミニズムを分別したうえで、労働運動を発展させるツールとしてのフェミニズムに依拠するということになるだろう。その場合、何フェミニズムであっても、現代、問題になるのは、フェミニズムである限り、主流をなす時代の思想との関連を抜きには論じることはできないことである。それは、還元主義、一元論をとらない、二分法を避ける、事象を相対化してみるという時代の風潮と、ものの考え方とは合致するということである。

ここでは、すべてのフェミニズムを取り上げて検討することが目的ではない。また、現代フェミニスト思想を取り上げるに際し、一九九〇年代後半の欧米では、もはやフェミニズムをカテゴライズする方法をとらない場合も出てきている［Evans 1997＝奥田訳 一九九八］。一九九〇年代後半のフェミニズムは、フェミニズムの多分化の行きつく先での共通点での融合もみられる。そこでは、従来のプロレタリア女性解放運動でカヴァーできないものにプラスして、どのフェミニズムが労働運動と結びつけば、事態は打開できるのだろうか。

3 労働運動とフェミニズムの幸福な結婚のために

先にも述べたように、還元主義・一元論・二分法を避ける、相対化する、に加え、主観を重んずることも時代の風潮となっている。

最近の新しい学問領域カルチュラル・スタディーズは新しい魅力をもつものとして迎えられて

いるが、それは、進化論的・本質主義的・目的論的思考とは一線を画するからである〔花田ほか編　一九九九〕。カルチュラル・スタディーズの旗手スチュアート・ホールは、「フェミニストからの介入のおかげ」を評価し、「文化と社会、文化と経済、文化と階級、文化とジェンダーとの接合を、還元主義的、目的論的に説明しようとする理論に深い不信感を抱いてきた」というのである。

現代フェミニズムの行きつくところもその例外ではない。それは、現象学フェミニズムと呼ばれるものや、ポスト○○フェミニズムと呼ばれるものに代表される。主観を重視する代表的フェミニズムは、現象学フェミニズムであろう。現象学は二〇世紀初めドイツのフッサールが創始した。「現象」とは、人間に受け取られる世界の意味現象をさす。今日の現象学では、フランスのメルロ＝ポンティが知覚や身体の解釈を進め、人間の行動や文化の主観的意味を問う「方法としての現象学」を強調している。この方法を女性の特別な経験（妊娠、出産、乳癌）の記述分析に応用するのが現象学フェミニズムである〔大越　一九九六〕。現象学は主観的性格が強く、自然・社会の客観的な運動や法則と関わらない。この種のフェミニズムは、現象学と銘打たなくとも、既述(A)のさまざまの思想と関係を結んでいる。労働運動フェミニズムは、このフェミニズムをツールにするとしたらどういう点において有効であろうか。このように、一つひとつ吟味する必要はあるのか、ないのか。

次に、ポストのつくフェミニズムがいく種類かあるのでみてみよう。ポスト構造主義フェミニズム、ポストモダンフェミニズム、ポストコロニアルフェミニズム、ポストフェミニズムなどである。ポストモダンフェミニズム（あるいはフェミニスト・ポストモダニスト）は、ポスト構造主義的アプローチと同義ともみなされる。このフェミニズムは、女性は階級・人種・文化・セクシュアリティにおいて一つの同一的集団であることはありえないという点で、女性というカテゴリーの虚構を脱構築する。つまり、近代主義的な男性―女性の固定的二元論を解体し、男性、女性の内部に潜む複数性、多元性＝階級、民族、人種、地域、宗教、文化、セクシュアリティなどの属性によって人間を解体するのである。この脱構築の行きつくところはポストフェミニズムであり、その相対主義によってフェミニズムすらも解体し、終焉させる。ポストフェミニズムは、現実の課題とは裏腹にフェミニズムは終わったというものである。

ポストコロニアルフェミニズムはこうしたポスト構造主義の影響下にあるが、コロニアルは、旧植民地、第三世界を意味し、ポストコロニアルは、男性だけでなく、フェミニスト女性の内部の西欧中心主義を批判する。ポストコロニアルフェミニズムは、解体・脱構築ではなく、グローバルフェミニズムに向かう。それは、国や民族、階級などの特定集団に自閉的なものではなく、差異を認め合いつつ横断して連帯するという新しい発想である。グローバリゼーションそれ自体が、特異性と差異化とを必要とするからである。ポストコロニアルフェミニズムの指摘は、「女は画一的ではない」という点である。

労働運動にとって、この種のフェミニズムは有効か。有効な点もあり、関係のない点もある。「フェミニズムもこのように一つではない」。労働運動にフェミニズムの視点を導入するに際しても、やはりフェミニズムのもつ思想的・理論的背景の吟味から逃れられない。従来の労働運動がもっていた、男性中心主義や階級一元論、経済還元主義、ジェンダー視点欠如に対し、もっと多面的戦術を駆使しなければならないことはいうまでもないが、戦術としてのフェミニズムの種類の選択がどうしても必要であり、フェミニズム一般に流されるわけにはいかないと思う。

4 フェミニズムの階級性

何はともあれ、二〇世紀の後半四半世紀は、フェミニズム繚乱の時代であった。それは、フェミニズムが女性学を産み、婦人を女性に置き換え、女性問題に数々ネーミングし、結婚・家族・子をもつことへの幻想があばかれ、男女という性の二分法も疑問視され、ジェンダー視点をすべての領域に及ぼそうとしていることに示されている。その結果、政策領域に膨大なエネルギーが注がれて、ジェンダーにとらわれない生き方が可能な選択肢が示され、国連と各国政府・地方自治体が新しい部署を設置して女性の地位向上と意識変革に取り組み、男女共同参画社会基本法が制定されたのである。

この段階ではいくつかの問題が発生する。まず、政治権力に女性が共同参画し、意思決定の場に立たされるとき、女性には、選挙権獲得の延長上に予期されていた試練が待ち受けていることである。これは、男女平等の途上には避けられない問題である。すなわち、この段階では、もはや女性の視点というくくりは通用しない。共同参画は、その段階にもよるが、むしろ、新たな指標での女性の階級分化とフェミニスト官僚（フェモクラット）の形成を促す。フェミニスト官僚が新自由主義フェミニズムであってもなんら不思議はない。すでに、政府の政策の主流が、新自由主義的であるとき、それと対抗するのは、それを阻止する男女の連合勢力であって、女性勢力ではない。このようなとき、たとえば、国政レベル選挙に女性であるという理由で当選させようというスローガンは無意味となる。

次に、NGOの女性運動の新しい段階が目に見えるようになる。すなわち、質の高い専門化した職業的NGOによるGOへの対応が要求されることである。今日のGOは、明日のNGOであり、GOとNGOとが同じ階級的利害を補強し合うということも起こりうる。GOがフェミニスト官僚によって代表される場合は、NGOの種類によっては問題は複雑になる。草の根の小さなNGO、あるいはフェミニスト官僚に窓口をもたないNGOは、マージナル化されるということも起こりかねない。

最後に、ジェンダー視点がメインストリームになろうとする反面、家父長制的価値の枠組みのなかで低いものとされていた女性性の再評価が試みられたり、過度のジェンダー主義に対するバックラッシュが、フェミニズムの名において生じたりもする。このようにフェミニズムはフェミニズムの自由ともいうべき多義性をもち、本当はアンチ・フェミニズムであるのに、○○フェミニズムという名称が付されることもある。この場合フェミニズム概念は崩壊している。

すべての階級・人種を含んだ女性解放と結びつきうるフェミニズムこそが、労働運動の閉塞から発展への道を開くフェミニズムにふさわしいといえるだろう。これまでとは異なる脱階級的フェミニズムが、女性労働問題研究会や女性ユニオンにおいて生まれているように思える。

（1）英語ではWomenにすぎないものが、日本では一九八〇年代に「婦人」から「女性」への用語の転換が起こり、今日では「女性」が所与のものとされている。私も、今日、時代の流れに従って「女性」という語を用いるが、転換の前と後に、私は、かなりしつこい理由づけをしている。私の考えは、四冊の著書［伊藤一九八四 一二頁、一九八五 一五―一八頁、伊藤・掛川・内藤編 一九九二 一六二―一六四頁、一九九三 四―六頁］で表明されているのでここでは、それを繰り返すことをしない。

（2）私が二〇〇四年まで責任を負った、昭和女子大学女性文化研究所は、アウグスト・ベーベルの『女性と社会主義』の刊行の歴史と外国語への翻訳の広がりを追い、市民的女性運動とベーベルの関わりを二一世紀視点から読み解く作業を丹念に追った［昭和女子大学女性文化研究所編 二〇〇四］。

第7章　女性文化概念の多義性

1　「女性文化」概念の概観

英米のフェミニズムに関する最近の辞書類の多くには、日本語の「女性文化」に相当するものが含まれている。(1) しかし、日本の現代フェミニズムは欧米フェミニズムの紹介の場合を除いて、「女性文化」概念をあまり問題にしない。日本では、むしろ社会学や文化論や女性史研究の分野で、「女性文化」を用語として使う程度である。そのなかではたんに女性と文化の関わりを取り上げるものもみられる。いずれも体系だったものではないし、過去の議論や他の専門分野、国際的な使われ方を視野に入れて相互に関運づけるわけでもない。

かつての、階級や階層を考慮に入れていた本格的女性解放論は別として、いわゆる第一波、第二波フェミニズムは、女性の視点を、男性によって築かれたものとしての政治や歴史や文化に単純に対置した。しかし、後述するように第三波フェミニズムと呼ばれる最近の動向は、ポストモダンの多様性・多元主義の思想の影響が濃く「女性も一つではない」と主張しており、こうした傾向から脱している。このことは、現実の反映でもある。もともと「女性文化」概念は、その起源においても、各国での用いられ方においても、また今日その意味するところも多義的であったし、あり続けている。

一九九五年九月の国連第四回世界女性会議では、女性と文化の問題をめぐって、激論がたたかわされた。二〇〇〇年六月にニューヨークで開催された国連女性会議（いわゆる「北京＋5」）にいたっても、女性と文化の問題をめぐる議論は二一世紀にもち越された(2)。

本章の初めに「女性文化」という用語を概観しておくと、日本では、第一次世界大戦の後、一九二一（大正一〇）年に初めて現れ〔塩谷　二〇〇二　七六頁〕、それに相当する外国語としてはドイツの社会学者ジンメルの Weibliche《ヴァイブリヒ》 Kultur《クルトゥア》 があてはまる〔掛川　二〇〇二　四六—五四頁〕。後年のドイツ女性史研究家のなかには一八一〇年までさかのぼって Weibliche Kultur という概念をあてている〔Meyer-Renschhausen 1989〕場合もあるが、これはジンメルの意味での「女性文化」とは異なる。「女性と文化」〔人間文化研究会　一九七八〕、「性差と文化」〔有馬　一九九三〕、についての議論は、今日、「文化フェニミズム」〔Donovan 1985＝小池訳　一九八七〕、「ジェンダー文化」〔Itzin & Newman eds. 1995〕あるいは「カルチュラル・スタディーズ(3)」等の新しいコンセプトをめぐる論議と錯綜している。

「女性文化」はアメリカン・イングリッシュでは Women's Culture、ブリティッシュ・イングリッシュでは Womenculture と呼ばれることが多い。現在のＵＳＡの研究者は一八三〇年代の女性の慈善事業や芸術活動の説明に際しても Women's Culture という語を用いている〔McCarthy

1991〕が、用語そのものの初出は明らかではない。USAでは一九七二年に、Women's Cultureが初めて使用されたといっている研究者さえいる〔DuBois 1980〕(4)。英国の研究者はそれとは異なった出典をあげる。いずれにせよ「女性文化」は、このように歴史的にも、国際的にも通用する用語であることがわかる。しかし、その内容、定義はさまざまなのである。

英国のタトル〔Tuttle 1986〕やハム〔Humm 1989, 1995〕は、それぞれが著した辞書のなかで、Womencultureについて解説している。それらを私なりに要約すると、一九七〇年代以降のフェミニスト人類学者、社会学者、社会史研究者によって開発されてきた用語であり、男性によって規定されてきた文化に対し、男性中心の規範とは異なる女性の要求を満たし、女性の価値観やフェミニズムの価値観を反映する、新しい文化のことである。具体的には、女性の文学、音楽、映画、演劇等の芸術から女性だけの（フェミニストの）出版社、本屋、レコード会社、宗教、医療、ビジネスさらには分離主義の女性共同体をさしている。彼女たちの「女性文化」はシャーロット・パーキンス・ギルマンの*Herland*〔Gilman 1915＝三輪訳 一九八四〕のような女性中心の文化のユートピアを念頭においている。

Womencultureを既存文化に対するオルタナティヴ・カルチュア、あるいはカウンター・カルチュアとして発展させ、それによって社会を変革しようとする思想・運動を「文化フェミニズム」（Cultural Feminism）と呼ぶ。このフェミニズムは、ラジカルフェミニズムから分かれたもので、性差に女性抑圧の原因を求めるのではなく、生物学的な性差を肯定し、女性としての生き方を重視する非政治的性格のものである。この運動は、文化的分離主義を支持し、レズビアンフェミニズムに通じていくものである。

　このように、欧米における「女性文化」概念の系譜はさまざまである。中国語にも「女性文化」というタームがある。たとえば、「苗族女性文化」〔王慧琴 一九九五〕というようにである。この場合、定義はなく、服飾、民間文学のなかの女性象、歌舞、結婚、労働に関わるすべての女性に関する特徴の把握に「女性文化」という語をかけて使用している。

2　昭和期以降の日本における「女性文化」の使われ方

▼昭和戦前期――『女人芸術』創刊号における山川菊栄

　本節は昭和期から始める。一九二六年末、大正期は終わった。大正期の「女性文化」をめぐる男性中心の論調に対して、与謝野晶子、川崎なつらの文化学院（一九二一年四月二四日設立）は「文化生活の創造」を提唱したが、「女性文化」への言及はない。市民的婦人運動（ブルジョワ女性運動）の系譜では、自ら「女性文化」を意識的に取り上げるものはいなかったように思われる。これに対して、文化学院とまったく同じ日に結成された、日本で最初のプロレタリア女性団体といわれる「赤瀾会」の指導的立場にあった山川菊栄が、のちに昭和期に「女性文化」批判者として現れる。

　昭和期の初め、山川は、当時のさまざまな流派の女性運動指導者たちのなかでも、特に「女性文化」という用語法を意識していた唯一ともいうべき人物である。山川は、昭和に入って一九二八（昭和三）年七月、『女人芸術』（「現代雑誌界に二つなき、女人のみの集ひなり」という『青踏』のあとを継ぐ長谷川時雨発行の文芸誌、一九二八年七月～一九三二年六月、全五巻四八号）創刊号の巻頭評論として「フェミニズムの検討」を寄せた。そのなかで、大正期は主に男性によって使われていた「女性文化」概念について論評したのである。そのなかでの山川の主張は、私なりに要約すれば次のとおりであった。

文化は、人類社会の歴史的発展の結果であり、男性によってつくられた男性文化、女性によってつくられた女性文化という区分は考えられない。ある文化は、常にある時代、ある社会を代表する性質をもっているもので、一方の性を代表する、一方の性のみによって導かれた性別的な文化というものはありえない。しかし、今日まで、いわゆる階級社会の文化は男性中心の文化ともいいうるが、支配的権力を握っていた者は全男子ではなくて、一部の男子にすぎない限りでは、男性中心の文化というよりも、支配階級的文化というほうが妥当である。婦人は他の一切の被圧迫者とともに、自主的・積極的に文化の創造や享楽に参与されることを許されなかったのだ。

「女性文化」とは、こういう経済的地位の変化に応じて発達した婦人の自発的活動の要求を意味し、婦人が自主独立の立場にたって、婦人自身による、婦人自身のための文化の建設を意味するものと理解される。婦人が付随的、依属的でなしに、男子と対等の独立の立場にたって、自主的に文化の建設に努めようという要求は正しい。これは、婦人が人間として、社会の一員として当然もたねばならぬ要求であり、その義務でもあり権利でもある。しかし、全人類の文化から独立した婦人独自の文化というものはありえない。また、婦人は平和を愛するという抽象的、一般的前提は成り立たない。第一次世界大戦時、全人類の文明を破壊するために、資本の走狗となったものは、かの「女性文化」論者、かのフェミニストそのものではなかったか。切迫する「第二の世界戦争の危機」、「支那《ママ》問題を中心として極東の空に迫りつつある」事態に直面して「女性文化」論者たるフェミニストは、戦争を防止するにあたりどういう努力をはらっているか。

山川が、「第一次世界大戦時、全人類の文明を破壊するために、資本の走狗となったものは、かの『女性文化』論者、かのフェミニストそのものではなかったか」というとき、次の点が考慮に入れられなければならない。すなわち、第一次世界大戦時、日本ではまだ「女性文化」という用語は現れていないから、西欧の「フェミニスト」をさしているのであろうということ、また山川にとっては「女性文化」論者＝「フェミニスト」ということである。

彼女の批判は階級視点に貫かれ、性別文化ではなく「支配階級文化」を優位概念としている。山川菊栄は、一九二八年の国際的・政治的背景を知り尽くし、当時の世界のプロレタリア女性運動についても主として英語文献をつうじて深い見識をもっていた〔伊藤　一九八二〕。当時の山川菊栄の階級的視点は、今日の女性史研究者の方法としての「女性文化」概念や「文化派フェミニズム」からみれば、ジェンダー視点を第二義的なものにおく階級至上主義的考えと批判されるにちがいない。山川菊栄の視点は、確かに階級とジェンダーのとらえ方において時代の限界をもっとはいえ、当時としては、男女を問わず唯一正論ともいうべき「女性文化」論批判であっただろう。(5)

▼『女人芸術』から『輝ク』へ——時代への批判から翼賛の「女性文化」へ

山川が批判した「女性文化」がその後『女人芸術』誌上でどのような現れ方をしているか、簡単に追跡しておきたい。まず、『女人芸術』一九三〇年第三巻第六号には、「女人芸術三周年記念号予告」として「女性の伴わぬ文化は不具で、平等を認めねば歪んだ人生だ」という文がみられる。ここでは、「女性の伴わぬ文化」すなわち男性主導でつくられる文化は、男女の平等という視点から問題であることが指摘されている。山川が「女性文化」概念批判を行った『女人芸術』創刊の一九二八年から二年、一九三〇年は一九二九年の世界大恐慌を挟み、一九三一年の満州事変を前に、中国抗日運動が拡大していく時代背景をもっていた。この段階では、『女人芸術』の女性たちは男性主導の政治や文化に距離をおいて突き放した見方をしている。

次いで、『女人芸術』一九三一年第四巻第一〇号の巻頭には、「……日本の女性は進んだ、女性文化の代表に、みんなが女人芸術をもってゐるといふやうになりたいと望みます」とある。『女人芸術』は、山川が強く意識していたであろうように、小市民階級の知識人女性を対象としていたが、そうであるからこそ情勢が許していたぎりぎりの時期まで、女性が加わって責任を負っているのではない時代趨勢への批判的姿勢を保っていた。その証拠に『女人芸術』はその批判的内容によってこの間二度の発禁処分を受けていた。さらに、満州事変勃発後の緊迫した空気のなかで、この「女性文化」に言及した第四巻第一〇号は三度目の発禁処分を受けている。しかし、『女人芸術』における「女性文化」は、当時の知識人女性の、時勢＝戦争への反対と翼賛のスタンスを両方あわせもつ流動的概念だったといえる。その一つの証拠は、『女人芸術』が『輝ク』

に引き継がれ、『女人芸術』に集った知識人女性たちの多くが、『輝ク』の時代に一五年戦争・第二次世界大戦の支援体制へと絡め取られていくことに現れている。山川は、これをすでに第一次世界大戦時において読み取っていたといえる。

『輝ク』(一九三三年四月〜四一年一一月、全一〇一号)は、同じ長谷川時雨によって、国際的にもファシズムの危険が最も鮮明になる年に創刊された。時雨はもともと劇作家である。一九三三年の『輝ク』一〇号には、「輝ク会観劇部」が設けられたことが記されているように、文芸や演劇の世界での文化に関心をもつ人であった。一九三四年一月に劇団「燦々会」が誕生し、同年一号に円地文子が「燦々会について」を書き、歴史の浅い女優の育成、女性戯曲家の作品上演・当時女性を閉め出していた演出、装置、照明の分野への積極的参加と進出をあげ、この運動が「新しい演劇の実際運動に積極的に女性の参加」を促すとともに、「運動の与える影響が一般『女性文化』の進展に貢献すること」への期待を述べている(〔尾形 一九九四 五四頁〕参照)。ここまでの「女性文化」は、女性の参加する文化、女性がつくる文化という意味である。

▼一九三〇年代から四〇年代へ――「女性文化」と軍国主義

一九三〇年代に入って、山川が言及していた政治的・軍事的問題が激化するなかで、プロレタリア文化運動が盛んになった。一九三一(昭和六)年創刊の日本プロレタリア文化連盟発行の『働く婦人』には、「プロレタリア文化」は語られても「女性文化」は論じられていない。ここでは、文化は、ジェンダー文化ではなく、あくまでも階級文化であった。その階級文化がジェンダー文化と重なり合う点についての発見と女性文化の新しい意味の強調は、一九七〇年代のニューフェミニズム（いわゆる「第二波フェミニズム」）を待たなければならなかった。

一九三三（昭和八）年四月二三日付『婦女新聞』で、福島四郎は「男性文化と女性文化」を書いた。福島は、すでに大正年間一九二三年八月五日付『婦女新聞』に「女性文化の創造」という題で、「男性が女性を圧倒し、征服して、その自由なる発達を遂げしめなかった結果、社会には男性文化のみ発達して、女性文化は創造せられず、従って男性本来の弱点たる利己主義が、あらゆる事物の基調になって、遂に今日の物質万能の世の中を出現せしめたのではないかと思う」と書いていたのである。しかし、一九三三年のものはその延長上でむしろ後退し、情緒的になっている。つまり、「男性文化と女性文化」で、福島は「女性文化の発達した社会は、男性文化の発達した社会よりは、ヨリ道徳的であり、霊的であるべきである。然るに近来の社会は、本来利他的であるべき婦人が利己的になり、平和的であるべき婦人が、闘争的になり、霊的であるべき婦人が、反対に物質万能思想に支配せられている傾向にある」というのである。「……あるべき婦人」という点で観念的であり、女性の変化に対し主観的である。

一九三八（昭和一三）年から一九三九（昭和一四）年まで『婦人公論』は、「女性文化月報」を連載し、この欄を谷川徹三が担当した（その第一報は「女性文化の『性格』」）が、大正時代の女性文化論に新しい進展をみせるものではなく、後退的印象をあたえる。大正デモクラシーは終わりを遂げ、戦時体制に入る時代を背景にしての影響であろう。

すでに過ぎ去った二〇世紀は、戦争と暴力の世紀であったといわれる。その事実は、二〇世紀の終わりになって過去を総括するときに、人々に鮮明に意識されるようになる。すなわち、一九九〇年代の終わり、わけても女性と戦争と暴力の関係が問われるようになる。日本に限定すれば、女性は戦争の被害者であったばかりではなく、加害的側面もあったのではないかとの問いが起こり、資料が掘り起こされる。特に一九四〇年代前半は注目の的となる。

一九九七年、新しく「戦争」「女性」「人権」を論じる学会として「『女性・戦争・人権』学会」が組織された。「女性文化」概念は、一九二〇年代に日本で取り上げられた当初から、「戦争」(この場合は第一次世界大戦)との関わりで論じられてはいたが、この学会の研究によって一九四〇年代(第二次世界大戦)の「女性文化」も掘り起こされる。

この学会の学会誌第一号は、「戦争責任とは何か」を特集している。そのなかで、中島美幸「一九九八」が「『女性文化』の建設」という問題を取り上げ、いわば「女性文化」概念の一九四〇年代的意味ともいうべきものについて論じている。中島は、深尾須磨子が祖国翼賛のために「女性の文化的功績」が必要であることを力説(『蝋人形』一九四一年、一二頁)し、近藤忠義編『日本の女性文化』(一九四二年)では「全日本の知識女性が新たなる文化担当者、文化建設者として歴史的要請に応えて進軍を開始」したと歓迎し、『日本学芸新聞』(一九四二年九月一五日付)は「戦時下女性文化」という表現をとったことを紹介している。中島は、「女性文化」は文化面、ことに文学上での活躍を意味することばとして用いられていたが、深尾須磨子が拡大解釈して「女性文化」とは「整然たる国体的訓練や社会公衆としての処すべき行動や態度」とし、「日本の『女性文化』」、「日本『女性文化』」を築くという方向にもっていったことを指摘している。さらに中島は、「太平洋戦争下においては、『女性文化』という語は曖昧な意味で多様に解釈されていた反面、女性の国家への忠誠を促すという意味においては一致点をもって使用された言葉であった」としている。「女性文化」とナショナリズムというテーマにつながる指摘といえる。

しかし、中島は、一九二八年の山川の「女性文化」批判にはふれていない。一九四〇年代の「女性文化」は日本国家と結びつき、「戦争」への翼賛の意味をもつものとして使われていたことは否定できない。一九四〇年代に入って、山川が批判した一九二〇年代「女性文化」がもともと内包していたであろう二つの側面の一方を、ここで中島は突いたのである。

ただ、私は、中島のように一九四〇年代という時代だけを切り取って「女性文化」を問題にすると、「女性文化」が過去にもち、戦後にももち、二一世紀にももつであろう多面性の包括的理解が不可能になり、「女性文化」理解が断片的になることを指摘しておきたい。たとえば、以下にみる、戦後第二波フェミニズムにおける「女性文化」概念は、一九四〇年代とはまったく異なるものであり、それらをも含めて「女性文化」の多義性を俯瞰しなければならないと考える。

▼戦後日本の「女性文化」——一九七〇年代以降の「女性文化」

戦後、一九六〇年代までは、日本の知識人の口から日本の「女性文化」の復興、あるいは新しい「女性文化」の創造という発言は聞かない。一九七〇年代の後半、欧米ウーマンリヴの影響を受けた渥美育子［一九七八］が、「女性文化の創造へ」「女性文化の時代へ」と主張し始めた。日本女性学会が一九七九年に組織されているから、日本に、欧米のいわゆる「第二波」フェミニズム、女性学の流れがたどりついた時期と一致する。渥美は「女性の知的な力によって、女の手で生み出される文化は、これまで男性が中心になって築いた文化のもつ破壊性、排他性、階級性、硬着性を緩和し、対立した要素を包みこみ、交感しあい、まるみと柔軟さをもって共存していくものになるだろう」〔渥美　一九七八　一一頁〕といい、「フェミニズムが新しい女性の文化を創造するうえで根源的なエネルギー源となっている」〔渥美　一九七八　八七頁〕と発言し、「女性文化というと、まずそんなものがあるのかという問いに答えなければならない。——ここに一貫しているのは、女性の視点をはっきりさせ、女性が自己を表現しないではいられない方向に駆りたてるフェミニズムの精神である」〔渥美　一九七八　二三三―二三四頁〕ともいっている。

渥美の「女性文化」概念は、フェミニズムにもとづく女性の視点によって女性が生み出す文化のことである。ここで、渥美が「女性文化」をいうとき、日本の戦前・戦中の「女性文化」概念のもった両義性をまったく省みることをしない。戦後わずか三〇年も経っていないときにである。むしろ渥美は欧米の「第二波」フェミニズムの影響を強く受けて「女性文化」概念を新たに発見したかたちとなっている。

ここでは、「女性文化」は歴史的に再び積極的意味をもってくる。一九八〇年代、大学への女性学（Women's Studies）講座の導入と平行して、日本のいくつかの女子大で「女性文化」研究が浮上してきたこととも関わっている。「女性文化」は大学での研究の対象としても位置づけられた。「女性文化」は「女性学」と同じくアカデミズムにも接近した。

▼大学における「女性文化」―女性学からジェンダー論への流れのなかで

一九七五年に、お茶の水女子大学に「女性文化資料館」が創立（その後一〇年を経て一九八六年同資料館は「女性文化研究センター」へ、さらに一〇年を経て「ジェンダー研究センター」へ改組で女性文化という名は消えた。後述）された。一九七九年には、東横学園女子短期大学に「女性文化研究所」が創立された。一九八二年、比治山大学にも「女性文化研究センター」が設置され、一九八六年、昭和女子大学に「女性文化研究所」が創立されるにいたる。一九九二年は現京都橘大学（当時女子大）にも「女性歴史文化研究所」が開設された。

日本の大学では、「女性学」関連科目は一九七〇年代からおかれていたが、「女性学」「フェミニズム」から「ジェンダー論」へと思潮は流れていった。そのなかで、奈良女子大学に「ジェンダー文化論」が開講されたのは一九九四年、「アジア・ジェンダー文化学研究センター」が設立されたのは二〇〇五年のことである。

▼一九九〇年代の日本の論調のなかでの「女性文化」とジェンダー教育学・社会学

このように、女性の問題はジェンダーの問題としてとらえなおされるようになった。ジェンダーとは社会的・文化的に規定された性別のことであるから、ジェンダーの社会化、ジェンダーと文化、文化と不平等という新たな研究課題が登場する。これらは、主に、教育学や社会学の研究領域となる。たとえば、社会教育学の加藤［一九九七］は、「女性文化」のもつ誘導作用が女性のジェンダー形成に果たす役割ついて議論を展開する。教科教育の側からは、ジェンダー文化と学習に関する研究も進められている〔朴木　一九九六、堀内　二〇〇一〕。

社会学では、宮島〔一九九九〕は「文化における不平等とその構造」を問題にし、「文化という資源の人々の間への不均等な配分、これが文化的不平等のもっとも根底的な意味である」とする。しかし、不平等は人々の「能力」、「資質」といわれるものの根底に向けられなければならず、階級、階層、職業、地域、性別が関連してくる。宮島は、性別は「人々の文化を分け、規定する客観的条件というよりは、むしろ自明視された文化というべきであって客観的な意味が曖昧なままにつくられた『男らしさ』『女らしさ』の観念（ジェンダー）を中心に置いている。しかし、だからといって制度化（この場合の制度化とは、ある行動や思考の規則性や正当性がなんらかの社会的サンクションによって保障されていることをいう）されていないわけではなく、行為者へのその一貫した影響には注目することもできる」といっている。

また、杉原〔二〇〇〇〕は、ジェンダーの再生産は女らしさの性役割文化を媒介にしており、その文化はそれ自体階層性を内在させているとして、「望ましい女性文化は階層文化と関係している。そして上層の女性は、正統的な女らしさの獲得に有利な立場にある」〔杉原　二〇〇〇　七八頁〕といっている。ここでは、「望ましい女性文化」や「正統的女らしさ」とは何かの説明はないが、「男性の場合、『男らしさ』の文化は階層と対応していない」〔杉原　二〇〇〇　一八〇頁〕という叙述があることから、「女性文化」とは「女らしさ」の文化ということになろう。さらに、ジェンダー文化、「女らしさ」の文化の内面化、女らしさのジェンダー文化、女性役割文化という語を多用し、女性と「正統的文化」の関係について述べる。「正統的」の定義はここでもみられない。このように、最近の日本の社会学領域における「女性文化」の取り上げ方は、ジェンダーの社会化、文化における不平等の問題を扱うなかに散見される。

▼文化論・女性史研究のなかでの「女性文化」

二〇〇〇年に入って近代日本文化論の一部として『女の文化』(岩波書店) が出版された。この書そのものは、文化についての定義もなく、序文、あとがきもない。内容は、「女がつくる文化」と「変貌する女性意識と女性イメージ」に分かれている。暗黙のうちに、「女がつくる文化」を「女性文化」とみなしていると推測されるので、「女がつくる文化」のなかに配置されている論稿を取り上げてみる。

道浦［二〇〇〇 二一頁］は、「いのちを生み、いのちを伝える存在としての女性ならではの自然な力が生み出した」「女歌《おんなうた》」を取り上げ、この百年をふりかえる。「女歌」については、現代短歌とフェミニズムの問題として多くの論者がいるし、すでに加藤典子［一九九一］も取り上げていた。日本女性学会でも歌人阿木津英［一九九九］が女歌《ジョカ》をフェミニズム表現として論じているし、歌人であり短歌史家の篠［二〇〇〇］の一九五〇年代から一九八〇年代の「女歌」の歴史の叙述でも、「女歌」は、女性がつくる文化の先端に位置する。

牟田［二〇〇〇 二七頁］は、「『婦人問題』と『新しい女』、女性文化」という項を設け、そこで南博［一九六五］の「女性文化」論を取り上げている。(6) 牟田は、『青鞜』の女性たちや「新しい女」と評された女性たちは、南の言う大正の「女性文化」の起源ではあったが、南が「女性文化」と良妻賢母思想が互いに否定的なものであったとみるのに対して、「新しい女」や「女性文化」は、良妻賢母思想の「嫡出」ではないにしろ、少なくともそれにもとづく教育体制がいわば「鬼子」として生み出したものと表現する。(7) ここでは本来は男女がいるはずの「家庭文化」が、女の文化として位置づけられている。

鈴木［二〇〇〇 六八頁］は、「女性文化」としての稽古事の定着を問題にし、女性としての生き方、女性の特性を活かした職業として稽古事への取り組みが活発になった結果、「稽古事は女性文化として定着した」と、明確に「女性文化」という語を用いている。ここでの「女性文化」「稽古事」は、男性の領域とは非対称であり、たんに家庭内分業ではなく社会的分業としての性役割のうえにたつ、独特の女の文化領域が問題にされているのである。しかし、それがはたして真に女性の特性を活かしたものといえるかどうか、日本の伝統文化の横の性別配置や縦の序列との関係を深く掘り下げたものとはなっていない。

木村［二〇〇〇 七五頁］は、日本の近代化におけるジェンダーと階級の形成プロセスを明らかにするうえで重要と思われる「女子学生」と「女工」の思想的関係を、女の文化としてとらえようとする。木村は、絹のファッションを重視する女の文化とそれを生産物として作り出す女工の関係をからませ、その階級対立の意識化も、日本近代化のプロセスで「思想」を媒介として生まれた「女の文化」だというのである。しかし、小市民知識層と階級意識をもつプロレタリア階級の連携は、女性特有の現象ではなく、また日本特有の問題でもない。私は、資本と賃労働関係の進展を目の当たりにした先進諸国では、性別を問わず一般的にありえた関係であり、日本の女性の側だけのこうした関係を「女の文化」と特化することに疑問をもつ。

上記個別テーマに脈絡があるとは見受けられないが、時代的には冒頭の「女歌」を別として、大正期以後、戦前・戦中・戦後初期という時代的共通点はある。つまり、「女歌」以外は大正期を中心とする日本の歴史的「女性文化」、ここでは女性がつくる文化を問題にしているといえる。あえて分類すれば、「女歌」は男性中心の短歌へのカウンター・カルチュア、「家庭文化」は大正期のさまざまなサブカルチュアの一つ、「稽古事」は文化的分離といえないこともないが、総じて既存文化への女性の参加や独自の文化のありようを叙述している。また、主に大正期・戦前・戦中・戦後という時期を扱いながら、一九二〇年代以降のそれぞれの時代を日本の政治的・社会的背景と関連づけないままで、たんに「女がつくる文化」について述べているという点にも共通性がある。

総合女性史研究会〔二〇〇〇〕は『日本女性史論集』(全一〇巻、吉川弘文館)を編んだ。その第七巻が『女性と文化』である。論集であるから論文初出の年もばらばらであるが、『女性と文化』の構成は「女性文化の創造」「生活と文化」「描かれた女性像」「自我の確立をめざして」となっている。このうち、「女性文化の創造」の部分を取り出してみると(なお、この場合も「女性文化」とは何かの定義はない)、ここに収録されているのは一九五一年から九二年までに書かれた六編で、万葉集における女性の歌の変遷、女性作家としての紫式部、中世の宮廷の女流日記、近世の女性の旅日記、中世芸能(女猿楽、女曲舞)である。いずれも女性が積極的に文化に参入し創造する側にたった事例が取り上げられている。個別テーマに脈絡はないが、時代的には、前近代(古代・中世・近世)という共通点がある。

▼差異派フェミニズムのなかでの「女性文化」の紹介

東京女子大学女性学研究所の研究成果—東京女子大学学会研究叢書第一三巻［有賀 二〇〇〇］で、有賀は、欧米の「差異派」フェミニズム理論を取り上げ、「女性文化」に着目している。有賀は、女性学の時代区分を、一九六〇年代後半から一九七〇年代前半を第一期、一九七〇年代後半から一九八〇年代前半を第二期、それ以降を第三期とし、第二期の女性学と「女性文化」論を結びつける。有賀によれば、第二期女性学を特徴づけるものは、男女の経験における分断と差異を認め、女性を被抑圧者ととらえる歴史観を超えて独自の「女性文化」の有効性と能動性とを強調する広く「差異派」とも呼ぶべきフェミニズム理論の興隆である。また、有賀は、ラジカル・フェミニズによって、「……家父長制的価値の枠組みのなかでおろそかにされてきた〈女性文化〉（women-culture／より広義には women's culture：有賀による注＝伊藤）を再評価することが試みられ」、それは時に「女性性」の積極的賛美をともない、「女性性にたいして新しい女性中心的（ガイノセントリック）な意味づけが与えられ、女性性がもはや男性性からの逸脱としてではなく、それ自身の存在価値として理解されるべきであることが主張された」と説明する。背後には、基本的に「女性文化」の再評価と男性文化からの分離をめざす、いわゆる「文化フェミニズム」の「女性＝善」、「男性＝悪」という二項対立思考があり、そこでは階級抑圧や人種抑圧といった問題が回避されているというリン・シーガル［Segal 1987＝織田訳 一九八九］の指摘にも有賀はふれている。

3　欧米における「女性文化」概念—第二波フェミニズムの「女性文化」論的解釈

▼欧米の「文化フェミニズム」と「女性文化」

一九七〇年代、欧米のニューフェミニズムの隆盛にともなって「女性文化」の発見、「文化フェミニズム」の潮流が発生した。USAにおけるフェミニスト歴史研究者のシンポジウム「女性史における政治と文化」(Politics and Culture in Women's History) の記録 (Feminist Studies, Vol. 6, No. 1, Spring 1980) に注目し、この問題を探ってみたい。以下に取り上げる論者の言説はすべてこの記録によるものである。

USAのフェミニスト歴史研究は、一九世紀アメリカの自覚的女性文化の存在に注目して女性の過去の経験を理解するのを豊かにしてきた。ここで取り上げる女性文化と政治に関するシンポジウムは女性文化概念を明確にし、その政治的・理論的意味を検討するために開催されたものであるという。

このシンポジウムでエレン・デュボアは、「フェミニズムの歴史と女性史との関係」を扱い、一九世紀のアメリカ女性史研究から発見される最も重要な理論的公式は女性文化概念であったと主張した。「女性文化」という概念は、歴史家によって、家庭や道徳、特に一八世紀後半から一九世紀の女性に焦点をあてて広範な基礎をおく価値や制度や関係、共通の習慣やコミュニケーションの方法を説明するために用いられてきた。しかし、Women's Cultureという用語の最初の使用は一九七二年である、といっている（このことは冒頭にふれた）。また、彼女は、女性文化概念は奴隷文化（slave culture）概念に似ており、それに由来すると考えている。奴隷の理論家は奴隷が彼らのためにつくった社会構造や信仰を分析し、ほぼ自治権をもつ奴隷の文化の存在を発見した。この奴隷文化は直接的に奴隷制度に挑戦するのではないけれども、それは主人の力に抵抗するために奴隷を勇気づけ、彼らからの収奪への制限を不動のものとした。歴史家が焦点をあてたのは、この奴隷文化の抵抗の側面であったが、「女性文化」との類似は明らかであると彼女は主張する。

マリー・ジョ・ブールは、「女性文化とフェミズムの関係」において、歴史研究者は一九世紀末フェミニズムの歴史を再考するために、女性文化研究によってもたらされた知識をどのように利用すべきかという開題を提起したといい、女性文化の研究をつうじてのみ、社会的背景のなかでの一九世紀フェミニストの意識と行動を評価することができると主張している。ブールは、ドイツのプロレタリア女性運動と結びついていた二〇世紀初頭のアメリカ社会党の女性運動と、アメリカ女性選挙権運動の歴史に詳しい研究者であるが、彼女の「女性文化」という歴史の切り口への関心が、私にとっては意外性をもった。

また、プロレタリア女性運動に造詣の深いテンマ・カプランは、「ヨーロッパと第三世界の対比における女性文化」と題して、女性文化と政治についての論議をヨーロッパと第三世界の文脈において取り上げた。大衆的な女性の抗議運動の豊かな経験をあげ、女性の政治的動機は、女性文化によってのみならず、階級によって形成されることを示した。「女性文化」は、階級とエスニックグループによるバリエーションを理解せずには語れないこと、女性文化は、民衆のあるいは労働者階級の文化のように、支配的文化との対比において現れることを強調した。この論調は、わが山川菊栄の女性文化批判に理論的接点をもつ。そして山川を超えて、現代フェミニズムの時代的背景がもたらす理論の深まりを私たちに示してくれる。女性・階級・エスニック、この三つのからみ合いの文化論こそ現代の女性文化を語るときのキーワードとなろう。

ゲルダ・ラーナーは、女性がすることと、女性がそれをするやり方を「女性文化」と定義した。議論を省略するが、彼女は一九世紀に限定し、「女性文化」というタームは、平等の主張とシスターフッドの自覚、女性の共同体を含み、人類学的意味で、女性の家族的友情のネットワークを包括するためにも用いられてきた。「女性文化」は、下位文化（サブカルチュア）としてあるのではないし、またそうみられるべきではない。大多数のものにとって下位文化のなかで生きることはむずかしく、女性は一般文化（genaral culture）のなかで社会的存在として生きている。女性は、一般文化の構成員として、女性文化の担い手として二元的に生きると主張する。

このシンポジウムのおおかたの論者が、「女性文化」概念を肯定的にアメリカの一九世紀女性史に適用することを支持しながら、デュボアの基調報告を補完しているように思われる。しかし、キャロル・スミス－ローゼンバークは、「女性文化」はフェミニズムと無関係であり、しばしばそれに反対したということを論証したいとして、他の論者への批判的見解を示した。

シンポジウムは、「女性文化」という概念が最近の最も重要な系統的理論からくるものであること、一九世紀の「女性文化」は階級・人種、そして他の社会的区分によって相違すること、フェミニズム、「女性文化」、女性政治の関連についての討議は現代フェミニストの歴史分析にとって重要であること、階級文化と「女性文化」の関係、女性の階級内同盟のタイミングとその性格について研究が必要であることを確認している。総じて「女性文化」とフェミズムの関係は、現代の研究者の大きな課題であり、「女性文化」の新しい研究は、われわれが戦後の女性運動に新しい視点を得たいと望むならば決定的な重要性をもっていることが確認されたとシンポジウムは結ばれている。

一九八〇年のUSAのこの議論が、ドノヴァン［Donovan 1985＝小池訳 一九八七］のいう文化フェミニズムとどのように関わるのか。明確ではないが、ドノヴァンが「一九世紀のフェミニストの理論には、おなじように重要な他の鉱脈、啓蒙運動のリベラル理論の根底から理性主義的で、法律尊重主義的な推力をこえて進むので、『文化フェミニズム』のラベルのもとに一括されるであろう理念がある。政治的変化を照準するかわりに、こうした理念をもつフェミニストたちは、より広い、文化的変容を希求した」［Donovan 1985＝小池訳 一九八七 五五―五六頁］といっているのが思い起こされる。

▼アメリカ文化のなかでの女性

アメリカ文化のなかでの女性について、一九七〇年代から一九九〇年代までフェミニスト視点から論じたジョシンダ・ジョイ・ピーチ編の、アンソロジーがある［Peach ed. 1998］。この書は、第I部「ジェンダーの文化的構造」（1文化のなかでの女性、2女性の一般性と差異、3女性の文化的代表性）、第Ⅱ部「女性を定義する文化制度」（4女性と大衆文化―広告、印刷文化、ポルノグラフィ、5女性と大衆文化―テレビと映画、6ファッション、美、女性の健康、7母性と家族、8性、性差別、セクシュアル・ハラスメント、性的虐待）、第Ⅲ部「文化への女性の機会」（9文化を創造する女性、10フェミニズムと将来）の三部構成である。それぞれの章の冒頭に序文、末尾に討論点と関連映画・ビデオ、それに参考文献が配されている。

この書はあくまでアメリカ文化を問題にしているが、このうち第Ⅲ部の9が本稿にとりわけ関連をもつ。ピーチは、この個所の序文で女性は歴史的に文化の創造者として無視されてきたことを指摘し、女性はアメリカ文化に貢献したか、主流文化あるいは男性支配文化から分離した文化をもったのかを問う。ピーチは続ける。女性はアメリカの人口の半分以上を構成しているのでアメリカ文化の創造に貢献してはきたといえるが、他方、芸術的表現や伝統的にアメリカ文化の典型と考えられてきた作品や生産物（音楽、美術、写真、映画、文学、科学、技術）は男性の仕事として支配され、こうした文化的創造における女性の相対的不在がある。初期の「第二波」フェミニストは、文化を定義し、文化的価値あると認められるのはどの仕事なのかを選択する権力をもつのは男性であり続け、その男性たちが、性がつくり出してきた文化的仕事に対して明確なバイアスを行使してきたということを認識した。つまり、女性の才能や創造性の欠如の問題ではなく、文化的価値をもつ女性の仕事に対するジェンダーバイアスの問題なのだとピーチはいう。かくてフェミニスト批評が展開される。

ピーチは、クェーカー教などの有名なアメリカの宗教は女性によって創立されたことに注目する。また、アメリカのような多文化社会に包括されるさまざまなサブカルチュア出身の女性は、彼女たちの子どもに、ネイティヴ言語や歌・習慣を教えたり、ネイティヴの芸術や手芸に従事したり、これらの技術を他の人々に教えたりして、彼らの伝統文化を保存・維持する努力の中心にあることが多いことも指摘している。

ピーチは続いて、多くのフェミニストは、女性に対する文化的抑圧や差別の情況が分離した「女性文化」の発展に貢献したといってきたこと、大衆文化のなかでも、こうした「女性文化」は、女性向けの恋愛小説や手芸のような女性による女性のための実践に囲い込むことを指摘した。また、他のフェミニストは、分離された「女性文化」のしるしとして男性支配文化への女性による組織された抵抗の存在をみる、といっている。たとえば、レズビアン分離主義はこのカテゴリーに入る。「女性文化」という概念は、しばしば、女性が分離された領域に追いやられてきたから、女性は男性を除外した独特の文化を促進すべきだという規範要求と結びつく。また別のフェミニストは、そのような「女性文化」が客観的に存在するということ、そして、存在すべきだという両方の考えにたつ「女性文化」概念を批判してきた。彼らが議論している後者の主張の問題点は、「女性文化」概念が、女性間の一般性は差異より重要であり、ジェンダーの一般性は、人種、エスニシティ、宗教、階級を考慮した相違より重要なものとして取り扱われるべきだとみなすことにある。

▼カルチュラル・スタディーズとフェミニスト・カルチュラル・スタディーズ

次にカルチュラル・スタディーズについてみよう。日本におけるカルチュラル・スタディーズは他の思想や理論と同じように西欧から導入された。酒井［一九九六］は「カルチュラル・スタディーズは、国民文化や国民の伝統という連続性にもとづく概念においては無視されているものを問題にするのだ」といい、吉見［一九九六］は「ポピュラー文化研究という視点でのカルチュラル・スタディーズの視点と、ポスト・コロニアリズムあるいは差異の政治学としてのカルチュラル・スタディーズという視点と、それからフェミニズムの問題という三つが重なり合ったところにカルチュラル・スタディーズの全体の流れが成立している」としながら、「カルチュラル・スタディーズがやろうとしているのは、例えばジェンダーとかエスニシティとか階級ということを前提にしてしまって、その男／女なり、資本家／労働者なりの固定された対立項によって文化の差異を文脈づけていくということ」ではなく「そういう境界線そのものを問題化し、そうした境界線が構成されていく、場の重層的な政治を浮上させたり、さらにそうした境界線を引き直したりしていくところにカルチュラル・スタディーズの主要な関心がある」といっている。

吉見は、カルチュラル・スタディーズの出発点に労働者文化論があったこと、さらにその関心は若者文化、サブカルチュア、学校文化の中の差異の政治に広がり、必然的に階級だけでなく、エスニシティやジェンダーという問題意識へと明確化されたとする。

オランダのユトレヒト大学を中心とする女性学研究者の論文集として一九九三年オランダ語で出された『文化科学における女性学』（Coutinho, Dick. Vrouwenstudies in de Cultuurwetenschappen 1993）が、

『女性学と文化』として一九九五年に英訳された［Buikema et al. 1995］この書は、二〇年以上の歴史をもちながら、ヨーロッパの大学の人文科学研究でなお周辺化されている女性学の発展をめざしたという。しかし、一般の女性学の書と異なるのは、「フェミニスト・カルチュラル・スタディーズ」［feminist cultural studies］を前面に出している点である。この書はフェミニスト視点からカルチュラル・スタディーズを扱ったものとして注目に値する。

この書は二つの部からなるが、第一部は、文化研究の領域をフェミニスト理論、フェミニスト史、文芸論、言語学、メディア研究、映画研究、劇場研究、美術史、音楽学と規定し、それぞれにおいて、女性学の三つの異なるアプローチ、「平等（equality）・差異（difference）・脱構築（deconstruction）」の理論で組みたてられている。第二部は、「平等・差異・脱構築」の理論を反映させながら、西欧科学とは異なるフェミニスト批評、すなわち、レズビアン研究、黒人研究、記号論、精神分析の発展に不可欠に作用した政治的・理論的背景を第一部よりさらに専門的な内容から深めていく。

英語版編者の一人、ローズマリー・ビュイケーマは、西欧の大学のフェミニストの学問では、「平等」・「差異」・「脱構築」の理論という三つの異なる視点があり、これらは性的差異の意味についての論争で異なる戦略と理論的位置を提起してきたが、それらの相互作用に深く分け入る必要があり「フェミニスト・カルチュラル・スタディーズ」でこうした問題に注意がはらわれなければならないとする。またその展開は、ポスト構造主義、脱構築の理論によって鼓舞され、男性／女性、ホワイト／ブラック、平等／差異のような二項対立に異議申し立てをするものだとしている。

編者のもう一人、アンケ・スメリークは、「フェミニスト・カルチュラル・スタディーズ」は、どんな文化が、女性か男性か、ブラックかホワイトかという主体に、特別の位置を生み出すのかを検証したこと、またポスト構造主義アプローチは、ポストモダン主体が異なった（あるときは混乱した）主体の位置を同時に支配することができる方法を明らかにしてきたこと、女性主体は、たんにその性によってではなく、民族、階級、年齢、性的志向によって規定されることなどを主張している。

▼ジェンダー文化

イッツインら［Itzin & Newman eds. 1995］は、『ジェンダー・文化と組織的変革』という書物のなかで、最近一〇年の社会的、政治的、経済的転換期における公共セクター組織における組織管理の経験を理論化した。その書の「組織文化をジェンダーリングする」（組織文化をジェンダーの視点で分析するの意）という文脈のなかでは、イッツインは組織における「ジェンダー文化」という概念を開発し、「ジェンダー文化」の特徴をあげた。それによれば、「ジェンダー文化」は、明白な性別役割を肯定する「ロール・カルチュア」とは異なって、明確に表現されることも、一般に可視的に描写されることもない文化であるという。また「ジェンダー文化」は、多くの別個の、内的に関連する特徴によって性格づけられる。その個別の特徴とは、階層的かつ家父長的なもの、性による分離、労働の性分割、性的ステレオタイプ、性差別、性的性格を付与された環境、性的いやがらせ、性差別主義者、女ぎらい、変化への抵抗、ジェンダー偏向的権力である。この場合の性には、すべてセックスという名詞、形容詞、動詞が使われている。イッツインは、「この研究において確認された特色によって、強弱の範囲はあっても性格付けられたジェンダー・カルチュアなしに、組織が存在するということは有り得ないことである。一組織における特別のジェンダー・カルチュアの規則や統制を認め、明確化することは、効果的組織変革の必須前提条件であるにちがいない」〔Itzin & Newman eds. 1995 p. 52〕といっている。

これらのほかにも昭和女子大学女性文化研究所の仕事として私は一九九〇年代の欧米のカルチュラル・スタディーズの書を追ってきた〔Franklin et al. eds. 1991, Grossberg et al. eds. 1993, Probyn 1993, Buikema et al. eds. 1993, Ramet 1996, Morley et al. eds. 1996, Brocks 1997〕が、アン・ブロックス〔Brocks 1997〕の『ポスト・フェミニズム―フェミニズム、文化理論・文化形態』について取り上げてみよう。ブロックスは、かつて、アンチ・フェミニズムと同義語と思われていたポストフェミニズムが、今ではフェミニズムと、ポストモダニズム・ポスト構造主義・ポストコロニアリズムのような運動と同じ背景をもつものとして理解されていること、また、「第二波」フェミニズムが西欧啓蒙主義のリベラル・ヒューマニスト・モデルの基礎からどのようにずれてきているか、また、特殊命題ディスコースの挑戦が、フェミニズムに自己再定義すること、政治的・倫理的挑戦の序列に敏感になることを、どのように強いているかを示そうとしている。キーワードは、フェミニスト認識論、フーコー、精神分析理論と記号学、ポストモダニズムとポストコロニアリズム、文化政治、ポピュラー・カルチュア、フィルムとメディア、セクシュアリティとアイデンティティである。構成は、序に続いて第一部「第二波」のコンセンサスに挑戦し断片化する、第二部フェミニズムの「文化への展開」―フェミニスト理論化のパラダイムシフトか?、第三部ポストフェミニズムと文化形態の、三部立てである。カルチュラル・スタディーズは、直接「女性文化」を論じるのではない。しかし、「女性文化」論じる際の視点が含まれており、方法として示唆を与えられるし、「フェミニスト・カルチュラル・スタディーズ」は、「女性文化」に限りなく接近する。

4 現代フェミニズムの行方と「女性文化」

▼北京女性NGOフォーラム、世界女性会議における女性文化

一九九五年北京で開催された「女性NGOフォーラム95」と「国連第四回世界女性会議」は、二〇世紀最大にして最後の世界女性会議といわれ、過去三回のそれとは異なる世界情勢が背景にあった。北京で採択された「行動綱領」の論争点となった用語（たとえば「性の権利」、「性的指向」）には、言葉の対立構造を生み出す五グループの文化的背景（「G77（実際は一三二カ国）プラス中国」「EU」「イスラム圏」「バチカンなどのカトリック圏」「JUSCANZ（ジュスカンズ）日本、USA、スイス、カナダ、オーストラリア、ノルウェー、ニュージーランド」）があった。これはこれまでの東西問題や南北問題による対立より複雑な、文化や宗教の相違による対立が組み込まれた区分になっている。

「女性NGOフォーラム95」と「国連第四回世界女性会議」から、「女性文化」問題を読み取っておくことは二一世紀「女性文化」の考察にあたって重要と私には思われる。

北京女性会議「行動綱領」は、1使命の声明、2世界的枠組み、3重大問題領域、4戦略目標及び行動、5制度的整備、6財政的整備という構成で、4は、A貧困、B教育、C健康、D暴力、E紛争、F経済構造・政策、G権力、H女性の進出、I人権、Jメディア、K環境、L少女をキーワードとする一二項目、三六一項目（草案の段階では三六二項目）から成り立っていた。

北京での「女性と文化」の扱いを私なりに整理すれば、①女性が権利として享受すべき対象としての文化、②女性が主体として創造する文化、③その文化のせいで女性が差別的扱いを受けているというあるがままの、したがってそれを変えなければ女性の地位が向上しない文化、そして④平和の文化（a culture of peace）という区分である。この会議では、特に採択された「行動綱領」と、その草案をめぐって激しい文化との対立があった。

そもそもジェンダーとは社会的・歴史的・文化的に形成された性と定義されている。この場合の「文化的」とは、特に明白な場合は、前述③のせいで、②が欠如していたために①からも疎外されているという三つの意味を含んでいる。その結果、形成されたジェンダーは、文化的にも不平等に形成されたジェンダーである。「北京行動綱領」は、戦略目標と行動のD一二五項（K）では、「男女の社会的および文化的行動様式を修正し、偏見や伝統的慣習およびいずれかの性の優越性または劣等性の概念および性別役割分業に基づくあらゆる慣行を撤廃するために、とくに教育分野において、あらゆる適切な措置をとる」と書かれ、世界一八五国連加盟国がこれに同意した。これは、二〇世紀の終わりの、表向きの国際的共通認識といえる。

▼二一世紀女性文化

二〇世紀の初め、前世紀から続く女性解放運動を意識しながらも、ジンメルは客観的文化は男性によってつくられるとした。日本の大正デモクラシー期の男性たち、その理想を受け継いだ戦後民主主義のもとでの女子大学における教育、さらには欧米のフェミニスト女性史研究者の「女性文化」(再)発見、文化フェミニズムの運動の経験、今世紀女性運動を締めくくる一九九五年北京女性会議と、かれこれ一世紀を経て、文化と女性の関わりの認識も深まった。繰り返すが、還元主義・一元論・二分法を避ける、相対化することに加え、主観を重んずることが、二〇世紀末の時代の思想的風潮であった。最近の新しい学問領域カルチュラル・スタディーズはこうした時代にマッチしたものとして迎えられているが、その理由は、進化論的、本質主義的、目的論的思考とは一線を画するという方法にあった。時代の思想は、近代主義的な男性／女性の固定的二元論を解体し、男性、女性の内部にひそむ複数性、多元性＝階級、民族・人種、地域、宗教、文化、セクシュアリティなどの属性によって人間そのものをとらえなおそうとする。

ふりかえれば、二〇世紀前半は女性に関する国際的キーワードでいえば「女性文化」の時代、後半四半世紀は同じく「フェミニズム」の繚乱の時代であったといってもよい。両者は重なり合い、「女性文化」が多様な意味で解釈され、フェミニズムも多様化し、男女という性の二分法も疑問視される時代に入っていく。その結果、政策領域においてもジェンダーフリーな生き方が可能な選択肢が示され、国連と各国政府・地方自治体は女性の地位向上と意識変革に取り組んだ。日本でも「男女共同参画社会基本法」が制定され（一九九九年）、具体的なプラン「男女共同参画基本計画」（二〇〇〇年）をもつようになった。

この段階では、また新たないくつかの問題が発生する。ジェンダーフリーが奨励される時代、男女共同参画時代の「女性文化」とは何かという問題である。それは、政治権力の意思決定の場にも男女平等に参画する時代の「女性文化」とは何かという問題でもある。ジェンダーにとらわれない考え方がメインストリームになろうとする反面、家父長制的価値の枠組みのなかで低いものとされていた女性性の再評価が試みられることも並行している。しかも、男性支配文化の時代にカウンターカルチュアを創造したり、サブカルチュアとして存在していた「女性文化」が人類の文化そのものを豊かにしてきたことは事実であった。やがて男性／女性の境界は時代を経て徐々に越境される。文化も、ある側面はグローバル・スタンダードの影響を受ける。個別の文化スタンダードが、ほかからの強制ではなく、主体的な内発的選択、自己決定によって受容される場合は問題はない。異文化の享受は新たな融合文化の創造と並行して進む。この場合、新たに享受した文化によってジェンダーは変革される。

ジェンダーは、ローカル・ナショナルの範囲での不平等な社会的・文化的影響によって規定されるのではなく、グローバル・インターナショナルに広がった規模での平等な社会的・文化的なスタンダード、あるいはグローバル・ガバナンス［UNDP　一九九九］に規定される。日本もその例外ではない。そのとき、新たなかたちをとる「女性文化」は、かなりの部分において男性文化と文化的融合（越境）のかたちをとりながら、新たな価値を与えられた「女性文化」の領域をきりひらく可能性が考えられる。カルチュラル・スタディーズにおける女性の位置は、男性と女性という固定された対立項によって文化の差異を文脈づけていくことではなく、境界線そのものを問題にしていくというスタンスであり、新しい「女性文化」追求の余地を残している。

（1）一九八〇年代にはリサ・タトル［Tuttle 1986＝渡辺訳　一九九一］、マギー・ハム［Humm 1995＝木本ほか訳　一九九九］の二冊の英国で出版されたフェミニズムに関する辞典中に「女性文化」（womenculture）項目があり、一九九〇年代にはたとえば Tierney eds.［一九九九］、二〇〇〇年邦訳のものとしてアンダマールほか［Andermahr, et al. eds. 1997＝奥田ほか訳　二〇〇〇］がある。これら英語事典・辞典によるコンパクトな「女性文化」の把握をみると、タトルは、「女性文化とは、女性の要求を満たし、女性の価値観やフェミニズムの価値観を反映する新しい社会をつくろうとする試みである」と簡潔に定義した。ハムにいたると、多くのフェミニストによる、定義とはいえない「女性文化」への多様な言及が列挙されてまとまりがない。そのことは、ある意味ではフェミニズムそのものの、もはや定義不能ともいうべき多様化を反映している。たとえば、ある者は「女性文化を第四世界として定義」しているし、フェミニストの人類学者や社会学者、歴史学者は、「男性的な体系や価値から引き離し、女性がもっている文化的経験の原初的な性質を叙述すること」とし、歴史学者は、女性に割り当てられた役割や振る舞い（「女性の領域」）と、女性の生活から発生してきた活動や機能とを区別し、女性はマジョリティであるから「女性文化」をサブカルチュアとして定義することに反対しているといった説明が延々と続く。アンダマールらの辞書は、英国の文学者、社会学者らによるものであるが、前二書とは異なり、英国としては珍しく womenculture ではなく women's culture が原語で、そのせいか、邦訳は「女性の文化」となっている（英語をオリジナルとするときの邦訳について、既邦訳語と異なった訳をするとき、その理由を提示すべきではないだろうか。「女性文化」と「女性の文化」は日本語の語感として異なる）。しかし、ここでの「女性文化」の定義も明確でない。ここでは、「女性文化」は、女性たちがもつ文化、あるいは女性たちによる、女性たちのための文化の創造を意味するのではなく、新しく創造的な形態の政治的活動の創造を意味すると説明しているように見受けられる。もはや、今日では女性が一つではないように、「女性文化」の定義も明確にはできなくなったかの感がある。

（2）二〇〇〇年六月一〇日、国連本部で採択された「女性二〇〇〇年会議—二一世紀をめざすジェンダー平等、開発、平和」の「成果文書」［UN 二〇〇〇］では、文化という用語は四箇所しか出てこない。第一は、五項で「女性の人種、年齢、言語、民族、文化、宗教や障害」が女性の平等を妨げているというくだりであり、第二は、二七項で、移民や難民の「女性や少女が、人種、言語、民族、文化、宗教、障害や社会経済階級」のゆえに正義や人権の享受を妨げられていくというくだり、第三に、九五項(e)で、先住民の女性の歴史、文化、精神性、言語や希望を尊重する教育・訓練プログラムの開発と提供というくだり、および第四に、九九項の(i)「平和の文化」という四箇所である。これらは、EU諸国、他の先進国、イスラム諸国、G77、バチカンの五グループでそれぞれ異なる意味をもち、一九九五年の北京会議から二〇〇〇年のニューヨーク会議を終えてなお流動的である。

（3）『思想』（岩波書店）は一九九六年一月号（No.859）に、『現代思想』（青土社）は一九九六年三月号（Vol.24、No.3）にそれぞれ、カルチュラル・スタディーズを特集した。東大社会情報研究所とブリティッシュ・カウンシルは、ネーションと植民地主義、消費とポピュラー文化、階級、ジェンダー、メディアをキーワードとして一九九六年のシンポジウムを行った［花田ほか編 一九九九］。普遍的な理論としての体系化を標榜していないというカルチュラル・スタディーズの理解にあたって、花田、吉見［花田ほか編 一九九九 二五—二七頁］による、九〇年代におけるカルチュラル・スタディーズの流行の背景を要約すると、第一に、カルチュラル・スタディーズが、国民国家の文化に対するラディカルな批判を含むが、同じくグローバルなものへの批判、階級やジェンダー、エスニシティのからまり合い等と結びついている点、第二に、カルチュラル・スタディーズはもろもろの文化的実践のフィールドに見出される「被抑圧者」による「抵抗」の新たな理論的武器としてとらえられる点、第三に、日本では、カルチュラル・スタディーズを従来の比較文学や表象文化論の新しいヴァージョンとして用いていく傾向もあり、ポストコロニアル批判と同一視される点、である。また、カルチュラル・スタディーズは三つの越境あるいは境界線（ナショナルな知＝文化、大学の知とその外の知、専門分野間）を問いなおす。花田と吉見は、あらゆる文化的実践が国境を超えて重なり合い、流通し、同時にもろもろの境界線が引きなおされて行く社会を生きている以上、いかなる知もこのようなグローバル化／ローカル化の外にたつことはできないという。同シンポジウムの基調講演の中で英国のスチュアート・ホールは、カルチュラル・スタディーズの視点では「女というものは画一的ではない、内的な違いがある、エスニックグループが違い、階級が違えば女というものも違う。アイデンティティ自身をもっと同一性と差異が重層決定されたものとして考えられなければならなくなった」としているのは重要な指摘と思われる。

（4） *Feminist Studies* Vol. 6, No. 1, 1980, pp. 26-64. Politics and Culture in Women's History : A Symposium, のなかでの発言。

（5） もともと山川は、一九二二年、三月八日の国際婦人デーにちなんだ「八日会」を結成し、翌一九二三年日本で初の「国際婦人デー」の講演会を開催したり、同年『ベーベルの婦人論』の完訳出版など活発な活動で頭角を現していた。

（6） 本章は、日本の大正時代の女性文化を扱うことを目的とはしていないが、流れからいって南博の女性文化論にふれておく。南は大正時代、「女性の経済的進出が同時に女性の政治的進出でもあり、さらにひろい意味で、新しい女性文化と呼べる文化現象を生み出す」といい、その女性文化は男性を家長とした家庭文化から分離したものであるとする。その際、南は風俗の面や新しい娯楽の面での女性文化に注目し、「この時期では、家庭文化から女性文化が分離してきたが、またその逆に、その女性文化が家庭文化のなかへ、逆流してくる」ともいっている［南 一九六五 二五五―二六三頁］。しかし、大正時代の女性文化は、風俗や娯楽に尽きるものではない。このことからも女性文化概念のトータルな把握の困難さが示唆される。

（7） この時代の日本の「新しい女」と「女性文化」を組み合わせた学位論文がコロンビア大学に提出されている［Sato 1994］。バーバラ－ハミール・サトーによるもので、「日本女性とモダニズム―一九二〇年代の新しい女性文化の出現」と題するものである。この研究は特に、モダンガール、主婦、職業婦人などの都市女性の間に起こったアイデンティティの変化を扱っている。

（8）　NGOフォーラムでは約三三〇〇本のワークショップがもたれたが、その内、「文化」を表題に付したものは二三本あった。たとえば「女性と中国の伝統文化」（北京大学女性学センター主催）、「韓国におけるフェミニスト運動—女性学と文化」（オルタナティヴ・カルチュア主催）、「宗教と文化—女性のための力」（オランダ教会評議会主催）、「女性・宗教・文化」（世界教会評議会）、「ジェンダー・人種・セクシュアリティの文化政策」（黒人女性の健康ネットワーク主催）のようなテーマである。

第8章

二一世紀の女性運動の課題から北京会議をふりかえる

1　先頭にたつ国連の女性運動

総計で五万人が集った前世紀最後にして最大規模の、(そして二一世紀にもまだその例をみない)「女性NGOフォーラム95」と「国連第四回世界女性会議」が開催されてから、「北京+5」(二〇〇〇)、「北京+10」(二〇〇五)を経て、もはや十数年の月日が流れ、北京はいまやオリンピックで関心を集め、その余韻のなかにいる。時は足早に二一世紀を駆けている。

私も、あの一九九五年、IFHE(国際家政学会)という国連NGO第二カテゴリーに登録されている団体からの参加で確かに北京にいた。世界の家政学者も中国の新興家政学との連帯のために、そして女性のエンパワーメント(地位の強化)のために、あの懐柔県に集まり、また政府間会議にオブザーバーとして本会議場に出入りしていた。私はこの会議にいくつかの課題をかかえて参加したが、本章では、そのなかから、ずっと考え続けていた前世紀からの女性運動・女性問題・フェミニズムの流れと、北京会議との関わりにテーマを限定する。それは、具体的には、次のようなことであった。

第一に、私は、一八世紀後半からの西欧のブルジョワ女性解放論、一九世紀半ばからのプロレタリア女性解放論や運動の、国連主導の女性運動（その頂点としての北京会議）への継承のされ方はどのようなものか、北京を経たあとの展開に注目していた。第二に、国連創設後、国連による女性問題の解決の努力と各国の女性問題の関連を、特にメキシコ↓コペンハーゲン↓ナイロビ↓北京と、焦点となったイッシューの推移において検討し、GO（政府組織）―NGOの運動の新しい形態は何に規定されて、いかなるフェミニズムが主導してきたのかを確認したい、ということであった。

これらの問題意識が、あのとき私を北京に駆りたてた。そして北京での一九日間は私に多くの見聞と資料の収集と考える時間とを与えたが、北京から十数年を経た今日も私の課題はまだ思考の途中にある。

2　国際的女性運動の変遷と北京女性会議

二一世紀初頭でこれからの課題を展望するにあたっては、私は、少なくとも一世紀前にさかのぼらずにはいられない。この一〇〇年、プロレタリア女性運動に限っても、第二インター、第三インターの国際女性会議が積み重ねられ、それに反ファシズムの女性運動、戦後の国際民主婦人連盟（ＷＩＤＦ）を中心にした女性運動が、女性解放の共有財産を積み重ねた。女性運動の流れをみるとき、おおかたは、第一波フェミニズム、第二波フェミニズム、第三波フェミニズムと単線形で把握する。すでに前章で述べたように、私はそれらの分類のどれもが、意識的にか無意識的にかとりこぼしている別の流れの一方を追ってきたものであるので、そのようなやり方で北京会議をとらえてみたい[1]。

▼第二インターナショナル

北京会議から一〇〇年前にも、女性問題や女性運動は活発に展開されていた。第二インターナショナル（一八八九年パリにて創立。当初より女性労働問題を取り上げる）は、ロンドンで一八九六年第四回世界大会を開催し、女性の特別会議も招集した。そこでは女性労働者の労働組合への参加問題を取り上げていた。七回目の世界大会はドイツのシュットガルトで開催されたが、その時、第一回目の国際女性会議を招集（一三カ国から五八名参加）した。主な議題は、婦人選挙権の獲得を、世界でどのように進めていくかというものであった。日本では福田英子がこのときの会議の模様を、『世界婦人』（一九〇七年一〇月一日号）で報じている[2]。

第二回女性会議は、一九一〇年にコペンハーゲンで開催されている（一七カ国から一〇〇名）。この会議でクララ・ツェトキーンは、アメリカ社会党の女性代表の提案に応えて「国際女性デー」（International Women's Day）の決議の起草をした。国際女性デーはその後、幅広い女性運動に担われて、それぞれの国際的背景に対処し、紆余曲折を経て戦後の女性運動に引き継がれた。国際女性デーは後述のように一九七五年に、国連によっても催され［UN　一九九五a　六一・七一・七四・七五頁〕ることとなった〔伊藤 二〇〇三b〕。

一九一〇年代の初めのヨーロッパは、第一次世界大戦前で緊迫した政治情勢のもとにあった。一九一四年にウィーンで第三回国際社会主義女性会議が予定されていたが、第一次世界大戦が起こったため中止になった。クラーラ・ツェトキーンやローザ・ルクセンブルクはいち早く反戦の活動を起こし、ロシアのイネッサ・アルマンドと連絡をとって翌一九一五年三月、スイスのベルンで、交戦国の代表を交えた国際社会主義女性会議の開催にこぎつけた。女性会議では、勃発した戦争の本質は帝国主義戦争であり、平和の保障は資本主義の止揚にあることを明確にした決議を採択した。[3]

▼第三インターのなかで

一九一九年モスクワで、第三インターナショナルが結成された。第三インターナショナルは第一回（一九二〇年）、第二回（一九二一年＝二八カ国から八二名の参加）と続いて国際女性会議を開催したが、一九二一年の第二回会議でブルガリアの代表が、これまで各国でばらばらに行われていた女性デーを、一九一七年ペトログラードの女性が革命行動に合流した三月八日に統一して行うよう提案した。これが採択されて、以後国際女性デーといえば三月八日とされるようになった。

一九七七年には、国連も女性デーを正式に定め（U. N. General Assembly Documents, 32nd Sess. A/32/40/500 1977 p. 13）、以後、三月八日に、それぞれの年の重点項目と女性デーを関連させた行動を展開することとなった。このことは、今日の国連主導の女性運動も、こうした歴史の継承のうえにたっていることの証左である。私はこの点にとりわけ注目する。

ところで、一九二四年には第三回国際女性会議、一九二六年には第四回会議が開催されている。ナチスの時代、一九三〇年代には、二つの国際女性会議がもたれた。一つは、一九三四年の「戦争とファシズムに反対する国際女性会議」（パリ、二五カ国から一〇八六名参加）であり、他の一つは、一九三八年「平和と民主主義のための世界女性会議」（マルセイユ、一九カ国から七〇〇名）である。

▼戦後の国際的民間女性運動

戦後はいち早く国際連合が創立され、女性問題も取り上げているから、戦後の国際女性運動は国連の女性問題解決への活動と時期的に重なり合ってくる。戦後、反ファシズムの女性運動を結集して創立された国際民主婦人連盟は四年に一度の世界女性会議を開催した。第一回は一九四五年（パリ）、第二回は、一九四八年（ブタペスト）、第三回は一九五三年（コペンハーゲン、七〇カ国）、第四回は一九五八年（ウィーン）が開催された。

一九六〇年には、コペンハーゲンで、国際女性デー五〇周年の世界会議がもたれた。この会議のことは、一九九五年の北京で、日本のGOとNGOの活動に側面から助言を与えて活躍していた北沢洋子氏の回想のエッセイにも鮮明に現れていた［北沢 一九七六、一九八五］。

一九六三年にモスクワで開催された第五回世界女性会議は、一一三カ国から一二八九名の代表が集って最大規模といわれた。一九六九年にはヘルシンキで第六回大会（九七カ国、四〇二名）が開催された。一九七五年にはベルリン（東ドイツ）で、国連のメキシコ会議の後に一四〇カ国二〇〇〇人を集め、反帝国主義、反植民地主義、民族解放、人種差別反対、反シオニズムとともに、国際情勢の趨勢はデタント（détente 米ソ両国の緊張緩和）にあるとする見解が出されていた。ここには「開発」という概念は現れない。

一九八一年には、国連のコペンハーゲン会議に一年遅れてプラハで世界女性会議が開催されている。このときは一三三カ国から一〇〇〇名の参加があった（国連から一八名参加）。ここでのスローガンは「平等、民族独立、平和」であって、「開発」ではない。「開発」概念は、「開発」される側の民間女性運動からではなく、「開発」する主体側＝政府・国連から提起されたものであろう。このことを注目したい。

▼アジア・アフリカ婦人会議

一九六一年一月、カイロで第一回アジア・アフリカ婦人会議が開催された。参加国三六、代表二五〇人と記録されている。目的は「アジア・アフリカにおける民族の解放と独立を目ざす諸国民のたたかいのなかで婦人同士が協力と連帯のために手をつなぐことで、それは、アジア・アフリカ連帯運動のなかに婦人の役割を強化することを目ざすもの」（田中寿美子「もえあがるような民族解放のたたかい」第一回アジア・アフリカ婦人会議日本準備会・日本代表団『第一回アジア・アフリカ婦人会議日本代表団報告書』一九六一年）であった。

第二回アジア・アフリカ婦人会議は一九六五年九月、アルジェで開催された。二〇カ国参加の準備会議が開催されており、帝国主義、植民地主義、新植民地主義反対、民族独立、民族の再建(経済的、文化的)、政治的・文化的権利、児童の教育、保健に対するアジア・アフリカ婦人の役割が議題とされた(第二回アジア・アフリカ婦人会議日本準備会『たちあがるアジア・アフリカの婦人』一九六五年、私は報告書を見ていない)。ここでも「開発」という用語は現れない。

▼「ニューフェミニズム」の動向との関連

プロレタリア女性運動より歴史の長い西欧ブルジョワ女性運動は、プロレタリア女性運動のような国際的統一体をもたなかったが、個々の国の婦人選挙権運動や、職能別の国際連帯の会議を積み重ねて、戦後は国連のNGOとして諮問的位置づけを与えられて活動するようになる。国連経済社会理事会がNGOとの協議関係設定を行ったのは一九六八年のことであり、一九六〇年代、欧米によみがえった「ニューフェミニズム」(これを本書第6章でみたように「第二波フェミニズム」と呼ぶ人が多い)の影響を受けた女性リーダーたちが、国連↓NGOの女性運動の図式に影響を及ぼしたであろうことが推測される。それらは、二〇世紀の終わりにいたって、第三世界をも包摂し、矛盾をはらみながらも「女子差別撤廃条約」や「将来戦略」「行動綱領」に結実して、近代リベラルフェミニズムの最高の発展形態を世界に示すにいたった。

▼国連の世界女性会議

一九九五年三月、国連ガーリ事務総長は三月開催の社会開発世界サミット開催国のコペンハーゲン（国際女性デーにとってゆかりの深い土地）から、国際女性デーにちなんだメッセージを送っている（SG/SM/5577 soc/4351 woM/811）。第四回女性会議が開催された一九九五年は国連創立五〇周年であった。

この一世紀をふりかえるとき、女性運動は国連創立以前と以降に分けられるという見方も成立する。ガーリ事務総長は、「国際女性運動は国連創立以前のはるか前に、草の根レベルで始まったが、国連は、素早く、女性の地位向上をその仕事の中心においたと確信できるような活動をした」と述べた。国連創立以前をいつ頃までさかのぼって考えているか定かではないが、たとえば第二インターや第三インター、反ファシズム、国際民婦連を草の根の運動と呼ぶであろうか。

ともあれガーリは、国連半世紀の国際女性運動を四期に区分した。一期は、一九四五年から六二年、二期は一九六三年から七五年、三期は一九七六年から八五年、四期は一九八六年以降である。それぞれの時期の特徴を一言でいえば一期は女性の法的平等の保証のために国連が活動した時期、二期は開発における女性の役割を認識した時期、三期は国連女性の一〇年の時期、四期は国連の女性の地位委員会を強化し、差別撤廃条約をモニターし、女性に対する暴力にターゲットをあてた時期である［UN 1995a 序章］。最初の二期間は合計すると三〇年になるが、この二期の最後が一九七五年の「国際女性年」であった。

国際女性年から二〇年の間に四回の国連国際女性会議がもたれた。一九九〇年代に開催された人権会議、人口会議、社会開発サミットは北京会議の「行動綱領」にとって後戻りできない支柱の役割を果たした。この間国連に登録されるＮＧＯはますます数を増しその存在と役割は大きなものになった。

3　四回の国連女性会議と北京会議の特徴

▼メキシコ、コペンハーゲン、ナイロビ、北京

「平等、開発、平和」のスローガンをかかげた一九七五年の国際女性年メキシコ会議においては、南北問題、新国際経済秩序（ＮＩＥＯ）の確立が最重要事項として認識されていた。また、論調の特徴によって世界各国を区分すると、１開発途上国、特にラテンアメリカおよびアラブ諸国、２アフリカ諸国、３東欧社会主義諸国、４西欧諸国の四区分となる。メキシコ宣言では、西独・英・米三カ国案対アラブ諸国等の「七七カ国グループ」案が対置され、後者を日本を含む八九カ国の賛成で採択した。反対はイスラエル、棄権は、米・西欧一三諸国であったことからも知られるように、明らかに非同盟七七カ国グループの主導であった。

一九八〇年、国連女性の一〇年世界会議（コペンハーゲン）は、「国連女性の一〇年後半期行動プログラム」を採択したが、メキシコ会議に続いて、ＮＩＥＯ、民族自決権、軍縮、デタント等が問題になっていた。このとき賛成は、日本を含む九四カ国、反対はアメリカ、カナダ、オーストラリア、イスラエルの四カ国、棄権は西側二二諸国であった。このように、開発途上国と先進国は依然として対立し合っていたのである。

一九八五年のナイロビ会議の「将来戦略」時はどうであったか。最後まで合意に達しなかった

アパルトヘイト、パレスチナ、ＮＩＥＯ、世界経済危機の問題に関する投票の結果、いずれも三分の二以上の過半数で採択されたが、日本はアパルトヘイトのパラグラフ以外は棄権したと記録されている。ナイロビでは、一五五のＮＧＯが承認された〔ＮＵ　一九八六　二八〇―三八三頁〕。

北京会議での、論調による国のグループ分けは、トランジション（過渡期）の「今」を反映して単純ではない。「Ｇ77」一三二カ国と「カトリック・イスラム諸国」は重なり合っている部分もあり、従来の「非同盟」での統一よりは、文化や宗教色がからみ合ったからである。

だから、北京会議の対立の図式「Ｇ77一三二カ国プラス中国」「ＥＵ」「イスラム圏」「バチカンなどのカトリック圏」「ＪＵＳＣＡＮＺ《ジュスカンズ》」（『日本経済新聞』一九九五年九月二八日付、足立則夫編集委員による）は、グループ分けのなかにダブリがあり、精緻な整理を必要としている。しかし、従来の会議もそうであったように、西欧（ＥＵ）諸国との対立は依然として変わりはない。

▼北京女性会議の特徴

北京女性会議では、世界の二一八四のＮＧＯが傍聴券を手にしたという。日本では国内ＮＧＯ二三団体にオブザーバー資格が認められた。日本は、主席代表野坂浩賢官房長官・兼女性担当大臣ほか堀内光子代表代理、それに二四人の国会議員、各省庁の女性高官、四人のＮＧＯ代表を顧問として大政府代表団を構成したが、これらの人々の役割は政府のほうからＮＧＯに説明はされてはいない。

日本政府は、国家報告に先だつ九月三日、北京で、日本から参加したＮＧＯを集めてブリーフィングを行った。そのときは、日本は「WIDイニシアチヴ」を目玉とする旨を説明した。それは、日本は、女性を主たる裨益対象とした案件を実施していくとともに、個々の援助案件について、その形成、実施、評価といったすべての段階をつうじて、女性の地位の強化（エンパワーメント）と男女格差の是正（ジェンダー・イクォリティ）に配慮するというものである。特に日本は、教育、健康、経済・社会活動への参加という三つの分野を重視した。しかし、ブリーフィングと本番とでは強調点に異なった印象を受けた。

九月五日の日本主席代表演説の強調点は、第一に女性のエンパワーメント（ここに教育、職場や意思決定への参加、「開発国の女性支援イニシアチヴ」の推進）、第二に女性の人権擁護、第三に男女、NGOと政府、国境を越えたパートナーシップの三点であった。

九月一二日「日本NGOコーカス」は、これを一〇点満点で三点と評価し、NGOとの調整役をはかった外務省人権難民課長・川田司氏をして「それでは落第点ではないか」と嘆かせた。『日経新聞』社説（一九九五年九月一六日付）は、野坂演説に対して「何よりも開発と女性という視点がもう世界の女性問題の最大テーマでなくなりつつある。今は生物学的性差に対する社会的・文化的性差であるジェンダーの問題に目が移ってきている。問題意識の遅滞を露呈する形となったが、女性問題に取り組む人々も新しい問題提起がされていることを知る必要がある」と記した。九月一六日付『朝日新聞』も、「ジェンダーがキーワード」であるとして、日本の課題は、1国内の問題　女性労働者の差別・不平等、2実効ある開発援助と記した。しかし、世界のフェミニズムがジェンダーの問題に目を向けたのはナイロビ会議以前であった。ジェンダーの問題に目が移ってきているのではなく、かなりのジェンダー分析の成果が北京に集約されたともいえるのである。

▼NGOの分化

トーンが弱いとNGOからの評判のよくない「北京宣言」（NGOはこれを不服として「市場経済の地球化が失業を増やし、女性の人権を侵害している」ということを強調した「もう一つの北京宣言」を出した）と、ナイロビでは用いられなかった「ジェンダー」と「エンパワーメント」とのコンセプトにあふれた「行動綱領」の採択は、一九九五年の九月一五日の夕刻、短時間で行われた。「行動綱領」はとりあえず、満場一致で採択されたが、その後保留を意志表示する国々と文言の解釈の説明をする国々の演説が延々と続いた。たとえば（以下括弧内の数字は「草案」の当該パラグラフ番号）、クェート（二三二、九六、九八）、エジプト（七〇、二七四b、六二）、フィリピン（二二五、六〇）、マレーシア（一〇七k）、イラン（九七、六六、二二三、二二四、九七ほか）、モーリタニア（九六、九七、二三二f、二四七d）という具合であり、最も保留の多かったのはパラグラフ九七（性の権利）をめぐるものであった。これが、EUとカトリック・イスラム諸国の対立といわれるものである。日本政府は調整役をとったというが、日本のおおかたのNGOは、後者の国々を人権無視の諸国と位置づけ、批判的態度をとっている。

国連を舞台にした女性運動の新しい形態は、GOとNGOの関係において、政府代表のみのクローズドの委員会に、その団体の主張を通させること、そのためのNGOの活動は、コーカス

(Caucus) にもとづくロビーイング、ネゴシエイションであるとして、国連からはそのための活動の手引き［UNIFEM & UN/NGLS 1995］さえ出されている。国連とNGOの運動の筋道がルール化されているのである。国際女性運動においてGOとNGOのパートナーシップが唱えられ、NGOの位置が重要になればなるほどNGO活動のプロが必要とされる。プロには政府要人との関係の深さ、広い国際的経験と人脈、フルーエントな英語、情報通信ネットワークの最新技術の駆使が要求される。

女性運動においても、好むと好まざるとにかかわらず、また国連に登録されたかされないかにかかわらず、民間活動組織がNGOと呼ばれる範疇に区分される時代には、そうした条件をそなえた精力的個人をかかえるか、あるいはそういう方向づけなしには存在しきれないという状況が発生している。しかし、すべての草の根グループがその条件を満たしうるわけではない。としたら、NGO女性運動のエリートと非エリートの二分化や、運動の国際化とローカル化という分化が始まろう。草の根を脇にそらさない運動の再編が日程にのぼることになろう。

4 「グローバル・フェミニズム」と二一世紀の課題

伊藤るりは、「北の女たちと南の女たちの直接的対話の場を提供した〈婦人の一〇年〉は、形成されつつある世界的秩序のなかでフェミニズムが新しい次元を切り開く段階にいたっていることを示しており、フェミニズム史における画期的なできごとであった」といって、この新しい次元を「グローバル・フェミニズム」と呼んでいる。それは、「世界各地に点在し相互に切り離された運動の数々を、ローカル、ナショナル、グローバルとつながる形成途上の社会秩序の中に位置づけ、その連関構造を認識したうえで、有効な戦略を構想すること」〔伊藤　一九九一　七九頁〕であるとしている。

村松安子も、「二一世紀に向かう現在の世界の問題を解決するという文脈からすると、人間開発、南北格差、環境破壊・資源収奪などを視野に入れることによって、もともと欧米の都市中産階級と結びついたフェミニズムも、『途上国の女性に固有の従属をとらえることを可能とし、先進国側の一国フェミニズムに転換をせまると同時に、途上国側の女性運動にも、新しい展開をもたらしているのである』〔伊藤　一九九五　四九—五〇頁〕の引用）」と、この説に同意している〔村松・村松編　一九九五　一六頁〕。

しかし、そうだとするなら、第二インター、第三インターの諸世界女性会議（ここまでは、プロレタリア女性運動の系譜）、国際民婦連主催の諸世界女性会議、二度のアジア・アフリカ婦人会議の系譜は、すべてグローバル・フェミニズムの先駆・先取りだったということになるにちがいない。国境があったのは、その国の近代化に規制されたブルジョワフェミニズムであり、メキシコ、コペンハーゲン、ナイロビで「第三世界」に「出会った」と実感したのは、本来、ナショナルレベルのブルジョワフェミニズムであって、プロレタリア女性解放論は（時代の制約もあって確かに西欧的であったとはいえ）、理論としては、はじめから当然のこととしてインターナショナルであったのだ。

ともあれ、現在のグローバル・フェミニズムは、その意味ではそれ自体国境をとりはらったブルジョワフェミニズムの最新の存在形態であり、さまざまな思想・系譜を交差させて、ジェンダー分析、女性への暴力、女性の人権、エンパワーメント等の女性問題解決の新しい方法や領域を開発している。

北京でコーカスをもちロビー活動をした個人が集まって、帰国後ただちにJapan Accountability Caucus（北京JAC）を結成し、さらに組織的補強を行って、新国内行動計画への提言活動を開始した。これは、北京会議が生み出した新しいNGO活動である。(4) 一九七五年のメキシコ会議以来の歴史をもつ「国際婦人年連絡会」も、「NGO日本女性大会」（一九九五年一一月）を開催し、「NGO行動目標」を採択した。(5)

二一世紀は、女性運動の視点と規模と技術は「グローバル」となり、理論は政治経済に「文化的」側面を組み込んだ「多様性」をもつものとなろう。これまで女性問題と認識されなかった多くの事象が、新しい名をもって女性問題として浮上するにちがいない。二〇世紀に解決できず、二一世紀に送り込んだ多くの古典的女性問題も、次々と新しく認識される女性問題も、ともに多様なアプローチで解決の努力をするというのが二一世紀であろう。

北京女性会議を経て、二一世紀へ受け継がれた課題と展望を簡潔に述べる。

第一は、一九世紀から二〇世紀の終わりまでかけて認識された階級と女性問題との関連は、確固として動かしがたい女性問題理解の土台を築いた。このうえで、二〇世紀終わりからのジェンダー分析を有効に女性問題の発掘と解明に役だてるべきである。(6)

第二は、女性と文化の問題への本格的な切り込みである。この際、階級とジェンダーの視点は切り離されるべきではない。私は、階級視点にジェンダーと文化の問題を取り込んだ女性論の展開が、今後ますます重要な課題になると思う。

第三に、女性の問題と存在の多様性の承認は、国連のグローバル・フェミニズムに一定の枠をはめられながらも、多様なフェミニズムにもとづくNGOの発展と分化をもたらすことになるだろう。(7)

第四に、二一世紀のさらに進んだ段階で、一九世紀後半からの女性解放思想と運動の見直しや掘り起こしが、研究の課題になり、運動の蓄積は重層的なものとなって、女性のエンパワーメントに拍車をかけるだろう。

(1) この流れでのとらえ方はむしろ本流ではないといえるかもしれない。第一波フェミニズム、第二波フェミニズムの流れから、特に第二波フェミニズム、そして女性学・ジェンダー論が、国連の人権思想の流れに、特に女性の権利宣言の流れに及ぼしていく影響から北京を位置づけるというやり方もあろう。しかし、一九七五年の国際女性年や一九七七年に国連が国際女性デーを国連の日とする頃までの動きをみていると、国際的なさまざまな力が国連の女性運動をリードしていたように思われる。

(2) 『世界婦人』一九〇七(明治四〇)年一〇月一日号(一八号)の「海外時事」という見出しのところに「今秋のスツットガルト」と題して同年八月一八日から二四日まで開催された第二インターナショナルの世界大会と第一回国際社会主義婦人会議が報道されている。

(3) この年オランダのハーグでもハーグ国際女性会議が開かれている。一九一五年四月二八日から五月一日にかけて、一二カ国から一一三六名の市民的女性運動の女性が集まった。主催者代表は、オランダの医師でオランダ女性参政権協会会長を務め、一八七八年に世界最初の産児制限診療所を解説したアレッタ・ヤコブス・ゲリッツェンである。ハーグ国際女性会議の議長に選出されたのは、USA、シカゴのハル・ハウスの中心人物ジェーン・アダムスであった［掛川　二〇〇二］。一九一五年の二つの国際的女性会議のつながりについては研究は行われていない。この二つの流れが、その後の女性運動にどうつながるか私はまだ解明していない。

（4）　北京JAC（Japan Accountability Caucus）は、一九九五年、北京で開催された国連第四回世界女性会議に、国連に承認された資格をもって政府間会議の会場でコーカス、ロビー活動を展開していた一〇名ほどの日本NGOのメンバーによって北京で発案された。IFHEから参加していた私はその場に居あわせた。その後、北京会議で採択された「北京政治宣言」と「行動綱領」の実施をめざして、一九九五年一一月、政府・自治体・議員・政党などにロビイングと政策提言を行うため正式に発足した。北京JACは、全国ネットワークのNGOである。北京JACは東京に事務局をおき、世話人会により運営され、北海道から沖縄まで一四の地域コーカスや、またテーマごとのコーカスがある（http://pekinjac.or.tv/about_beijingjac/index.html（2008/04/30））。

（5）　一九七五年、国際婦人年の目標「平等・開発・平和」を実現するために、日本の民間女性団体が結集し、同年一一月に「国際婦人年日本大会」が開かれた。このときの決議を実現するために「連絡会」が結成され、現在は四一団体が加盟している。六つの分野別委員会（政策方針参画、教育・マスメディア、労働、家族・福祉、平和・開発、環境）と「憲法問題委員会」それぞれに分かれ、五年間の「行動目標」に沿って学習会などを行い、常任委員会と加盟団体すべての代表者と意見交換を行ったり、政府等へ要望書を提出するなどの活動を行っている。

（6）　国連特別総会「女性二〇〇〇年会議」（二〇〇〇年六月五日～一〇日）。アドホック全体会合に関する報告書（二〇〇〇年九月公表）北京宣言及び行動綱領実施のための更なる行動とイニシアティヴ（いわゆる「成果文書」）を発表した。

（7）　第四九回国連婦人の地位委員会、通称「北京＋10」が二〇〇五年二月二八日から三月一一日まで国連本部

（ニューヨーク）で開催され、約一六五カ国の代表団および約六八〇のＮＧＯ団体等より計約六〇〇〇人が参加した。日本政府からは西銘順志郎内閣府大臣政務官を首席代表に、目黒依子政府代表、ＮＧＯ代表（三名）、内閣府、外務省（本省および国際連合日本政府代表部）、厚生労働省、農林水産省、文部科学省、ＪＩＣＡおよびＪＢＩＣ（各一名オブザーバー参加）の計二四名からなる代表団が出席した。会議は、一九九五年に開催された第四回世界女性会議（北京会議）から一〇年目にあたることを記念し、「北京宣言及び行動綱領」および「女性二〇〇〇年会議成果文書」の実施状況の評価・見直しを行うとともに、さらなる実施に向けた戦略や今後の課題について協議することを目的に閣僚級会合として開催された。会議では、日本も含む各国代表や国連機関等によるステートメント発表、「国レベルの男女平等推進のための制度的枠組の進展」をテーマとしたハイレベル円卓会合のほか、「北京宣言・行動綱領の国内的実施と女子差別撤廃条約の相乗作用」、「北京宣言・行動綱領及び女性二〇〇〇年会議成果文書とミレニアム宣言との関係」等七つのテーマに関するパネルディスカッション等が行われた（http://www.gender.go.jp/fujin_chii/chii49-g.html）。

第9章

戦後六〇年の日本の女性運動の思想を問う

1　二つの方向から考える

私は、現代の国際的女性運動の流れを、国際女性デーの始まり、つまり一九一〇（明治四三）年にさかのぼって考える。それは、国際女性デーが、私の研究テーマの一つであるドイツのクラーラ・ツェトキーン（一八五七―一九三三年）が先頭にたったプロレタリア国際女性運動と深く関わっているからである。一九一〇年といえば、日本が韓国を合併し、朝鮮総督府を設置した年である。(1)

本章の目的は、戦後日本の女性運動の六〇年の思想を問うものであるが、私の思考の流れでは、急に戦後から入ることができない。日本で初めての国際女性デーの催しが行われたのは一九二三年のことであるが、その一九二三年から八〇年めにあたる二〇〇三年、私は『国際女性デーは大河のように』という小著を出した［伊藤　二〇〇三b］。この本は、起源や流れの国際的目配りに比べて、日本の部分については貧しい内容のものであった。

本章では、日本の国際女性デー八〇年の最初の二〇数年を切り落として、第二次世界大戦後一九四五年から二〇〇五年までの六〇年を区切りとして、日本の女性運動の思想をふりかえるという感じになる。女性運動にとって、「戦後六〇年」が「戦後五〇年」と異なるところは、この最後の一〇年に、「北京＋5」・「ＭＤＧｓ」・「北京＋10」の国際的関連諸文書が出され、国内的には「男女共同参画社会基本法」が制定されてジェンダー主流化が進む反面、強いバックラッシュのなかで運動が展開されてきたということであろう。

戦後の女性運動をふりかえる時点が「いつ」であるか、また、ふりかえる人の「年齢」によっても歴史的事実のみえ方が特有であることは否定できない。そして、それを書く人のたどった軌跡や目線、つまり書く人が浴びてきたその一定の時代の「思想や理論」が、ふりかえることとなる歴史的事実へのアプローチに投影されることは避けられない。このことは、まさに書き手の「限界」ともなるが、私はこれら限界から逃れることはできない。そうした限界は、書き手の個性の発露ともなるが、それが普遍性を語りうるということと同義である保証はない。

フランスのレジスタンス詩人・コミュニスト作家のルイ・アラゴン（一八九七―一九八二年）の一九三四年の小説に『バーゼルの鐘』があり、そのなかに「エピローグ　クララ」というくだりがある。クララとは、クラーラ・ツェトキーンのことだが、アラゴンはそこで「彼女は明日の女性なのだ。あるいはもっと正確に、あえて言えば、今日の女性なのだ」と書き、「そして彼女をこそ、これからも私は歌いつづけるであろう」とこの小説を締めくくった〔Aragon 1934＝稲田訳一九八七 四二二頁〕。アラゴンがこれを書いたのは、クラーラの没後一年、一九三四年のことであった。それから三〇年あまり経った一九六五年版『バーゼルの鐘』序文に、アラゴン自身、「……このエピローグは、三〇年を経た後もまだ解決が見出されていない一つの問題、しかも、……この小説ばかりでなく、この小説を越えて私が三〇年間にわたって書き続けるであろう一切のものの、中心的テーマになるはずの問題を提起している……。その中心的テーマとは何かというと、来るべき社会のなかで女性が果たすべき真の役割、また男と女の間の平等、それも政治的なものばかりでない平等の権利回復ということである。それは昨日の問題ではなく、まして今日の問題ですらなく、明日の問題なのである」〔同前　三二頁〕と一九六四年に書いた。

　そしてその二年後の一九六七年、七〇歳ちかいアラゴンは、小説『ブランシュあるいは忘却』〔Aragon 1967＝稲田訳　一九九九〕を出す。言語学者でジョフロワ・ゲフィエという名の言語学者の主人公は、その生年月日がアラゴンと同じで、突然姿をくらました妻でブランシュの失踪の理由を一九二〇年頃までさかのぼって追うという物語である。主人公ゲフィエは、ソシュール（一八五七―一九一三年）の『一般言語学講義』を一九一六年に書店で見つけ買い求めて、それがきっかけで言語学者になった人物と、設定されている[2]。アラゴンが『ブランシュ……』執筆中の一九六〇年代、フランスでは、レヴィ・ストロース、アルチュセール、フーコー、ヤコブソンらの構造主義思想が登場していた。アラゴンのこの作品は疑いもなく二〇世紀後半の思想の流れを反映して、その流れのなかで、ゲフィエをつうじて自らを語っている。一九六五年（それは、前述『バーゼルの鐘』序文執筆の年）、ゲフィエの目をつうじてインドネシア共産党の受難、「九・三〇事件」を語る。稲田三吉氏の邦訳で七〇〇頁に及ぶこの小説のなかで、アラゴン自身の複雑な思想的反省をゲフィエに語らせながらも、その同時期に『バーゼルの鐘』での「中心的テーマ」を放棄しないのである。このアラゴンとアラゴンの小説手法に、文学者でもない私が心を惹かれる。私も戦後六〇年の日本の女性運動思想を書くとなると、ゲフィエのような人物に語らせたいと思うことがあるからだ。

本章では、二つの逆の方向からの叙述によって、私の研究体験も交えて戦後六〇年の日本女性運動をふりかえる。最初は「現時点から過去をふりかえる方法」、続いて「戦後時点から歴史的に叙述する方法」である。前者から始めよう。

2　かえりみれば二〇〇五年から一九四五年

読者は、アメリカのジャーナリストで空想的社会主義者エドワード・ベラミー（一八五〇―一八九八年）の『かえりみれば二〇〇〇年から一八八七年』［Bellamy 1888＝中里訳 一九七五］という空想小説をご存知だろうか。これは、一八八七年に事故にあい、その後一〇〇年以上の永い眠りから二〇〇〇年に覚めた青年が、眠っている間に起こった歴史的変化を確認していく物語である。(3)まず、本稿でもその手法をまねてみたい。

かえりみる主体を三つ変えてみる。第一にアウグスト・ベーベル（一八四〇―一九一三年）、第二に国際女性デー、第三に周知の「国連の女性政策」である。

▼アウグスト・ベーベルの場合―かえりみれば二〇〇五―（一九四五）―一八七九

ベラミーより一〇年早く生まれ、一五年遅く死んだアウグスト・ベーベルは、一八七九年『女性と社会主義』の「初版の序文」(4)で次のように書いた。

「もちろん、女性問題においても、すべての他の現代の社会問題と同じように、その時々の一般的社会的政治的立脚点から問題をとりあげ、評価し、その解決手段を提案するさまざまな党派がある。あるものは、女性問題は、特に労働者大衆が運動している大きな社会問題と全く同じであって、独自の女性問題はないと主張する。それは、女性が今も将来も占めてきた地位は、女性の性質や天職と呼ばれてきたものによると同じようにこれまでの文化史の経過を通じてそのように定められてきたものだからだ、というのである。……

他のものは、……過去のどんな時代にも、現在ほど女性の大部分が文化の発展全体にくらべて不満足な状態にあったことはなかったということ、そしてどのような方法で女性の状態を向上させるかを研究することが必要だということ、とりわけ女性が自活して暮らしている限りでは、彼女たちに物質的に可能な限り自立した地位が確保されるべきであること、そこまでは認めている。……この第二の党派は、第一に彼らの要求において今日の社会の枠を越え出ないという共通点を持っている。

……もし、本書が、今日の社会の基盤の上で、社会的政治的諸領域での女性の男性との完全な同権の必要性を説明する以上に何もさらに扱うべきでないとするのなら、私はこの仕事を断念するほうがよい。……女性問題の完全にして充分な解決――それは、女性が男性に対して単に立法によって平等になるだけでなく、経済的自由や男性からの独立においてもまた、そして、精神面の教育においても男性に可能な限り匹敵するということを理解することであるが――は、今日の社会的政治的諸制度のもとでは、労働問題の解決と同じく不可能である。」（『昭和女子大学女性文化研究所 二〇〇四 九―九九頁』拙訳、

以下同）

現時点戦後六〇年からかえりみれば、一八七九年の叙述の、女性問題をめぐる党派の第一にあげられているのは、バックラッシュの先頭にたっている一群である。第二の党派は、福祉国家的解決に努めている世界の主流ということになるかもしれない。第三のベーベルの党派は、短絡的にいえば、歴史的実験のなかである部分は崩壊し、ある部分は市場化して試行錯誤する過去および現存の社会主義国に代表されるということになる。しかし、第二と第三は、ベーベルの思想では、ある面は異質だがある面は共通性がある。今日の国連主導の女性運動は第一でないことだけは明白だが、ベーベルの区分にはあてはまらない。共生思想や、生活の協同思想もあてはまらない。

少なくとも日本の戦後、連合軍の主力アメリカの戦後改革は、当初も、占領政策の転換後も第二の党派にちかい改革の内容であった。

ベーベルの序文は、版が進むごとに部分的に加筆されるが、一八九五年の二五版においては、次のような新たな叙述が加えられる。北京会議からちょうど一〇〇年前の文である。

「……反目しあっている姉妹たちは、階級闘争に分裂しあっている男性の世界よりははるかに多くの一連の共通性をもっており、この共通点に立って、彼女たちは、わかれわかれに進む時でさえもなお連合して効果的に、闘争を行うことができるのである。

……女性問題を全面的に解決しようと努める人は、全人類の文化問題としての社会問題の解決を旗印に掲げている人たちと、必要に迫られて手をたずさえて進まなければならない。すなわちそれが社会主

義者たちであり、社会民主主義である。」（同前）

この部分は、今日からかえりみれば、前のくだりは国連の女性運動あるいは幅広い国際女性デーのなかに融合をみ、後のくだりは、今日の社会民主主義的福祉国家あるいは福祉社会システムに相当すると解釈することもできる。ベーベルは、ロシア革命を知ることなく、第一次世界大戦の前夜の一九一三年に没したからである。

▼国際女性デーの場合―かえりみれば二〇〇五―（一九四五）―一九一〇

二〇〇五年三月八日午後、検索インターネットGoogleに"International Women's Day"を入れたところ、六〇万件以上がヒットした。二〇〇八年三月では一六〇万件を超え、二〇〇八年の世界中の国際女性デーの催しが把握できる。私は『国際女性デーは大河のように』のなかで、「国際女性デーは毎年地球のフォーラム」、「インターネットは世界の国際女性デーを捉える」、「国際女性デーは平和とオルタナティヴな世界を求めて大河となる」と書いた［伊藤 二〇〇三b］が、年々その感を強くする。この傾向は、なんといっても戦後六〇年の真ん中である一九七五年の「国際女性年」から二年後の一九七七年、国連総会で、当時の東西南北の力関係を慎重によみながら、国際女性デーを、「国連の日」としたことと関係しているだろう。もっとも国連本部は、本書で既述のように、一九七五年に初めて機関として国際女性デーの催しをもっている。

二〇〇五年三月八日の国際女性デーは、国連の第四九回女性の地位委員会閣僚級会議（二月二八日〜三月一一日）が、一九九五年の北京世界女性会議から一〇年を経過したことから「北京＋10」準世界女性会議として開催された最中であった。会議で「政治宣言」を採択したあとの緊張がほぐれた、寒い雪のニューヨークでの国際女性デーのデモ行進の様子は、各種メーリングリストをつうじてリアルタイムで伝わってきた。

しかし、国際女性デーが、一九七七年以降「国連の日」となったのちの一九八二年、国際女性デーが脱イデオロギー的に広がっていく趨勢に対し、当時の「冷戦・イデオロギー対立」を反映した牽制もみられたし、同年日本でも、それまで統一して実施されていた国際婦人デー実行委員会から、構成団体の一つであった「総評」が脱退するという事態が起きている。

かえりみれば国際女性デーは、少なくともその一九一〇年の起源から約一〇年はベーベルのいう第三の党派すなわち社会主義者、社会民主党の思想、第二インターナショナルの女性運動の体現にほかならなかった。そして一九二〇年以降の国際女性デーは、第三インターナショナル、その支部として各国に創立された共産党の女性運動の色彩を強くし、その時点からのみ国際女性デーを知るという国も多くあったのである。日本の場合、このいわば「一九二〇年以降派」に相当する。

この起源の事実認識の相違が、各国の国際女性デー理解に影響を及ぼした。特に日本においては、戦後の出発と占領軍の対日政策の転換（それによるＧＨＱの女性運動への強い介入）とが関連して、女性デーのみならず、その後の日本の女性運動全般に、今日に尾を引く問題を残したのではないかと私は考えている。

▼国連女性政策と日本の女性運動の関連—かえりみれば二〇〇五—一九七五

既述のように、戦後六〇年めの二〇〇五年二月二八日から三月一一日まで、第四九回国連女性の地位委員会は、国際的女性会議（通称「北京＋10」）を招集し、世界一六五カ国から一八〇〇〇人以上の政府代表と、三〇〇〇人を超えるNGO活動家とが参加した。ここでは、「宣言」と「行動綱領」が採択されたが、リプロダクティヴ・ヘルス、リプロダクティヴ・ライツについては、これまで推進の側にたっていたアメリカが、ブッシュ政権のもとで否定する側にたち、「中絶の権利を含む新たな国際的人権を作り出さないことを確認する」や「ミレニアム宣言評価を含まないこと」等の修正意見を提出したことが注目された。

「北京＋10」をさかのぼること三〇年、国連主導の女性運動の出発点となる「国際女性年」は、一九七五年、戦後六〇年のちょうど真ん中の時点に位置していた。このとき以来、国連は、一九八〇、一九八五、一九九五、二〇〇〇、二〇〇五年と五回の女性会議を主催して、世界の女性運動の方向を主導してきた。戦後六〇年のうちの半分、一九七五年以降の三〇年は、国連の女性運動との関わりなしには日本の女性運動を語ることはできない。一九七五年の前にも、国連は一九四六年に、「女性の地位委員会」を設置し、翌年から毎年ニューヨークで会議を開催しているし、一九六七年には「女性に対する差別撤廃宣言」も採択していた。一九七五年、メキシコシティでの「国際女性年世界会議」は、「世界行動計画」を採択し、翌一九七六年から一九八五年までを「国連女性の一〇年—平等・開発・平和」と定めた。この間、一九七九年の「女性に対するあらゆる形態の差別撤廃条約」採択（一九八五年日本批准、二〇〇六年一一月現在、批准または加入国一八五カ国、USAは署名のみ）、一九八〇年の「国連女性の一〇年中間年世界会議」（コペンハーゲン）での「国連女性の一〇年後半期行動プログラム」採択、「国連女性の一〇年ナイロビ世界会議」と「ナイロビ将来戦略」の採択、一九九〇年の「ナイロビ将来戦略の第一回見直しと評価に伴う勧告及び結論」の採択と一連の活動が続く。一九九三年には「女性に対する暴力撤廃宣言」が採択され、一九九五年のこれまでの女性世界会議で最大規模の「第四回世界女性会議」が北京で開催された。ここで採択された「北京宣言及び行動綱領」は、一二の重大問題領域に網羅された世界的規模の女性問題解決の指針として、その後「北京＋5」、「北京＋10」で到達度が評価され続けるといった基本方針であった(5)。

ＩＬＯ、ＩＮＳＴＲＡＷ、ＵＮＤＰ、ＷＨＯ等国連機関の女性政策、ジェンダー主流化政策も、国連の大きな流れに沿って、世界の、そして日本の女性運動の後押しをしている。これらの背景となる思想は、大きくはナショナリズムに規制されない人権思想の地球規模でのジェンダー化ともいうべきものであろう。それは、加入国に規制されながらも相対的に独自性をもつ女性政策として表出しており、あらゆる領域で開発され、地域的・人口的カバレッジにおいても類例のない規模の影響力をもっている。政策は、国連傘下の個別のＧＯとの結びつきが組織的である点で現実性があり、国連のグローバルスタンダードという合法性をもち、説得性と被受容性において抜群の強さを備えている。

この国連主導の人権政策としての女性政策は、各国の女性運動の形態にも大きな変化をもたらした。すなわち、従来の民間の女性運動はＮＧＯとしてくくられ、ＧＯとＮＧＯが区分される一方で、そのパートナーシップが強調された。またNGOと一口でいっても、国連認証NGOと草の根NGOが二極分解し、前者により大きな国際的運動参画の権限が与えられて、後者と区別された。一国の女性運動による問題解決の舞台は企業、国家、国境を越えてグローバルなものとなり、国連の諸会議でのロビー活動、それを後ろ盾するコーカス活動が先進国の運動方式にならって組織されるようになった。

それに対応する日本国内の女性運動の組織も、急テンポで改組・再編を繰り返す。たとえば、一九七五年以来の「国際婦人年連絡会」はまだ従来型女性運動の名残をとどめているが[6]、差別撤廃条約批准以降の監視組織「女性の地位協会」、一九九五年以来の「北京JAC」、二〇〇〇年ニューヨーク女性会議以降の「JAWW」（日本女性監視機構）等、NGOの監視機構やカウンターレポート作成機構が従来の運動の枠を破って新たに生まれた。運動は次第に、女性団体を背景にもつものから、個人の要求に出発し、それをとりまくネットワークの緩やかな結合体によって行われる方向へとシフトしていくかのようにみえる。

このような傾向の強化は、戦後五〇年めである一九九五年には、すでにはっきり方向がみえていた［伊藤　一九九六a］。こうした運動形態に、日本的従来型女性運動組織も組み込まれていった。このような個人を中心とした運動は、運動の主体を活気づけ、ネットワークを広げ、運動の目的を達成した。個人も組織も同等にパブリック・コメントによる意思表示で、政府・国連の政策に参加することが可能になった。目標ごとの具体的戦略に対する組織やイデオロギーにとらわれない、女性運動のグローバリズムの時代をもたらした。インターネットの発達が運動のこうした形態を支え、情報はメーリングリストでどこにでも瞬時に伝わり、それへの反応も地球を駆けめぐる。大阪を中心としたユニークでバイタリティ溢れるWWN（Working Women's Network）の活動は、このような時代を背景にして可能になった。

3　私の女性運動の出発点からたどる戦後女性運動

私のメインの研究テーマは、女性学・ジェンダー論の類としたほうが現在ではわかりやすいだろうが、私が大学院で研究に着手した一九六〇年代初めの日本では、それはあくまで婦人問題・婦人解放論の範疇であった。(7) 私が学んだ社会政策学のなかに、女子労働や賃金問題が位置づけられており、これらが経済学の理論そのものであることに私は興味をもった。当時、全学生の五％しかいない女子学生を組織した先輩たちが、就職運動をしたり、大学に働く女性と協議会をつくったり、地元北海道の平和運動関連婦人会活動を手伝ったり、国際女性デーの集会を開いたりしており、私もそのなかに入ってかなり積極的に活動していた。

そこには働く女性の問題があり、主婦の主張があり（主婦といっても都市的中流の主婦ではない。北海道の炭鉱主婦の会、国鉄家族会のような階級的性格を帯びたものである）、子の母親になるという状況で自信と課題をもった女性（このような表現は、現代フェミニズムからは批判の的となるが、歴史的現実であった）の母親運動があり、仕事と育児を両立させようという保育所運動があった。私は、なによりもこうした運動と理論の関係を研究したかった。歴史や、国際的動向や、資本と賃労働の理論あるいは資本の蓄積理論とかけ離れたところでは、運動は方向づけができまいと考えたからだ。どうして運動が起き、なぜ、何のためにその運動をするのか、これを資本蓄積という経済学の合法則性との関係で説明したかったし、するのが私の仕事だと思ったのだ。

石炭から石油へのエネルギー転換期の一九六〇年、学部ゼミでは、「炭鉱合理化が炭鉱労働者の労働と生活にもたらす影響」をテーマに、私もキャップライトをつけてトロッコに乗って坑道深く入った。新たに取り入れられた鉄柱・カッペ採炭、採炭現場に取りつけられたベルトコンベアーの働きの技術的プロセスを確かめ、労働強度、機械化、生産性、労働時間、賃金体系、労働者の意識と生活について調査もやった。北九州の炭鉱の状態を知りたくて、私は合理化と首切りが一足先に進んでいた筑豊の失業地帯を回って、月が照らす「ぼた山」を間近に見、首切り反対闘争中の三池炭鉱労働者の家に泊まって鉢巻をした主婦の話を聞き、自分がやっている社会政策学や女性問題の位置、関係を探っていった。

つまり、現代語に翻訳すれば、経済法則とジェンダーおよび、階級闘争の理論とジェンダーという関心でありそれが軸足になっている。したがって、フェミニスト的関心が出発点にあったのではない。しかし、経済法則とジェンダーは、経済還元主義に帰結しかねないし、階級闘争の理論とジェンダーということになれば、最初から政治的スタンスおよびイデオロギーと不可分である。私にとって、あらゆる女性運動は政治的であり、客観的にみて政治的でない女性運動というものはない。そうした考えが、女性運動という研究対象の相対化、客観化の妨げにならない保証はないという自覚のうえで、私は、女性運動のことを客観的に、相対化して書きたいと意識している。

▼戦後占領政策が日本の女性運動に及ぼした政治的・思想的影響（一九四五—一九五二）

アメリカ、イギリス、ソ連、中国の四カ国が署名したポツダム宣言は、戦後の対日政策の基本を定めた連合国の対日共同綱領であり、連合国が日本を占領することとなった。連合国は、ポツダム宣言の実施を目的として日本を占領したが、日本を占領した連合国の主力はアメリカ軍であった。アメリカを主力とする占領軍による日本占領は、連合軍としての占領でもあった。占領軍は日本軍国主義の一掃と日本の民主化というポツダム宣言をはじめ連合軍の取り決めに拘束され、初期には対日支配に必要な範囲で民主化措置をとった。このようなことは、あらためてここで書くまでもないが、数年後のアメリカの戦後政策の転換に、混乱期の日本の女性運動が翻弄され、そのときの影響が、戦後六〇年を経た今日も尾を引いているのではないか、という疑問が沸き起こる。表面的なことではなく、たとえば非公表文書などのレベルで何が起こっていたのかに、関心が移行する[8]。

女性運動は政治的である。占領下でGHQが女性運動にどう介入したであろうか。一九四七年一月三一日、GHQはゼネスト中止命令を出し、マッカーサーは、ゼネストを禁止し、政権交代は選挙によって行うべきであるという議会主義の枠を明示した。四月二五日、日本国憲法下で最初の総選挙が実施され、社会党が第一党になって社会党首班内閣が委員長の片山哲を首相として六月一日に成立する。片山内閣は、一九四八年二月七日に総辞職するまで、内務省の解体、警察制度の改革、労働省の新設、刑法と民法の改正、最高裁人事制度の改革を行った。しかし、ちょうどこの時期、同じ連合国の一員として第二次世界大戦を戦った米ソの対立が深まり、一九四七年三月、アメリカ大統領トルーマンは、特別教書を出して、共産主義の脅威と闘っている国々へ経済援助を行うと宣言した。冷戦の開始であった。冷戦の開始が対日占領政策の転換に結びつくには多少の時間を要するが、それが明確なかたちとなって現れたのは、一九四八年一〇月七日の「アメリカの対日政策に関する勧告についての国家安全保障会議の報告」である。この流れのなかで日本の女性運動はどういう状態におかれたかという問題が重要である。

戦後、日本の女性運動組織はどのようにかたちを整えていったのだろうか。一九四五年一〇月、占領軍民間情報教育局婦人課長エセル・ウィード中尉が加藤シヅエ、羽仁説子と女性の民主化運動の必要性について懇談している。一一月三日、市川房枝会長の新日本婦人同盟が発足(一九五〇年一一月一九日、婦人有権者同盟と改称)した。一九四六年一月一二日、民主主義科学者協会(民科)が結成され、四月に婦人問題研究会が発足した。これは、一九五一年四月三〇日に婦人問題部会に改組された。[9] 一九四六年三月一六日、民主婦人大会が開催され、婦人民主クラブ(婦民)が創立された。この年の四月一〇日、第二二回衆議院議員総選挙で、日本の女性は初の選挙権を行使した。[10] 一九四七年三月九日に戦後最初の国際女性デーが「女性を守る会」主催で、「女性を苦しめるすべての拘束を撤廃しよう」のスローガンのもとに開催された。「女性を守る会」とは、米兵から女性を守る会だった。

一九四七年九月一日、片山内閣のもとで労働省発足と同時に婦人少年局が設置され、初代局長に山川菊栄が就任した。当時、女性の労働運動の方向に対してGHQが介入していたことは、一九四八年一月一五日、占領軍のスタンダー女史が、「婦人部の機能は女性労働者への特殊サービスのみであるべきである」と発表し、婦人部組織改称を示唆したことからも明らかである。一九四八年三月八日、第二回国際女性デー中央集会が、日比谷野外音楽堂を会場に、日本民主婦人協議会準備会主催で開催され、「三月八日を祝日に」と主張した。これに対し、同日、既述の占領軍民間情報教育局婦人課長エセル・ウィード中尉は、「国際女性デーは共産党提唱の行事で思慮ある婦人は参加すべきではない」との談話を発表している。(11) 戦前第三インターナショナルの国際女性デーを日本に導入した山川菊栄は、占領下の婦人少年局長として、これに対応する立場にたたされる〔伊藤 二〇〇三b 一四二―一四四頁〕。

一九四八年から一九五〇年、この戦後改革と逆コースの最中、GHQの反共主義が、当時の山川菊栄の政治思想と複雑に交錯したであろう。冷戦期の日本の女性運動の政治的対立が、今日にいたる日本の女性運動の思想の対立にまで尾をひかせた、と考えられる。(12) もっとも、戦後のいきさつとは無関係に、一九六〇年代以降直接欧米のフェミニズムと接した若い層は、こうした背景とは異なった思想で自由に女性運動をリードし始める。

▼一九五〇年代―家族のための、あるいは母親としての日本の婦人運動

一九五〇年代をつうじて、日本の女性運動は母親運動、炭婦協、家族会、主婦会等のように、子どもとの関係、夫の労働安全や労働条件との関係、家族との関係といった運動のかたちをとって活発に展開された。女性運動は個としての男性に対する女性の運動としてではなく、子育てや家族の労働力の再生産労働を役割分担して担うものであり、あるいは狭義の生活・消費の場の担

い手としての運動が活発だった。これらは女性運動ではなく婦人運動と総称するにふさわしかった。「生命を生み出す母親は、生命を守り育てることをのぞみます」というスローガンは多くの女性の共感を得たことは事実であった。消費者運動の担い手も主婦層であった。戦後すぐ、このような主婦層は多かったのである。もし、一般にフェミニズムが主張するように、主婦層が一九七〇年代に統計的に生まれたというのなら、それ以前の主婦の、夫、子ども、家族、暮らし、消費を支える運動はマイノリティの運動ということになりはしないだろうか。主婦の運動は、「主婦が生まれた」といわれる以前に強く存在したし、この主婦たちは、個を主張する都市中級サラリーマンの主婦ではなく、兼業農家、商家、各種業者、インフォーマルな日雇い、出面《でめん》、あるいは失対労働者的主婦、何はともあれ、夫としゃにむに働いて、生活を守っていた主婦だったのかもしれない。

他方、フォーマルな労働の場にあって増加し続けていた女性は、子どもを産む性であるということを前提に、「生理休暇」「母性保護」を中心的要求としてかかげ、家族責任（育児・家事）は女性にあることを前提として、その両立を求め、婦人の独自要求を掘り起こすという婦人労働運動を展開した。家族責任は「男女ともに負う」に変わっていくには国際的にもまだ時間がかかった。

日本母親大会と母親運動は、労働者階級の主婦と、正規に働く組織された女性労働者の整然とした統一の運動として一九五〇年代に生まれ、今日まで続いて五〇周年を祝いなお盛んである。

▼一九六〇年代

一九六〇年代の日本は安保闘争に始まった。六〇年安保の時代の青年をとらえた思想は、スターリン批判や中ソ論争の後で各種の流派が対立していたとはいえ、大雑把な表現をすればマルクス主義が中心的存在であったといえるだろう。この六〇年代、安保闘争の高揚と収束から、「敗北」や「挫折」を味わった人々が少なからず存在した。

この頃マルクス主義と無縁ではないながら、一九世紀的歴史発展の法則や知の枠組みに異を唱える構造主義の時代が始まっていた。アメリカでは黒人の市民権運動に触発されたフェミニズム運動も高揚した。のちに欧米をあわせて、第二波フェミニズムといわれたうねりである。それが日本へ上陸して、最初はウーマンリヴ運動と呼ばれた。ウーマンリヴがもった欧米的背景を、当時の既存の日本の女性運動は容易には理解できなかった。受容派も、ウーマンリヴと連なる背景や思想とのからみでその「積極面」を全面的に理解していたわけではなかったであろう。両者には、それぞれ「ある直感」のようなものが存在していて、感覚的に受容したり反発したりしたと思われる。ウーマンリヴを、後にアメリカの黒人の市民権運動とのつながりにおいて、既存の秩序に対する思想的・文化的批判の運動としてふりかえるとき、日本での受け止め方が、受容派も、拒絶派も一面的であったことに思いをいたさずにはいられない。

ある者は、この時点で、日本の戦前から引き継いだ戦後の女性運動の蓄積や、主張を抹消し、欧米のフェミニズムをもちあげて利用する。ある者は、より単純に女性運動が「今ここから始まる」と錯覚し、ある者は、既存の女性運動に対して「分裂主義」というレッテルをはって退けた。

▼一九七〇年代―七〇年安保世代の思想と、世界の動向と遮断された論争があった

一九七〇年安保は、これまで日本の社会運動側の支配的思想的潮流であった各種マルクス主義が構造主義的思想に座を譲ったかたちで展開された。マルクス主義が消え去ったわけではなく、それは常に意識されて、脱構築しながら次第に思想そのものをずらしていったのである。七〇年安保世代はすでに、こうした新たな思想の領域にある人々が中心であり、六〇年代安保世代とは、相容れないところが多い。

このような時の始まりの頃に、日本の一部に「婦人論論争」という閉鎖的論争があった。当時の「第二波フェミニズム」の世界的潮流とも無関係に、きたるべき国連の国際女性年への世界的動向とも無関係に、きわめて狭い一国の特殊な論争であった(13)。それは、ごくかいつまんでいえば、当時、職場で働き続ける条件を闘って勝ち取ることによって男女平等への道を歩もうとした女性労働者(これが「働き続けるべき論者」とネーミングされていた)に対し、地域での活動も家庭を守ることも同等の価値があるから無理をすることはないとする主張であった。今流に解釈すれば、「ペイドワークもアンペイドワークも重要」ということになるかもしれないが、「前衛」と名のっていた政党が地域と家庭での活動を「女性にとって重要」として議論したところが、時代逆行的であった。

もっとも当時は、一九六五年のＩＬＯ一二三号勧告「家庭責任をもつ婦人の雇用に関する勧告」があるだけで、一九八一年のＩＬＯ一五六号条約「家族的責任を有する男女労働者の機会及び待遇の均等に関する条約」の採択までまだ一〇年というときではあった。しかし、一二三号勧

告からみてさえ、立ち遅れた議論をしていたのである。あのとき、あの論争とまったく関係なく女性が働き続けなかったら、今勝利している数々の女性差別裁判そのものが存在しないことになる。

一九七三年、私は「婦人労働問題研究会」（当時の会長は故嶋津千利世氏）に入会し、当時わずか十数名の会員のすべてに「婦人論論争」の爪痕が深いことを知った。「働き続けるべき論」者として槍玉にあげられていたのは、当時のこの会の人々のことだったからだ。一九七三年以降、私は「婦人労働問題研究会」から「女性労働問題研究会」と名称を変えて、会員を三〇倍ちかくに激増させたこの会の中心的部分に身をおいて、今日まで三〇年余りを歩むこととなった。

婦人労働問題研究会は、国際女性年の一九七五年に、『現代の婦人労働問題』［婦人労働問題研究会編　一九七五］という単行本を編集している。入会間もない私も、先輩との連名で「婦人労働者の運動・婦人運動」を担当したが、章だてそのもの、用語なども今日とは隔世の感があり、戦後三〇年の中間地点から、はるかな道のりを経たことを痛感する。

この会も、国連の女性運動にコミットして、一九八五年から世界会議に参加し続け、一九九五年には北京に多くの会員が参加した。二〇〇〇年にはついに国連の認証NGOとなって、「北京＋5」「北京＋10」と国連の女性会議に代表を送った。「働き続けるのはあたり前」といって働き続けた人たちがいたからこそ明らかになった昇給や賃金の生涯差別ともいうべきものに対しての均等待遇の裁判とその勝利、高卒以降四〇年余りの年月を職場で闘い、働き続けて定年退職の日を迎えた女性たちが出した『定年退職と女性―時代を切りひらいた一〇人の証言』［女性労働問題研究会　二〇〇四］という本などをみれば、女性労働者は、無駄な論争に足元をすくわれずに前進するものだということがよくわかる。

▼一九八〇年代——ニューフェミニズム・ジェンダー論の上陸・伝播

一九八〇年代、私は研究の関係で、前半は東西両ドイツへ、半ばはアメリカ合衆国へ、後半は東南アジア諸国へ行く機会を得た。ドイツではクラーラ・ツェトキーンの研究、アメリカでは新しいフェミニズムの動向、東南アジアではWID、WAD、GADの理論に関心が広がっていった。国連とその機関の女性運動の方向づけもあって、開発と女性、開発とジェンダーの考え方が、地域の女性運動にも進展していった。

一九八〇年代は、一九六〇年代から押し寄せていた第二波フェミニズムと呼ばれた欧米フェミニズムの思想が、怒濤のごとく日本を覆い、女性運動を大きく旋回させていった。私は、このような状況のなかで、女性運動と思想に関わるいくつかの論文を書いた〔伊藤 一九八二、一九八五、一九八七、一九八八〕が、一九八〇年代を把握したものは「フェミニスト・セオリー」としてまとめられている〔伊藤 一九九二〕のでここでは繰り返さない。要点だけを記せば、これらのなかで、私は女性運動の潮流を三つにまとめている。第一は保守的婦人運動、第二はいわゆる「第二波フェミニズム」であり、それを「ネオフェミニスムス」(Neo-feminisms)とし、第三がそれらに対置されるもので「科学的婦人論」[14]として、マルクス主義女性解放論にもとづく運動をおいた。その際、私は、「ネオフェミニスムス」以外をフェミニズムと呼ぶことを避けた。それは「フェミニズム」という語の歴史性と定義に厳密にもとづこうとしたからであって、私の譲ることのできない主張であった。

私は、「率直に多くの人々が用いる〈フェミニズム〉という語を受け入れてよい」、「社会主義を基調とする女性解放運動は今ではマルクス主義フェミニズムのことだ」、「現代フェミニズムは思想的に、第一波、第二波、第三波フェミニズムと流れていく」という主張のすべてに、疑問をもち続けている［伊藤　二〇〇〇ｂ］。

しかし、最近の国際的国内的動向は、歴史性、定義抜きに、男女平等・ジェンダーセンシティヴな思想を一括してフェミニズムと呼ぶ。同時に、保守的潮流もかたちを変え、新自由主義フェミニズムとなって出現したり、いわゆる第二波フェミニズムに含まれる諸フェミニズムの潮流は思想の数だけあって個別に追うには手にあまるものとなり、マルクス主義も社会主義一般と区別されることもなく、「メンズフェミニズム、ベーベル」あるいは「社会主義フェミニスト、クラーラ・ツェトキーン」と呼ばれるようになった[15]。これらに異議申し立てをしても無駄のようであるが、私個人としては、従来からの私の用語法を貫いていく。

一九八〇年代半ば、日本に入ってきた「ジェンダー」とその関連用語は、現実の解明と説明に、女性運動に、そして新たな学術の動向に大きな意味をもった。「ジェンダー」は「フェミニズム」と結びついたとき、あるいは「ジェンダー課題」との関わりにおいて、ニュートラルな性格をかなぐり捨てる。それは、あらゆる領域で両性の関係を変える運動と容易に結びつき、これまでになかった生命力を科学や運動に与える。今まで暗闇のなかに放置された世界に光を照射し、これまで視界に入らなかったものがみえるものとなる。

▼一九九〇年代以降—ソ連東欧の崩壊と国連を中心としたジェンダー主流化のなかで

戦後四五年、一九九〇年代に入ったとき、ソ連東欧の崩壊が起こった。私は一九八〇年代の終わりも、当時のＤＤＲのライプツィヒをしばしば訪問し、クラーラ・ツェトキーン教育大学の研究グループや、クラーラ・ツェトキーン・コロッキウムという集まりをつうじて、ソ連・東欧の女性運動史の研究者たちと交流をもっていた。すでに、欧米の情報から閉ざされて久しかったこの地域で、第二波フェミニズムがどうとらえられていたかをみれば、一面的把握といえなくもないが、本質還元的論的方法で明快にこのフェミニズムの本質をいいあてていた。しかし、このニューフェミニズムは本質に還元したとしても、しきれないところが特徴なのであり、本質還元をしてしまえば "and then?" で終わりなのである。本質還元で押さえきれない多面的広がりをもつことこそが、「第二波フェミニズム」の「第二波」たる所以であろう。

ソ連東欧の崩壊が日本の女性運動に及ぼした影響はかくかくしかじかであると、今私はいうことはできない。なぜなら、日本の女性運動は、「第二波フェミニズム」的なものが欧米の直輸入型であるのに対して、ほかのものは、日本的特徴をそのまま引き継ぎ、発展させてきていたからではないだろうか。母親運動は母親運動として、働く女性の運動は職場に根ざした性差別撤廃の運動として、輸入物ではない着実な積み重ねがあった。そのうえにたって、国連主導の運動のよさを取り入れ、それなりに大きな流れに加わり、全体をリードするというのではないが、持ち場を離れないという堅実さをもっているからである。時代の風潮にもかかわらず、こうした運動はサスティナブルである。一九九〇年年代以降の日本の女性運動は、「第一波フェミニズム」から出発したものをも含めて、あらゆる流派の女性運動がそれぞれの独自性を保ちながら、新たな問題に取り組み、新たな運動形態をそれぞれ取り込み、並行して流れている感がある。

一九九〇年代、私は国連の家族・女性政策と結びつけながら、私のこれまでの女性運動論を確認してきた［伊藤　一九九四、一九九六a、二〇〇〇b］。そのなかで、一九九五年の北京世界女性会議で見て考えたことは、本章1節の終わりの部分で述べたとおりである。

ソ連東欧の崩壊と関わってか、関わりなくか、戦後六〇年の最後の一〇年の女性運動は、国連の人権思想の地球規模でのジェンダー化という大きな傘のもとにある。あるときは、国連のグローバルスタンダードが、欧米に傾いて、言語的にも宗教的にも異なる国や地域への欧米文化の押しつけとなり、またあるときはヨーロッパとアメリカは分離して、国連の枠からはずれた政治的介入を非欧米圏に加え、と揺れ動く様相を呈する。日本の女性運動は、男女共同参画社会という独自の日本的ネーミングに共通項を見出して、バックラッシュと闘いながら、ジェンダー・イッシューのあらゆる課題で多様な展開をみせている。

4 「第二波フェミニズム」と国連の女性政策と

本章で私は、二つの逆の方向からの叙述によって、戦後六〇年の日本女性運動の思想をふりかえろうとした。最初は「現時点から過去をふりかえる方法」、続いて「戦後時点から歴史的に叙述する方法」である。戦後六〇年時点から過去をふりかえるとき、六〇年を通り越してしばしばその前までさかのぼらずにはいられなかったのは、戦後思想の多くがその前からの継続であって、一九四五年で切ることができないという事情による。この方法では、第一にアウグスト・ベーベル、第二に国際女性デー、第三に国連の女性政策、と日本固有の思想でも運動でもないものを、キーワードとしている。

後者では、私が記憶する限りの戦後の日本の女性運動の出発点から六〇年をたどるという方法をとった。そのとき最初にぶつかった問題は、一九四五年から一九五一年までの戦後占領政策の女性政策部分のうち、女性運動に及ぼした政治的・思想的影響の細部が資料的に断片的にしか把握されないという点であった。その後、一九五〇年代、一九六〇年代、一九七〇年代、一九八〇年代、一九九〇年代とそれ以降の流れをたどってみた。一九五〇年代は、当時統計的にはまだマジョリティとはいいがたかったが、急増していた「労働者階級の家族」（夫、子ども、生活）を守るという大衆的女性運動が、日本の「婦人運動」の中心をなした。一九六〇年代は、安保闘争という戦後の大規模な運動をめぐる政治的であると同時に、戦争放棄の憲法をもつ日本ならではの平和運動と合流していくさまがわかる。

一九七〇年代は、こうした戦後的・日本的・大衆的女性運動に、二つの方向からの新しい女性解放思想、あるいは男女平等政策が津波のように押し寄せる。すなわち、一つは「欧米のニューフェミニズム」（いわゆる「第二波フェミニズム」）、一つは、今でこそ所与のものとなっている国連を中心とした国際ＧＯの女性政策である。

現代の日本女性運動は戦後六〇年の中間地帯におけるこの二つの思想の影響を受けたものであ

り、それ以前のものとは異なる。そしてまたこの二つの思想は、荒っぽい表現ではあるが重なり合っており、別々のものではない。

私は既述のように『国際女性デーは大河のように』を書いたが、それは「国際女性デー」が、本章の2節でみたベーベルとともに、そして本章ではふれてはいないが私のライフワークであるクラーラ・ツェトキーンとともに、戦後中間地点での女性運動が、それ以前との断絶ではなく、国連GOと世界のNGOの女性運動をつなぎながら過去を今日に接続させる性格をもつことに注目したからにほかならない。

(1) 平塚らいてうらが『青鞜』を発刊したのが一九一一年である。

(2) ソシュールの生年はクラーラと同じ一八五七年である。アラゴンはそのことを意識してソシュールを設定したのか私にはわからない。

(3) ちなみに、この小説のドイツ語訳は、一八八九年、フランスに亡命していたクラーラ・ツェトキーンの手で行われている。

(4) 日本での邦訳市販品は初版の三〇年後の第五〇版、一九一〇年版であるが、ここにあえて一八七九年版をもってくる。

(5) 二〇〇〇年には「北京+5」といわれる国連特別総会「女性二〇〇〇年会議」がニューヨークの国連本部で開催された。ここでは、「政治宣言及び成果文書」で、北京会議以降の達成度を評価・点検している。二〇〇五年には、第四九回国連婦人の地位委員会、通称「北京+10」が国連本部で開催され、一九九五年の「北京宣言及び行動綱領」および「女性二〇〇〇年会議成果文書」の実施状況の評価・見直しを行うとともに、さらなる実施に向けた戦略や今後の課題について協議した。

(6) 私は、国際女性年が日本の女性運動に及ぼした影響を調査したことがある。それは、一九八四年に、「『差別撤廃』をめざす今日の婦人運動―『連絡会』機構四八団体を中心に」(『婦人労働問題研究』五号〔『賃金と社会保障八八四号』一九八四年)にまとめられた。

(7) 前にも述べたが、「婦人」という語は、すべて「女性」に、パソコンの置換機能の「すべて置換」をクリックしたかのように置き換えられた。私はなぜそれを使うかの理由を断って「婦人」を使い〔伊藤 一九八四 一二頁〕、なぜそれを変えるかの理由を書いて〔伊藤・掛川・内藤 一九九二 一六二―一六三頁〕「女性」を用いるようになった。婦人労働問題研究会が女性労働問題研究会と名称変更したのは一九九一年のことであった。

(8) しかし、こうした研究は、意外とみつからない〔ゴードン 一九九三＝中村監訳、法政大学大原社会問題研究所編 二〇〇五、百瀬 一九九五、道場 二〇〇五〕。たとえ何かあったとしてもプランゲ博士が持ち帰ってメリーランド大学のプランゲ文庫の中に紛れているか(二〇〇三年夏休みにプランゲ文庫を訪問したが、一訪問者を寄せつけるようななまやさしい資料ではない)。ワシントンのナショナルアルヒーフを訪れて占領下の資料を閲覧しようとしたが、どこから手をつけるべきか途方にくれて、再度の来訪を期して帰国した。同じ時期を研究対象とした坂東眞理子「アメリカの戦後統治と日本の女性政策」『昭和女子大学女性文化研究所紀要』三二号、二〇〇五年も、一次資料を求める気配はない。

(9) この会が、一九七三年に私が入会することとなり今日にいたる婦人労働問題研究会(現女性労働問題研究会)である。

(10) 国連が婦人の地委員会を設立したのは一九四六年の六月二一日である。

(11) ウィード中尉については、占領政策と婦人教育を専門としてきている上村千賀子氏の研究〔上村 一九九一〕があるが占領政策と婦人教育に限定しており全体像がみえない。また、同氏の近著、第三回平塚らいてう賞を受賞した『女性解放をめぐる占領政策』〔上村 二〇〇七〕にもその解答は明確には得られない。

(12) 一九四九年七月一九日、GHQ顧問イールズ、各大学で反共巡回演説開始、同年一〇月一日中華人民共和国成立、一九五〇年レッドパージの嵐が吹き、一九五〇年一〇月一日、朝鮮戦争が勃発した。一九五一年九月四―八日サンフランシスコ講和会議で対日平和条約・日米安全保障条約に日本政府は調印したが、以後、一〇年ごとの安保条約改定の区切りに、女性運動を含む日本の運動が、さまざまな流派に分かれた行動をとるのも、この戦後五年の出来事を抜きに考察することはできない。

(13) 私は、一九七〇年代の初め、この論争に巻き込まれて少なからぬ時間を費やした。その軌跡は『前進する婦人』(札幌婦人問題研究会、一九七二年三月八日発行)という小さな地方誌に残っている。「『前衛』一九七一年五月号のシンポジウムによせて—座談会」(まとめ、佐藤弘子)というものだが、佐藤弘子とは、この雑誌での私のペンネームであった。なぜ私がこの座談会のまとめ役となったかといえば、一九七二年一月に第三子を出産して産休中で、会員のなかで一番時間があるだろうからということだったのである。

(14) このネーミングに対し、水田珠枝氏から「なぜそれが科学的といえるか」と批判され、その批判は妥当なものと認めざるをえなかった。

(15) 欧米では、アウグスト・ベーベルの理論をUSAでMen's Feminism、クラーラ・ツェトキーンをフランスでfeministeと呼ぶ文献があり[Lopes and Roth 2000, Badia 1993]二〇〇七年のベルリンとビルケンヴェーダーのクラーラ・ツェトキーン生誕一五〇年記念会場の議論でも、クラーラをFeministと呼んでいるひとたちがいた[伊藤 二〇〇七b]。

第10章 貧困の撲滅とディーセントワークをめざす世界の女性労働

1 世界の貧困

ユニフェム（UNIFEM）のエグゼクティブ・ディレクター、ノエレーン・ヘイツァーは、「世界中どこにも、二一世紀にもはや存在すべきでないような状況で働いている人々がいる」［UNIFEM 2005 p. 6］といっている。二一世紀における貧困について、世界に一日一ドル以下で生活している人は一〇億人以上、そのうち五億五〇〇〇万人は「働いている人」である。しかし、貧困は今日では、所得のみならず基本的ニーズ、人間開発、人権、社会的包摂（ソーシャル・インクルージョン）を含む概念として多面的に把握されている。「二一世紀における就業（employment）」[1]においては、開発途上国には、「非農業インフォーマル（非公式）就業」と「インフォーマル農業労働者」が、先進国では、「非定型的労働」（小規模自営、パートタイム、臨時・一時的就業など）が増加し、いずれも労働条件は劣悪である。

ＩＬＯは、貧困からの脱出と基本的人権のために「ディーセントワーク」概念[2]を提起した。

ディーセントワークとは、「十分な所得および機会、労働の権利、社会対話と同様に社会的保護も備えた就業」と定義される。本稿の目的は二一世紀が始まって五年の現在（いま）の世界の女性労働を地球規模で把握し、日本の女性労働の現在につなげることである。

さいわい、地球上の女性労働の現在に関して、特に開発途上国の女性労働に最先端での目配りをした包括的叙述や統計資料が、二〇〇〇年から二〇〇五年の間に、国連とその関連機関からかつてない規模と質で出されている。その第一は、「北京＋5」の「成果文書」から、「北京＋10」の「宣言」と「決議」に連なる文書中にみられ、第二は、二〇〇〇年に出された「国連ミレニアム宣言」と「ミレニアム開発目標」（以下、ＭＤＧｓと略す）、「ＭＤＧｓ報告二〇〇五」、それと関連する調査研究［UNDP 2003, ESCAP/UN 2003, UN 2005a, UN 2005b, UNIFEM 2005, UN Millennium Project 2005, UN 2005c］である。私は、国連とその関連諸機関から出された文書を、国連がおかれている複雑な政治的諸関係を念頭に入れずに、手放しで受け入れるものではないが、この間の地球を俯瞰するデータ収集、調査の規模の圧倒的優位性を認め、その紹介の必要性を感じて、本章ではこれらの文書を用いて述べる。

2　世界の女性労働に関する国連の二一世紀冒頭戦略・国際的約束と目標

▼「北京＋5」から「北京＋10」へ

二〇〇〇年時点で、「北京＋5」のいわゆる「成果文書」は、「北京行動綱領」の一二の重大問題領域実施に関する成果と障害をあげているが、そのうち「A女性と貧困」と「F女性と経済」に関する項目が、女性労働と深く関わっている。これらの領域の「成果」と「障害」のうち、課題とされた後者だけをみると、「女性と貧困」では「経済力の男女平等や格差、男女間の無償労働の不平等な分布、女性起業家に対する技術支援や金融支援の欠如、特に土地や信用供与といった資本に対するアクセスや管理の不平等、労働市場への参入における不平等、あらゆる有害な伝統的習慣的慣行なども女性の経済的エンパワーメントの達成を阻んでおり、貧困の女性化を悪化させている」と女性の経済上の地位の低さを重視し、これと関連する、「女性と経済」をめぐる「障害」の箇所では、「今でも多くの女性が自給生産者として農山漁村やインフォーマルな分野（非公式経済）で働いたり、社会保障もほとんどない低所得のサービス部門で働いている。男性と同等の技能や経験を持つ女性の多くが、公式部門では男女の賃金格差に直面しているとともに、昇給や昇進で男性に遅れをとっている。男女の同一労働同一賃金または同一価値労働同一賃金は、いまだ完全に実現したと言える状況にない。……母性と家庭責任に配慮した体制や施策が欠如し、……いまだに無償労働の大半を担っているものもまた女性である」（総理府仮訳による）と書かれている。

さてその五年後、「北京＋10」（国連の第四九回女性の地位委員会）の「宣言」は、前文に「二〇〇五年九月……に開催予定の国連ミレニアム宣言の見直しに関する首脳級会合への貢献の視点から」として第三項で、「北京宣言・行動綱領の完全かつ効果的な実施は、国際的に合意された開発目標を成し遂げるために必要不可欠であることを強調する。これには、ミレニアム宣言を含むものとする。そして、ミレニアム宣言の見直しに関する首脳級会合においてジェンダーの視点を確実に取り入れることの必要性も協調する」［UN 2005a p. 1］としている。この「宣言」原案に対し、USAは、「ミレニアム宣言評価をふくまないこと」などの修正案を出し、各国政府、NGO、各コーカスの水面下の会議、ロビー活動などが激しく行われて「宣言」が原案どおりに決定された［中山　二〇〇五］。

ここでは一〇本の決議が採択されているが、その八番目が「女性の経済的地位の向上」で、「世界中で何億人もの女性と女児が貧困の中で暮らしており、この大半が、その生計が最低限の生活と小自作農、森林や共有資源を含むインフォーマルセクターの就業に依存している農村地域で暮らしていることに注目し……」等の言及のもとに一九項目の具体的施策をあげている。女性労働にひきつけていえば、第五項では、インフォーマルからフォーマルセクターへの就業者の移動を促進する措置の必要性を語り、また、第一一項では次のようにいう。「加盟国に対して、労働市場、雇用慣行および職場での女性に対する差別を除去して、女性の数が少ない職業と部門において女性に対して平等なアクセス、労働組合と雇用条件を含む団体交渉を組織し参加する権利に関する平等な機会、キャリア開発の機会、同一労働または同一価値労働同一賃金、を提供すること、労働と訓練においてジェンダーに対するステレオタイプの態度のみならず、構造的・法的障害を除去する行動をとること、部門的・職業的分離・教育と訓練、職務区分および賃金制度を含めて、基礎をなす要因に対処する多面的取り組みを通して、ジェンダーに基づく賃金格差をなくすこと、を要請する」［UN 2005a pp. 27–28］とある。

これらの文書のなかで女性労働が特に「インフォーマル領域」に存在し、「非市場的貢献」をしていることが浮き彫りになり、また「北京＋10」は当然ではあるが、ＭＤＧｓを念頭に入れて関連させた文書となっている。

▼「ミレニアム宣言」、ＭＤＧｓ、「ＭＤＧｓ報告二〇〇五」の流れにおける女性労働

一九九〇年代に国連が中心となって開催した一連の重要な国際会議で定められた主な目標や決議を引き継いで、二〇〇〇年九月のサミットと国連第五五回総会で、人類社会が二一世紀初頭において解決すべき課題を組み込んだ「ミレニアム宣言」が打ち出された。さらに、二〇〇一年九月の国連事務総長報告で、この宣言のうち、平和や国連強化等いくつかの項目を落としたうえで、社会的・環境的目標を中心にＭＤＧｓがまとめられ、発表された(3)。ＭＤＧｓは、世界の一〇億人以上の極度の貧困を二〇一五年までに削減するという目標を中心的課題とする、具体的かつ測定可能な数値目標をかかげたものである。

まず、二〇〇〇年の「ミレニアム宣言」の第一項、パラグラフ六には「いかなる個人もいかなる国家も、開発による恩恵を受ける機会を否定されてはならない。男性と女性の等しい権利と機会は保障されなければならない」とあり、ＭＤＧｓでは、当初八つの目標、一八のターゲット、四八の指標が定式化されたが、二〇〇六年にターゲットと指標の数が増やされた(表3)。

その目標3が、「ジェンダー平等を促進し、女性をエンパワーする」である。この目標を測定する三つの指標のうちの一つが、女性労働に関するものであり、「指標3-2　非農業部門の賃金

<table>
<tr><td>ターゲット7-B　2010年までに損失率の大きな減少を実現して生物多様性の損失を減らす</td><td>7.1　森林に覆われている陸地の割合
7.2　CO2排出量：総計，人口1人当たり，GDP(PPP)米1ドル当たり
7.3　オゾン層破壊物質の消費量
7.4　魚の生物学的安全限界内の魚のストックの割合
7.5　使用された水資源総量の割合
7.6　陸上と海上の保護区の割合
7.7　絶滅の脅威下の種の割合</td></tr>
<tr><td>ターゲット7-C　2015年までに，安全な水と基本的下水施設への持続可能なアクセスを持たない人の割合を半減させる。</td><td>7.8　改良された水源への持続的アクセスを持つ人口割合
7.9　改良された下水施設を使う人口割合</td></tr>
<tr><td>ターゲット7-D　2020年までに，少なくとも1億人のスラム居住者の生活の大幅な改善をはかる。</td><td>7.10　都会のスラムに住んでいる人口割合</td></tr>
<tr><td colspan="2">目標8　開発のための国際的パートナーシップを発展させる</td></tr>
<tr><td>ターゲット8-A　開放された，ルールにのっとった，予測可能な，差別のない貿易および金融システムを発展させる。
良い統治，開発と貧困削減に対する国内的，国際的の両方での公約を含む。</td><td rowspan="4">以下にリストする指標のいくつかは，後発開発途上国，アフリカ，内陸諸国，および小島嶼開発途上国については，別々に監視されるだろう。
ODA
8.1　OECD/DACドナーのGDIに占めるODA純額の総額と後発途上国向け額
8.2　基本的社会サービス(基本的教育，プライマリー・ヘルス・ケア，栄養，安全な水と下水)へのOECD/DACドナーの二国間および部門に配分できるODA総額の割合
8.3　OECD/DACドナーの二国間ODAの合計割合
8.4　内陸開発途上国が受け取ったODAの総国民所得に占める割合
8.5　小島嶼開発途上国が受け取ったODAの総国民所得に占める割合
市場へのアクセス
8.6　途上国と後発途上国からの無関税の先進国輸入総額(額，武器は除く)の割合
8.7　途上国からの農産物，繊維，衣料に課せられる平均関税
8.8　OECD諸国の農業補助推定額のGDPに対する%
8.9　貿易能力の強化を助けるために提供されたODAの割合
債務の持続可能性
8.10　重債務貧困国という判定点，および完了点に至った国の数重債務貧困国の公的二国間債務の帳消し額の割合
8.11　HIPCおよびMDRIイニシャチブの下に約束した債務救済
8.12　商品とサービスの輸出額に占める債務返済額の割合</td></tr>
<tr><td>ターゲット8-B　後発開発途上国の特別なニーズに取り組む。
以下を含む。後発開発途上国からの輸入品に対する無関税と制限枠なし，重債務貧困国(HIPC)の債務救済と公的二国間債務の帳消しプログラムの強化，貧困削減を約束した国へのより寛容なODAの提供</td></tr>
<tr><td>ターゲット8-C　内陸諸国と小島嶼開発途上諸国の特別なニーズに(島嶼開発途上国の持続的開発のための行動プログラムと第22回特別総会の結果を通じて)取り組む。</td></tr>
<tr><td>ターゲット8-D 債務を長期的に持続可能とするために，国内的・国際的措置によって，開発途上国の債務問題に包括的に対処する。</td></tr>
<tr><td>ターゲット8-E　製薬会社と協力して，開発途上国において安価な必需薬品を入手できるようにする。</td><td>8.13　持続可能な形で安価で必需薬品を入手できる人口の割合</td></tr>
<tr><td>ターゲット8-F　民間部門と協力して，新しい技術，特に情報とコミュニーケーションの恩恵を利用可能にする。</td><td>8.14　100人あたり電話回線数
8.15　100人あたり携帯電話契約者数
8.16　100人あたりインターネット利用者数</td></tr>
</table>

＊　MDGsは2001年に出発したときは，8目標(Goals)，18ターゲット(Targets)，48指標をもっていた。その際に，「目標7と8の指標はさらに改善されるだろう」という注釈が付されていた。2001年MDGsに関しては，法政大学日本統計研究所『研究所報』No.30「国連ミレニアム開発目標と統計」(2003年10月)に詳しく，2001年版MDGsの指標までを含む一覧の翻訳も掲載されていた。2006年改訂版のMDGsの一覧の翻訳(仮訳)は，日本の外務省，国連広報センター，UNDP日本事務所等のサイトにある。しかし，指標までを含めていない。本章では，目標3，ターゲット3-A，指標3.2に注目のこと。この指標は、2006年版で変化がなかった。

2001年版からの変更点：(1)8目標(Goals)は変わらないが，Goal1から延べ数を付されていた18のターゲットは，各Goalごとに1-A，1-Bというかたちで，また延べ番号を付されていた指標も1.1，1.2とGoalごとに番号を付されて伸縮可能になった。この結果，ターゲットは(18→)21に，指標は(48→)60に増加した。一部には削除，内容変更もある。(2)Goal1では，ターゲット1-B(就業)，指標4個の追加。一部は旧ターゲット16からの移動統合。(3)Goal2では変化なし。(4)Goal3では，指標(旧10)の削除。(5)Goal4では変化なし。(6)Goal5では，ターゲット5-B，指標4個の追加。(7)Goal6では，ターゲット6-Aの指標の増加(3→4)とその内容すべての変更。ターゲット6-Bと指標1個の追加，ターゲット6-Cの指標(22-24)の6.7-6.10への拡大と内容変更。(8)Goal7では，ターゲット7-Aの指標4個の，新設7-B(生物多様性)の指標への移動と内容変更。7.4の追加。ターゲット7-Cの指標の追加(ただし，旧30からの移動)，ターゲット7-Dの指標内容の変更。(9)Goal8では，旧ターゲット16の新ターゲット1-Bへの移動による減少，ターゲット8-Dの内容変更，「債務持続性」の指標の1個削除(旧41)とその他指標の順番と内容の変更，ターゲット8-Fの指標2つ(8.15，8.16)の内容変更。

出所：経済統計学会『政府統計研究部会ニュースレター』No. 5(2008年8月20日)掲載(伊藤陽一仮訳)。

表3　ミレニアム開発目標（MDGs）旧2001年版の2006年改訂版*

目標とターゲット	指　標
目標1　極度の貧困と飢餓を撲滅する	
ターゲット1-A　1990年から1990年から2015年の間に，1日1米ドル未満の所得で生活する人口の割合を半分にする	1.1　1日1ドル未満で生活する人口割合 1.2　貧困ギャップ指数(貧困者数×貧困の深さ) 1.3　国内消費に占める第Ⅰ四分位階級(最貧困者層)の消費割合
ターゲット1-B　女性と若者を含むすべての人々の，完全で生産的な就業とディーセントワークを達成する	1.4　就業者1人あたりGDPの増加率 1.5　人口に対する就業者割合 1.6　1日1米ドル(PPP)未満で生活する就業者割合 1.7　就業者総数中の自営業者と貢献する家族従業者割合
ターゲット1-C　1990年から2015年の間に，飢餓に苦しむ人口の割合を半分にする	1.8　5歳未満児における低体重者の割合 1.9　最低栄養熱量消費水準未満の人口割合
目標2　普遍的初級教育を達成する	
ターゲット2-A　2015年までに，すべての子どもが男女の別なく初等教育の全課程を終えることを確保する。	2.11　初等教育への純就学率 2.2　1年生から出発して5年生に到達した生徒の割合 2.3　15-24歳の識字率
目標3　ジェンダー平等を促進し、女性をエンパワーする	
ターゲット3-A　2005年までに，初等・中等教育におけるジェンダー不均衡をなくし，2015年までに，これをすべてのレベルの教育に及ぼす。	3.1　初等，中等，高等教育における少年に対する少女の割合 3.2　非農業部門の賃金雇用における女性の割合 3.3　国会における女性議員の割合
目標4　児童の死亡を減らす	
ターゲット4-A　1990年から2015年の間に，5歳未満児の死亡率を3分の2減らす	4.1　5歳未満児の死亡率 4.2　乳児死亡率 4.3　はしかの予防接種を受けている1歳児の割合
目標5　妊産婦の健康を改善する	
ターゲット5-A　1990年から2015年の間に，妊産婦死亡率を4分の3減らす	5.1　妊産婦死亡率 5.2　熟練した医療職の立ち会いによる出産の割合
ターゲット5-B　2015年までに，リプロダクティブ・ヘルスへの普遍的アクセスを達成する	5.3　避妊具の使用率 5.4　未成年の出生率 5.5　出産前ケアの普及(少なくとも1回と少なくとも4回) 5.6　家族計画の必要への不対応
目標6　HIV/AIDS、マラリヤやその他の疾病との戦い	
ターゲット6-A　2015年までに，HIV/AIDSの蔓延を止め，減少に向かう	6.1　15-24歳の人口のHIV感染割合 6.2　危険の高いセックスでのコンドームの使用 6.3　15-24歳の人口中のHIV/エイズについての総合的な正しい知識を持つ者の割合 6.4　10-14歳の孤児でない者の登校に対する孤児の登校比率
ターゲット6-B　2010年までにHIV/エイズの治療への普遍的アクセスを必要とするすべての者について実現する	6.5　HIV感染が進んだ者で抗レトロウイルス薬へのアクセスを持つ者の割合
ターゲット6-C　2015年までに，マラリヤその他の主要な疾病の発生を停止させ，減少を開始させる。	6.6　マラリヤによる感染率と死亡率 6.7　殺虫剤処理した蚊帳(bednets)の下で寝ている5歳未満の子どもの割合 6.8　熱病を持っている5歳未満児のうち適切な抗マラリヤ投薬治療を受けている割合 6.9　結核の発生率，感染率と死亡率 6.10　結核を発見され，短期の直接的診断治療で治癒した患者の割合
目標7　環境的持続可能性を確保する*	
ターゲット7-A　持続可能性の原則を各国の政策やプログラムの中に統合し，環境資源の損失を逆転させる。	

雇用（wage employment）における女性の割合」（非農業部門賃金雇用労働者男女合計を一〇〇としたときの場合の女性の比率の意味）であった(4)。

ジェンダー平等と女性のエンパワーを代表する指標の一つに、「非農業部門の賃金雇用における女性の割合」をあげていることに、とりあえず注目したい。この指標が妥当でないことは、その後議論されることとなる。

ＵＮＤＰは、二〇〇三年の「人間開発報告書」を「ＭＤＧｓの達成に向けて」と題し、「ミレニアム開発コンパクト（協約）を提案した［UNDP 2003 p.18］。同書は、女性の能力と活動を「ミレニアム開発目標達成へのカギ」［UNDP 2003 p.106］として、「途上国では、非農業部門で働く多くの貧しい女性は、正式に雇用されているわけではなく、低賃金を不安定なかたちで受け取っている」、「女性のためにより多くの雇用を創出するだけでなく、持続可能な生活手段という側面も考慮して、労働内容や賃金も向上させる」ことの重要性を指摘しているが、「人間開発報告書」には邦訳［国連開発計画　二〇〇三］もあるので省略する。

その二年後の「ＭＤＧｓ報告二〇〇五」では、「目標３」の箇所で「女性は支払われる非農業雇用におけるそのシェアを増加させてきたとはいえ、彼女たちはインフォーマル経済には過剰に提供されていながら、他方多くの地域で給料を取る仕事でなおかなり少数派のままである」ことに注意を促している［UN 2005b p. 14］。

この「非農業雇用における女性の割合」が、前述のとおり「目標３」の「指標３-２」にほかならないが、そこに包括しきれない働く女性の存在に関する指摘こそ重要である。このことについてはあとでふれる。

3　世界の女性労働の概観──「非農業部門の賃金雇用における女性の割合」に注目して

ＭＤＧｓが「指標3-2」に「非農業部門の賃金雇用における女性の割合」をあげて以来、その数値を追う関連統計が多く発表されてきた。「女性の非農業部門賃金労働者に占める割合」を、前述「ＭＤＧｓ報告二〇〇五」が提供しているデータによって地域別に、一九九〇年と二〇〇三年を比べてみる。

全体的に女性の非農業賃金雇用へのアクセスの割合は男性より低いが、一九九〇年に比べて二〇〇三年はいずれの地域も比率を増しており、旧社会主義国を含むＣＩＳ（独立国家共同体）諸国が四九％から五〇％とトップにたち続けている。しかし、南アジア、西アジア、北アフリカでは二〇％台と非常に低い。同じ地域内でもＵＮＤＰの報告によれば、二〇〇一年時点でたとえば、南アジアといっても、最も低いパキスタンの八％から最も高いスリランカの四七％、ＣＩＳ諸国内でも、ベラルーシの五六％を筆頭に、五〇％以上の国がウクライナ、モルドヴァ、エストニア、スロヴァキア、タジキスタンで、最も低いのはウズベキスタンの三八％である。ＯＥＣＤ諸国をみると、二〇〇一年に、スペインが三九％である以外はすべて四〇％を超え、アイスランドは五二％、ニュージーランドは五一％となっている。これらの国のほとんどが一九九〇年に比べて女性の割合を高めている［UNDP 2003 pp. 247–249］。ＵＮＤＰの表にない中国の女性の「非農業部門の賃金雇用の割合」は、一九九〇年代前半に三八％だったものが九〇年代後半に三九％と変化は少ないが、マカオ中国では、四三％だったものが五〇％に増加している［ESCAP/UNDP 2003 p. 24］。

国連のミレニアム・プロジェクト、「ジェンダー平等タスクフォース（特別専門委員会）報告書」では、七章に「雇用におけるジェンダー不平等の減少」［UN Millennium Projedt 2005 p. 88-103］で、「なぜ、雇用におけるジェンダー不平等を減らすことが戦術的に優先事項なのか」と問い、「女性の職業へのアクセスは彼女たちの自尊を高め、権力を保証することによって彼女たちをエンパワーする」からだといっている。

この「ジェンダー平等タスクフォース報告書」は、就業におけるジェンダー不平等は、第一に、労働市場への参入の際の障壁であり、それには子どもの世話のニーズへの対応がなされていないこと、第二に、就業における劣悪な条件が問題であり、男女の職業分離、所得のジェンダー格差など先進国的要因をあげている。タスクフォース報告書はさらに、次の点に言及する。

「グローバリゼーションとともに、労働のインフォーマル化とフレキシブル化が進んだ。最もリスクをかかえながら、それゆえに最も必要とされているインフォーマル労働者――その大多数が女性――は、社会的保護も社会保障もほとんどないか全くない。失業、年金と退職における不平等も進んでいる。雇用におけるジェンダー不平等を減少させるための介入として、入職の障壁を低める介入、雇用の性質と条件を改善するための介入、年金や退職における不平等を減らす介入が必要である。介護を支援する国家政策と介護サービスを提供するプログラムが賃金就業への女性の参加を可能にするために必要とされている。

貧しい女性のために公的就業保障が労働と収入の重要な資源を供給する。多くの先進国、開発途上国は、機会平等や反差別立法を通じて支払いや労働条件に影響を与えようとしている。諸国は、訴訟事件の際に、女性のための一層力量をもった労働監査官および専門家の援助を必要とする。」

このタスクフォースの報告は、結論部分で、「女性が収入を得る機会は増大したが、女性の就労の性格、期間、質は大きく改善されてはこなかった。ペイドワークへのアクセスをもつことは、家族の生存に決定的であるが、貧困を減らし、女性をエンパワーするのに十分ではない。すべての人のためのディーセントで生産的労働が目的であるべきである。ＩＬＯの『ディーセントワーク・イニシアティヴ』は、就業への平等なアクセスと均等待遇を促進するための国際標準の枠組みを提供している。イニシアティヴは、労働における権利を増進し、就業および社会の保護、および社会的対話を提供することを求めている。その目標は、『自由、平等、安全、そして人間の尊厳という状況において、女性と男性がディーセントで生産的な労働を得る機会を奨励すること』である。ディーセントワーク枠組みがジェンダーに敏感であることと、それが国のパフォーマンスを監視するたに必要とされる性別区分をもつ指標は、労働市場におけるジェンダー不平等を撤廃する国の進歩を追及するのに適ったものである」として、ＩＬＯがデータを収集し、評価し、ディーセントワーク・イニシアティヴのために監視のリーダーシップをとるよう勧告している［UN Millennium Project 2005 pp. 102–103］。

このタスクフォースは、統計データとして、「性別失業率」、「産休の日数と給付」等をあげて、指標3-2にカバーされない領域にも目を向けている。

4　世界の女性労働の「いま」を読むツール

ユニフェムの『世界の女性の進歩二〇〇五―女性、労働、貧困』は、「北京＋10」、「ＭＤＧｓ報告二〇〇五」「ジェンダー平等タスクフォース報告書」を受けて書かれたもので、本稿のテーマにとって示唆に富むものである。「ＭＤＧｓ報告二〇〇五」の、地球規模でのインフォーマルな労働の場にディーセントワークを創造するのでなければ、世界は貧困を撲滅して、ジェンダー平等に到達できないという主張を重視して、さらにその実現のために調査を行い、世界の女性労働の把握と女性をエンパワーするためのツールを発展させようとしている。

ユニフェムのこの書は、「インフォーマル就業、貧困、ジェンダー不平等間のリンクについて新たな洞察を行い、将来の研究の基礎に役立ついくつかの新しい概念的方法論的枠組みを提供する」としている。その新しい枠組みとは、①ジェンダー分業、女性のアンペイドワーク、さまざまなインフォーマル労働間のリンケージの分析、②ＭＤＧｓ目標3のために提案された「新就業指標」（これは「就業指標」として第四九回女性の地位委員会でＦ・ペルーチによって紹介されている(5)）、にもとづく分析―就業と所得のタイプにおける性別相違の分析、③ジェンダー、雇用、および「貧困リスク」間のリンクを示す労働力と世帯収入の関連と評価の統計方法、④開発途上国の労働市場構造と先進国の変化する雇用関係を計測するための労働市場の拡大定義と多様なモデルの提示、⑤インフォーマル労働の異なるタイプの完全な計測を導きえる直接的、間接的コストの類型、⑥インフォーマル経済の原因モデルの分析、⑦ジェンダー予算分析（budget）[6]にもとづいてつくられたインフォーマル経済予算分析と呼ばれる新しい政策分析ツールの提示、などきわめて重要なものである。

また、政策的中核的優先事（コアプライオリティ）として、①女性と男性のためにディーセント就業の推進、②国家労働力統計にインフォーマル女性労働者の可視性を増大させること、③ワーキングプア、特に女性のためのより有利な政策環境の促進、④女性インフォーマル労働者を代表する組織を支援し強化することをあげている。

これらが、ユニフェムが示す世界の女性労働の「いま」の理論的・実践的問題とされているが、このすべてを取り上げることは紙幅の関係からも不可能であるので、いくつかの主要な点を取り上げて紹介するにとどめたい。

▼女性労働の総体としての把握の必要性

ジェンダー分業、女性のアンペイドワーク、多様なインフォーマルワークの間のリンケージの分析を行うには、女性労働を総体としてとらえる試みが重要である。女性労働の総体を測定するためには、女性労働は五つの異なるタイプで概念化され、測定されなければならない。①フォーマルな市場労働（これのみが測定される）、②インフォーマル市場労働、③生存のための生産、④アンペイド・ケア・ワーク、⑤ボランティアワークである。アンペイド・ケア・ワークの「アンペイド」とは、活動をする人がその活動に対する報酬を受け取らないという意味であり、「ケア」とは、人とそのウェルビーイングに奉仕するという意味であり、ここでの「ワーク」とは時間とエネルギーコストをもちながら、社会的にもあるいは結婚などで、フォーマル社会関係度の低い契約的義務から生じる活動のことをさしている。

アンペイドワークを測定する方法は生活時間調査である。したがって、第一義的に必要とされることは、国家統計制度にとって正規の労働力調査と定期的生活時間調査[7]に、拡大されたインフォーマル就業の定義とMDGs目標3に「新就業指標（ニューエンプロイメントインディケーターズ）」を含む新概念を適用し、測定戦略を具体化することである。ユニフェムは、そのことによって女性のペイドワークとアンペイドワークを結びつけることを試みている。

▼MDGs目標3のための「新就業指標」の提案

「新就業指標」とは、労働力の女性化、女性世帯主世帯、労働力の情報化、貧困の女性化、およびそれらの間のリンクを概念化し、測定する新しい方法である。労働の期間や労働条件、加えて企業の特徴に焦点をあてて、最近拡大されたインフォーマル雇用の定義にもとづいて、MDGs目標3のために新たに勧告されたものである。

インフォーマル就業の定義と最近のデータとは次のようなものであった。

国際労働統計家会議（ICLS）は、一九九三年にインフォーマルセクターの定義を採択したが、二〇〇三年のICLSで、インフォーマル就業は、大きく異なる構成からなるカテゴリーであると定義し、就業上の地位にしたがってさらに細分化された。すなわち、インフォーマル自営

（インフォーマル企業の経営者、インフォーマル企業の自営労働者、アンペイド家族従業者、インフォーマル生産者協同組合会員）とインフォーマル賃金雇用（インフォーマル企業の雇用者、臨時あるいは日雇い労働者、短期あるいはパートタイム労働者、登録も公表もされない労働者、工場外で働く労働者）とに分かれる。一般に、インフォーマル就業は女性にとってはフォーマル就業より就業の大きな源泉であり、女性にとって意味をもつ。

ところで、MDGs目標3で勧告された「指標」は二つの問題を含んでいた。それは、女性の全体的負担の増加と時間のロス、および労働の質を測定しえないということ。さらに、特に開発途上国では非農業賃金雇用は全就業のごく小さな部分にすぎないので、女性の経済的地位の変化をモニターする指標として限界があること、である。

こうした問題に対処するために、「MDGs指標に関する機関と専門家内グループのジェンダー指標サブグループ」と「教育とジェンダー平等に関するタスクフォース」は、農業と非農業就業の両者を含み、フォーマルとインフォーマルの間を区別する新指標の可能性を検討した。指標はILOによって提案されたタイプ別就業にもとづくもので、この新指標は、多重に分断された労働力中で、男性に比べて女性がどこに位置しているのか、より全体的な像を提供するものである。

新指標は、就業タイプ別に両性のシェアをみる。まず、「全タイプの総就業」でそれを行い、次に総就業を三タイプに区分する。第一は農業就業（ほとんどが自営でインフォーマル）、第二は非農業賃金雇用（現在のMDGsに用いられている指標で、ここにはインフォーマル賃金雇用も含まれる）、第三は非農業自営（個人経営労働者、個人経営主、貢献する家族従業者（コントリビューティングファミリーワーカーズ）、生産的協同組合関係者、ここにインフォーマル自営も含まれる）である。

ユニフェムは、この新指標による評価という目的のために七カ国（開発途上国のコスタリカ、エジプト、エルサルバドル、ガーナ、インド、南アフリカと先進国カナダ）でパイロット調査を行い、新しいデータの統計分析を行った。七カ国のケーススタディでは、フォーマル／インフォーマル就業、農業／非農業就業、賃金／自営かの、就業上の地位カテゴリーごとに性別で製表される。

ここから得られた知見は、就業、ジェンダー、貧困のリンクを理解するのに重要である。

▼ジェンダー、就業、および貧困リスク

多くのヨーロッパ諸国で臨時的雇用（テンポラリーエンプロイメント）の多数は女性である。一五のEU諸国のうち、六カ国は一様に臨時的就業が多数派である。EU諸国で臨時が女性の少数派である国は、スペイン、オーストリア、ギリシャ、ドイツである。臨時的就業は、低賃金、低年収、低世帯収入をもたらし、臨時の仕事自体がジェンダーによって階層化され、きわめて不利である。開発途上国のパイロット調査から得られたデータには、多くの国でインフォーマル就業が広がっていること、労働市場の分割による、収入と貧困の関係が示されている。

かつて開発途上国の労働市場は、インフォーマル労働力がフォーマル労働市場から分断されているという二重労働市場論で特徴づけられていた。しかし、今日ではこの理論は、経済開発にお

けるますます多様化し多面性をもつ就業の力学を把握するには十分ではない。世界の、ジェンダー、就業、および貧困の全体的に統合された関係を理解するには一面的とされる。

ユニフェムのパイロット調査は、「貧困率とワーキングプア」や「貧困リスクのハイアラーキー」に及ぶ。

被雇用者の貧困率を測定する一つの方法は、貧困世帯に属していて異なる就業上の位置にあるすべての被雇用者をワーキングプアとして定義することである。この定義は、就業上の地位と個

図1　貧困リスクのハイアラーキー

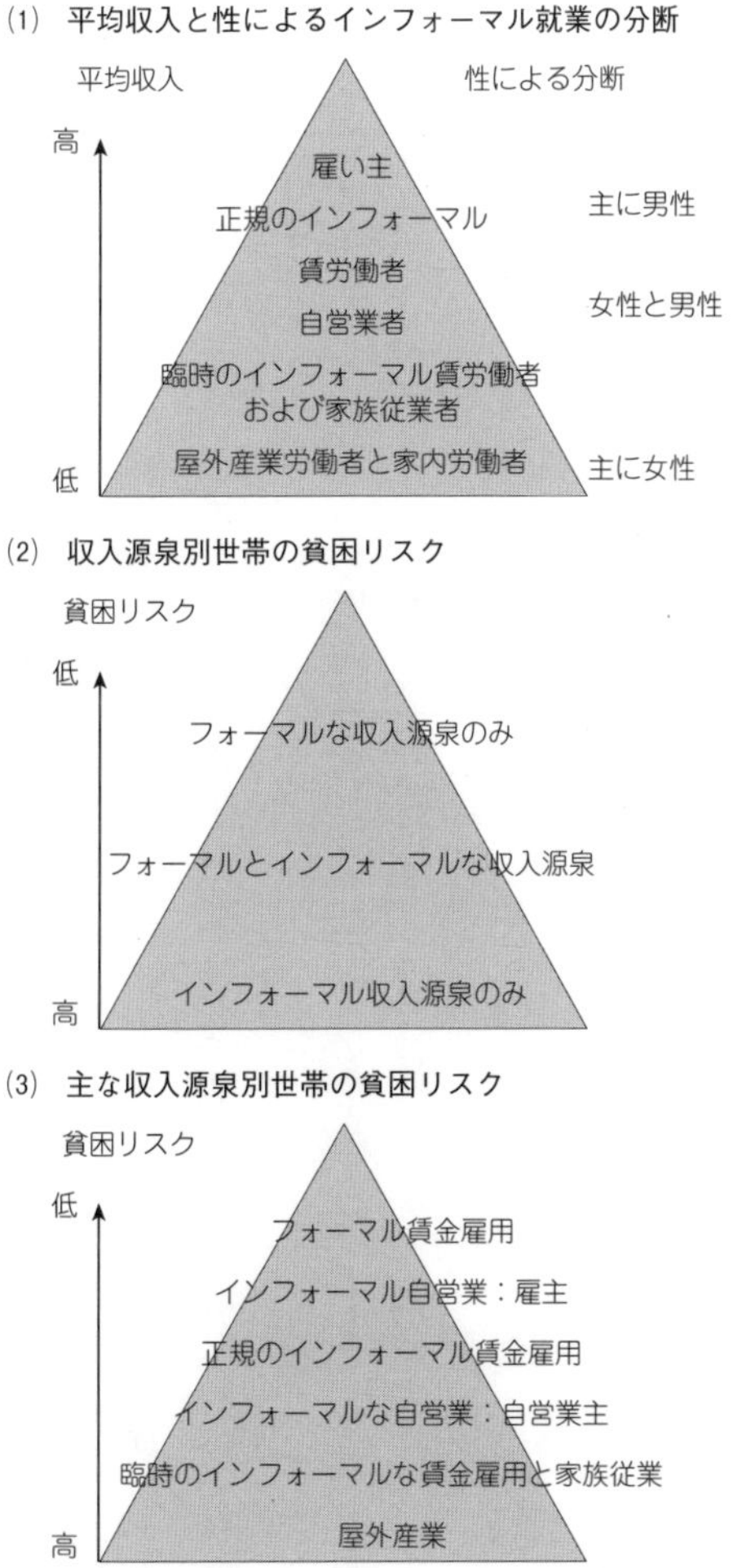

出所：UNIFEM［2005］p. 54.

人が直面する貧困のリスクの間のリンクを分析することを可能にする。すなわち、個人が雇用されていても、その収入が貧困線以下の世帯に暮らしていた場合は、「ワーキングプア」とみなす。この方法は、ジェンダーと就業および貧困の間のリンクを調査することも可能にし、貧困の女性化に関するこれまでの多くの研究のように、女性と貧困の関係を世帯主の性別において議論するのとは異なっている。

ユニフェムは調査から得られる結論を、「貧困リスクのハイアラーキー」として三つの三角形を描いた（図1）。三つを重ねると、平均収入の底辺は女性で、貧困リスクは女性に高いことが示される。

▼新しい政策分析ツール──インフォーマル経済予算分析

新しいツール、ジェンダー予算（バジェット）分析にもとづいてつくられたインフォーマル経済予算分析についてふれる。これは、政策アプローチの表現としての、予算配分を検討するもので、この分析は三点をめざす。第一に、インフォーマル経済予算は、国家予算がインフォーマル労働者や企業の存在および状況の範囲を検証し、第二に、直接・間接の国家支援の手段を認識し、インフォーマル労働者および企業を可視的なものにして、より大きな支援を促進し、第三に、政策、予算配分と政策履行の間のギャップを評価するために使えるということである。

先駆的なインフォーマル経済予算イニシアティヴは、ただ「経済開発」や「小企業の支援」に対処するのではなく、すべての政府系機関の横断的予算配分を分析する必要を示している。要するにインフォーマル経済予算分析は、インフォーマル労働者のための政策決定のコストおよび利点の評価を可視的にし、資源配分政策にリンクするものである。さらに、この分析は、貧しい女性および男性の労働に対する経済および社会政策の影響を評価し、貧困、ジェンダーおよび労働市場分析を統合する方法を提示するとされる。以上、世界の女性労働の「いま」は、「貧国とディーセントワークがキーワードであり日本の女性労働の「いま」にそのままつながっている。

5　日本の女性労働、そして男性労働のいま

世界の女性労働の「いま」に対しては、「すべての人のためのディーセントで生産的労働が目的であるべきである」がめざされている。これは、日本の女性労働の「いま」にとってまったく例外ではないばかりか、男性労働にとってももはや例外ではない。新自由主義的規制緩和の強化、非正規雇用、不安定就労の矛盾が女性労働に集中し、若い男性労働者の間でも、成果主義賃金の導入で賃金格差が拡大し、正規で働いても生活保護基準以下という、ワーキンプアが社会問題となっている。解雇、賃金未払いに関しても、雇用の責任が明らかでない、さながらインフォーマル雇用的状況も生じている。

二〇〇六年六月に成立し、二〇〇七年四月から施行された「改正男女雇用機会均等法」では、間接差別の一般的禁止は見送られ、省令に「実質的に性別を理由とする差別となるおそれのある措置」として三例(8)をあげるにとどめ、国際基準から大きく開きがあること、また、非正規雇用の

問題を考えるうえでも、間接差別の概念を定着させていくことが、今後重要と指摘されているなかで、セクハラ、母性破壊、女性蔑視、奴隷のごとく女性を使う等、モラルハザードも問われ、ワーク・ライフ・バランスを含むディーセントワークを女性労働者が手にする日はまだちかくはない。

加えて時間貧困も含めた貧困は男女労働者を覆っている。

（1）国連文書の employment は、雇用より広く就業をさしている場合が多いので、明らかに雇用とみなされる文脈でない限り就業と訳す。

（2）厚生労働省はディーセントワークを「働きがいのある人間らしい仕事」の意味としている。『女性労働研究』は二度にわたってディーセントワークを取り上げている［堀内　二〇〇二年、伍賀　二〇〇三年］。

（3）ミレニアム宣言とＭＤＧｓには大きな違いがある。ＭＤＧｓはミレニアム宣言から平和・安全・軍縮や国連改革、加盟国の義務等のテーマが除かれ、社会的および環境的目標を中心にまとめられた［法政大学日本統計研究所　二〇〇三年　一八九頁］。

（4）他の二つは何かといえば、「指標3-1初等、中等、高等教育における男女比」、「指標3-3国会における女性議員の割合」である。

（5）第四九回女性の地位委員会、パネルⅣでのＦ・ペルーチの配布文書を、女性労働問題研究会代表の一人として「北京＋10」に出席した中山節子会員から入手してこれを知った。国連のウェブサイトでダウンロードできる http://www.un.org/womenwatch/daw/Review/english/hlevents.htm。

（6）国と地方自治体の予算のあり方と項目別金額がジェンダー関係にどのような影響を与えてきたかを検討しながら予算を男女平等に向けての重要な手段として利用しようとする論議、研究運動。

（7）生活時間調査は多くの国際文書で必要な調査としてあげられている。特に『世界の女性二〇〇五―統計における進展』[UN 2005c] においても貧困の章で幾度も強調されていた。

(8) 省令での禁止規定は、募集・採用にあたって労働者の身長や体重・体力を要件とする、総合職の募集・採用にあたって転勤に応じることを要件とする、昇進にあたって、転勤の経験があることを要件とするの三例をあげている。

文　献（本文中で言及したもの）

【和　文】

青木保・筒井清忠・山折哲雄・川本三郎編［二〇〇〇］『近代日本文化論8　女の文化』岩波書店。

阿木津英［一九九六］「歌とフェミニズム—短歌創作者としての立場から」『日本女性学会　学会ニュース』No.78。

荒又重雄［一九九三］「社会の高齢化と女性労働」『社会政策学会年報第三七集　現代の女性労働と社会政策』御茶の水書房。

有賀美和子［二〇〇〇］『現代フェミニズム理論の地平』新曜社。

渥美育子［一九七八］『女性文化の創造へ』ＥＬＥＣ出版部。

天野寛子・伊藤セツ・森ます美・堀内かおる［一九九四］『生活時間と生活文化』光生館。

有賀美和子［二〇〇〇］『現代フェミニズム理論の地平』新曜社。

アラゴン、ルイ［一九三四＝稲田三吉訳　一九八七］『バーゼルの鐘』三友社出版。

アラゴン、ルイ［一九六七＝稲田三吉訳　一九九九］『ブランシュとは誰か　事実か、それとも忘却か』柏書房。

有馬朗人［一九九三］『性差と文化』東京大学出版会。

居城舜子［一九九三］「コンパラブル・ワース政策について—ＣＯＣＡの報告から」『常葉学園短期大学紀要』第二四号
居城舜子［一九九四］「コンパラブル・ワースに関する欧米の研究状況」『女性労働問題研究』第二六号（『賃金と社会保障』一九九四年六月下旬号、No.1132）

伊田広行［一九九三］「シングル単位論観点による社会保障制度・税制度の再検討」竹中恵美子編『グローバル時代の労働と生活』ミネルヴァ書房所収。

伊田広行［一九九五］『性差別と資本制―シングル単位社会の提唱』啓文社。

伊藤セツ［一九八二ａ］「最近の婦人論の潮流と争点」『婦人労働問題研究』第一号（『賃金と社会保障』一九八二年一月上旬号、No.833）。

伊藤セツ［一九八二ｂ］「山川菊栄とコミンテルンの婦人政策」『婦人労働問題研究』第二号（『賃金と社会保障』一九八二年一〇月上旬号、No.851）。

伊藤セツ［一九八四ａ］『クララ・ツェトキンの婦人解放論』有斐閣。

伊藤セツ［一九八四ｂ］「『差別撤廃』をめざす今日の婦人運動―『連絡会』機構48団体を中心に」『婦人労働問題研究』第五号（『賃金と社会保障』一九八四年二月下旬号、No.884）。

伊藤セツ［一九八四ｃ］「現時点における日本労働者の生活構造―家計収支・生活時間を中心に」『社会政策叢書』編集委員会『社会政策叢書第七集「構造変動」と労働者・労働行政』啓文社。

伊藤セツ［一九八五ａ］『現代婦人論入門』白石書店。

伊藤セツ［一九八五ｂ］『「女子労働論の再構成」―竹中恵美子氏の所説によせて』『社会政策叢書』編集委員会『社会政策叢書第九集 婦人労働における保護と平等』啓文社。

伊藤セツ［一九八七］「最近のフェミニズム論の動向について」『新しい社会学のために』Vol.12、No.2。

伊藤セツ［一九八八］「現代フェミニズムと科学的婦人解放論」『科学と思想』No.67。

伊藤セツ［一九九〇］『有斐閣経済学叢書一五　家庭経済学』有斐閣。

伊藤セツ［一九九二］「フェミニスト・セオリー」伊藤セツ・掛川典子・内藤和美『女性学―入門から実践・応用まで』同文書院。

伊藤セツ［一九九二、一九九三、一九九四］「家計簿分析」全印総連『印刷出版フォーラム』第一四号、第一六号、第一八号。

伊藤セツ［一九九三］『両性の新しい秩序の世紀へ―女性・家族・開発』白石書店。

伊藤セツ［一九九四］「国際家族年から北京女性会議へ」『女性労働問題研究』No.25（『賃金と社会保障』一九九四年一月下旬号、No.1122）。

伊藤セツ［一九九六a］「北京会議から21世紀への女性運動の課題」『女性労働問題研究』No.29（『賃金と社会保障』一九九六年一月下旬号、No.1170）。

伊藤セツ［一九九六b］「世帯・家族・個人と、階級・ジェンダー―一九九〇年代前半の社会政策学の動向から」西村豁通・竹中恵美子・中西洋編『個人と共同体の社会科学―近代における社会と人間』ミネルヴァ書房、京都所収。

伊藤セツ［一九九七］「無報酬労働の概念―家庭経営学からの発信」『家庭経営学研究』、No.3。

伊藤セツ［一九九九a］「生活・ジェンダー・社会政策―広義の労働と労働力再生産論の新展開をめざして」佛教大学総合研究所編『ジェンダーで社会政策をひらく―「男女共同参画」時代の社会政策』ミネルヴァ書房。

伊藤セツ［一九九九b］「家族内のジェンダー不平等とジェンダー・エクイティ」㈳日本家政学会『変動する家族―子ども・ジェンダー・高齢者』建帛社。

伊藤セツ［二〇〇〇a］「有斐閣の20世紀の名著50選」大河内一男『社会政策（総論）』、有斐閣『書斎の窓』No.500。

伊藤セツ［二〇〇〇b］「女性解放思想と現代フェミニズム」『女性労働研究』No.38、二〇〇〇年七月。

伊藤セツ［二〇〇一］「社会政策とジェンダー統計」『学術会議叢書三 男女共同参画社会―キーワードはジェンダー』日本学術協力財団。

伊藤セツ［二〇〇二］「女性文化概念の多義性―21世紀女性文化へ」昭和女子大学女性文化研究所編『女性文化とジェンダー』御茶の水書房。

伊藤セツ［二〇〇三a］「マルクス主義女性解放論」奥田暁子・秋山洋子・支倉寿子編著『概説 フェミニズ

ム思想史』ミネルヴァ書房。

伊藤セツ［二〇〇三ｂ］『国際女性デーは大河のように』御茶の水書房。

伊藤セツ［二〇〇四ａ］「アウグスト・ベーベルの『女性と社会主義』の形成（二）―利用統計の変遷 ジェンダー統計に注目して」昭和女子大学女性文化研究所編『ベーベルの女性論再考』御茶の水書房。

伊藤セツ［二〇〇四ｂ］「ジェンダー統計研究の動向」原ひろ子・蓮見音彦・池内了・柏木恵子編『ジェンダー問題と学術研究』ドメス出版。

伊藤セツ［二〇〇五ａ］「社会福祉・社会政策・生活科学の学際性」『昭和女子大学人間社会学部紀要』（学苑No.772）。

伊藤セツ［二〇〇五ｂ］「戦後日本の女性運動の思想を問う」『唯物論研究年誌』No.10、青木書店。

伊藤セツ［二〇〇六ａ］「二つのワークのジェンダー比とワーク・ライフ・バランス」『労働判例』No.905。

伊藤セツ［二〇〇六ｂ］「貧困の撲滅とディーセントワークをめざす世界の女性労働」『女性労働研究』No.50。

伊藤セツ［二〇〇七ａ］「政府統計にのぞむもの」『統計』Vol.58、No.1。

伊藤セツ［二〇〇七ｂ］「クラーラ・ツェトキーンとその時代―生誕一五〇年記念コロッキウム（ベルリン）によせて」『昭和女子大学学苑』No.804。

伊藤セツ・天野寛子共編［一九八九］『生活時間と生活様式』光生館。

伊藤セツ・天野寛子・李基栄共編［二〇〇一］『生活時間と生活意識―東京・ソウルのサラリーマン夫妻の調査から』光生館。

伊藤セツ・天野寛子・天野晴子・水野谷武志共編［二〇〇五］『生活時間と生活福祉』光生館。

伊藤セツ・天野寛子・森ます美・大竹美登利［一九八四］『生活時間―男女平等の家庭生活への家政学的アプローチ』光生館。

伊藤セツ・居城舜子［一九八九］「『家計調査』における『世帯主』概念をめぐる諸問題」『婦人労働』No.14。

伊藤セツ・掛川典子、内藤和美［一九九二］『女性学―入門から実践・応用まで』同文書院。

伊藤セツ・森ます美［一九九六］「北京女性NGOフォーラム'95と第4回世界女性会議に参加して」『昭和女子大学女性文化研究所紀要』No.17。

伊藤陽一［二〇〇二］「UNDPの統計指標をめぐって」法政大学日本統計研究所『研究所報』No.27。

伊藤陽一［二〇〇三］平成一三年度～一四年度科学研究費補助金基盤研究（C）（一）課題番号13837031「ジェンダー統計研究の進展と関連　データベースの構築」

伊藤るり［一九九一］「グローバル・フェミニズムの展望」馬場伸也ほか『福祉国家社会構築のための総合的パラダイムの考察』。

伊藤るり［一九九五］「〈グローバル・フェミニズム〉と途上国女性の運動―WIDと女性のエンパワーメントをめぐって」坂本義和編『世界政治の構造変動4　市民運動』岩波書店。

井上英夫［一九九八］「国際高齢者年と日本の課題（1）」『賃金と社会保障』No.1228（一九九八年六月）。

上村千賀子［一九九一］「占領政策と婦人教育―女性情報担当官E・ウィードがめざしたものと軌跡」（財）日本女子社会教育会。

上村千賀子［二〇〇七］『女性解放をめぐる占領政策』勁草書房。

江口英一監修・労働運動総合研究所・全労連編［一九九三］『現代の労働者階級―「過重労働」体制下の労働と生活』新日本出版社。

江原由美子［一九九四］「知的批判から女性の視点による近代観の創造へ」井上輝子他編『フェミニズム理論』岩波書店。

江原由美子・金井淑子編［一九九七］『フェミニズム』新曜社。

大河内一男［一九四九］『社会政策〔総論〕』有斐閣。

大河内一男・篭山京［一九六〇］『家庭経済学』光生館。

大越愛子［一九九六］『フェミニズム入門』筑摩書房。

大沢真理［一九九三a］「日本における『労働問題』研究と女性―社会政策学会の軌跡を手がかりとして」

『社会政策学会年報37集 現代の女性労働と社会政策』お茶の水書房。

大沢真理［一九九三b］『企業社会を超えて―現代日本を〈ジェンダー〉で読む』時事通信社。

尾形明子［一九八〇］『女人芸術の世界―長谷川時雨とその周辺』ドメス出版。

尾形明子［一九九三］『「輝ク」の時代―長谷川時雨とその周辺』ドメス出版。

戒能民江［一九九九］「ドメスティック・バイオレンスと社会政策」佛教大学総合研究所編『ジェンダーで社会政策をひらく』ミネルヴァ書房。

加藤孝雄［一九九七］「女性文化と家父長制資本―ジェンダーの再生産理論をめざして」『教育社会学研究』第六一集。

加藤典子［一九九一］「現代短歌とフェミニズム」『昭和女子大学女性文化研究所紀要』第七号。

掛川典子［二〇〇二］「女性文化論―ゲオルグ・ジンメルとマリアンネ・ヴェーバーの場合」昭和女子大学女性文化研究所編『女性文化とジェンダー』御茶の水書房。

掛川典子［二〇〇二］「女性と戦争―ハーグとベルン」『昭和女子大学女性文化研究所ニューズレター』No.39（Mar. 31, 2002）。

掛川典子［二〇〇四］「市民的女性運動とベーベルの関わり―21世紀の視点から読み解く」昭和女子大学女性文化研究所『ベーベルの女性論再考』御茶の水書房。

北沢洋子［一九七六］『ジュリスト増刊総合特集』第三号、一九七六年、第三九号、一九八五年。

木村涼子［二〇〇〇］「女学生と女工―『思想』との出会い」近代日本文化論8『女の文化』岩波書店。

木本喜美子［一九九二］「現代家族とジェンダー問題―家族把握の方法視覚を中心に」『社会政策叢書』編集委員会『社会政策叢書第一六集 社会政策学と生活の論理』啓文社。

黒川俊雄［一九七三］「労働力再生産費の『社会化』について」『経済』一九七三年三月号。

経済企画庁経済研究所［一九九七］『あなたの家事の値段はおいくらですか？―無報酬労働の貨幣評価についての報告』大蔵省印刷局。

経済企画庁経済研究所［一九九八］「『一九九六年の無報酬労働の貨幣評価』のポイント」。

厚生省［一九九八］『一九九八年版　厚生白書』厚生省。

伍賀一道［二〇〇三］「ディーセントワークから見た日本の雇用と労働」『女性労働研究』No.43。

国際女性法研究会［一九九三］『国際女性条約・資料集』東信堂。

独立行政法人国立女性教育会館［二〇〇二］『性別データの収集・整備に関する調査研究報告書』二〇〇二年八月。

独立行政法人国立女性教育会館［二〇〇三］『男女共同参画統計データブック―日本の女性と男性二〇〇三』ぎょうせい。

独立行政法人国立女性教育会館［二〇〇六］『男女共同参画統計データブック―日本の女性と男性二〇〇六』ぎょうせい。

ゴードン、アンドレ編［一九九三＝中村政則監訳　二〇〇一］『歴史としての戦後日本　上、下』みすず書房。

小松満喜子［一九九九］「職場のジェンダー問題と労働政策―第二期均等法時代へ向けて労働法改正の論点を考える」佛教大学総合研究所編『ジェンダーで社会政策をひらく』ミネルヴァ書房。

斎藤悦子［一九九七］「現行家計収支統計のジェンダー視点からの検討」家庭経営学研究、No.32。

斎藤悦子［一九九八］「家計消費統計におけるジェンダー分析―家計消費統計ユーザーとしてのジェンダー統計の必要性」『岐阜経済大学論集』32、No.3。

酒井直樹［一九九六］座談会「カルチュラル・スタディーズの現在」『思想』No.859、一九九六年一月。

桜井絹江・伊藤セツ・木下武男［一九九六］「『現代の労働者階級』データのジェンダー分析―階級分析への補足」労働総研・女性労働研究部会。

佐藤弘子（まとめ）［一九七二］「『前衛』一九七一年五月号のシンポジウムによせて―座談会」札幌婦人問題研究会『前進する婦人』No.7。

篠弘［二〇〇〇］『疾走する女性歌人』集英社。

総合女性史研究会編［一九九八］日本女性史論集８『文化と女性』吉川弘文館。

ジェンダー統計研究グループ［二〇〇二ａ］『ジェンダー統計関係論文等（日本）集成』ＧＳＧ研究参考資料№１　法政大学日本統計研究所。

ジェンダー統計研究グループ［二〇〇二ｂ］『ジェンダー統計関係論文等（日本）集成』ＧＳＧ研究参考資料№２　法政大学日本統計研究所。

ジェンダー統計研究グループ［二〇〇三］『ジェンダー統計関係論文等（日本）集成』ＧＳＧ研究参考資料№３　法政大学日本統計研究所。

塩田咲子［一九九一］「社会政策の中の女性」西村絢子編『女性学セミナー』東京教科書出版会社。

塩田咲子［一九九三］「現代フェミニズムと労働論の再構成―税・社会保障をとおしての家事労働の経済的価値」『社会政策学会年報第三七集　現代の女性労働と社会政策』御茶の水書房。

塩田咲子［一九九七］『これでいいの？　女性と年金』かもがわ出版。

塩谷千恵子［二〇〇二］「大正期の女性文化―日本女子高等学院創立と時代思潮」昭和女子大学女性文化研究所編『女性文化とジェンダー』御茶の水書房。

渋谷敦司［一九九四ａ］「国際家族年とフェミニズム」国立婦人教育会館『婦人教育情報』第二九号。

渋谷敦司［一九九四ｂ］「国際的な家族政策の形成過程とジェンダー」家族問題研究会『家族研究年報』第一九号。

社会政策学会［一九九三］『社会政策学会年報第三七集 現代の女性労働と社会政策』御茶の水書房。

『社会政策叢書』編集委員会編［一九九四］『社会政策叢書第一八集 日本型企業社会と社会政策』啓文社。

『社会政策叢書』編集委員会編［一九九八］『社会政策叢書第二二集 社会政策学会一〇〇年』啓文社。

昭和女子大学女性文化研究所編［二〇〇二］『女性文化とジェンダー』御茶の水書房。

昭和女子大学女性文化研究所編［二〇〇四］『ベーベルの女性論再考』御茶の水書房。

女性労働問題研究会編［二〇〇二］『女性労働―二〇世紀から二一世紀へ』青木書店。

女性労働問題研究会編［二〇〇四］『定年退職と女性—時代を切りひらいた一〇人の証言』ドメス出版。

杉井静子［一九九八］「女性の年金不公平論を整理する」『賃金と社会保障』No.1325、一九九八年一〇月。

杉原名穂子［二〇〇〇］「日本社会におけるジェンダーの再生産」宮島喬編『講座社会学7　文化』東京大学出版会。

鈴木幹子［二〇〇〇］「大正・昭和初期における女性文化としての稽古事」近代日本文化論8『女の文化』岩波書店。

杉橋やよい［二〇〇七］「世界経済フォーラムによるジェンダー格差の統合指数—紹介と検討」法政大学日本統計研究所『研究所報』No.35。

杉本貴代栄編著［一九九七］『福祉社会のなかのジェンダー—福祉の現場のフェミニスト実践を求めて』ミネルヴァ書房。

杉本貴代栄編著［二〇〇四］『フェミニスト福祉政策原論—社会福祉の新しい研究視角を求めて』ミネルヴァ書房。

全国婦人税理士連盟［一九九二］『21世紀を支える女性と税』。

竹中恵美子［一九八五］「女子労働の再編成—雇用における性分業とその構造」『社会政策叢書』編集委員会『社会政策叢書第九集 婦人労働における保護と平等』啓文社。

竹中恵美子［一九九三a］「総括　現代の女性労働と社会政策—論点のサーベィ」『社会政策学会年報三七集　現代の女性労働と社会政策』御茶の水書房。

竹中恵美子編［一九九三b］『グローバル時代の労働と生活』ミネルヴァ書房。

玉城肇［一九五三］『フェミニズムの歴史』理論社。

玉城肇［一九六七］「フェミニズム」『平凡社世界大百科事典』平凡社。

道浦母都子［二〇〇〇］「女歌の百年」近代日本文化論8『女の文化』岩波書店。

牟田和恵［二〇〇〇］「『良妻賢母』思想の表裏—近代日本の家庭文化とフェミニズム」近代日本文化論8

『女の文化』岩波書店。

中島美幸［一九九八］「太平洋戦争下の女性詩―『母性』の絶対化」女性・戦争・人権学会編『女性・戦争・人権』創刊号特集「戦争責任とは何か」三一書房。

人間文化研究会［一九七九］『女性と文化―社会・母性・歴史』白馬出版。

道場親信［二〇〇五］『占領と平和　〈戦後〉という経験』青土社。

中野純子・伊藤純・伊藤セツ［二〇〇二］「日本の障害者雇用における男女差の統計」『昭和女子大学　学苑　環境文化特集』No.737。

中野洋恵［二〇〇七］「独立行政法人国立女性教育会館におけるジェンダー統計活動」法政大学日本統計研究所『研究所報』No.35、二〇〇七年二月。

中山節子［二〇〇五］「第49回国連女性の地位委員会（ＣＳＷ）『北京＋10』に参加して」『経済統計学会ジェンダー統計研究部会ニュースレター』No.4。

中山節子［二〇〇六］「ＥＳＣＡＰ地域の生活時間調査とタイムユースリテラシー―人間開発・自立教育のツールとして」昭和女子大学博士学位論文。

西村豁通・竹中恵美子・中西洋［一九九六］『個人と共同体の社会科学』ミネルヴァ書房。

二宮厚美［一九九九］「ジェンダー視点の社会政策と資本主義の解剖―階級関係とジェンダー視点の理論的交錯」佛教大学総合研究所編『ジェンダーで社会政策をひらく』ミネルヴァ書房。

日本家政学会［一九九九］『変動する家族―子ども・ジェンダー・高齢者』建帛社。

日本家政学会家庭経営学部会編［一九八二］『日本型福祉社会と家庭経営学』新評論。

日本家政学会家庭経営学部会関東地区標準生活費研究会編［一九八二］『標準生活費の算定』有斐閣。

日本家政学会生活経営学部会編［二〇〇〇］『福祉環境と生活経営―福祉ミックス時代の自立と共同』朝倉書店。

日本社会福祉学会編［二〇〇四］『社会福祉学研究の50年、日本社会福祉学会のあゆみ』ミネルヴァ書房。

花崎皋平［一九九九］「現代日本におけるエスニシティ、ジェンダー、アイデンティティをめぐる状況と課題」花田達朗・吉見俊哉・コリン・スパーク編『カルチュラル・スタディーズとの対話』新曜社。

花田達朗、吉見俊哉、コリン・スパークス編［一九九九］『カルチュラル・スタディーズとの対話』新曜社。

坂東眞理子［二〇〇五］「アメリカの戦後統治と日本の女性政策」『昭和女子大学女性文化研究所紀要』No.32。

婦人労働問題研究会編［一九七五］『現代の婦人労働問題』労働旬報社。

佛教大学総合研究所編［一九九九］『ジェンダーで社会政策をひらく―「男女共同参画時代の社会政策」ミネルヴァ書房。

福島四郎［一九三三］「男性文化と女性文化」『婦女新聞』四月二三日。

『現代思想』一九九六年三月号（Vol.24－3）特集　カルチュラル・スタディーズ。

法政大学大原社会問題研究所編［二〇〇五］『証言―占領期の左翼メディア』御茶の水書房。

法政大学日本統計研究所［一九九四］『ジェンダー統計の現状』統計研究参考資料』No.42。

法政大学日本統計研究所［二〇〇三］「国連ミレニアム開発目標と統計―翻訳と案内」『研究所報』No.30。

法政大学日本統計研究所［二〇〇七］「ジェンダー（男女共同参画）統計」『研究所報』No.35。

法政大学日本統計研究所・伊藤陽一編著［一九九四］『女性と統計―ジェンダー統計論序説』梓出版社。

朴木佳緒留［一九九六］『ジェンダー文化と学習―理論と方法』明治図書。

堀内かおる［二〇〇一］『教科と教師のジェンダー文化―家庭科を学ぶ・教える女と男の現在』ドメス出版。

堀内光子［二〇〇二］「女性労働におけるＩＬＯのとり組みと日本の課題」『女性労働研究』No.41。

水野谷武志［二〇〇八］「社会経済分野におけるミクロデータ利用の国際的動向」『日本家政学会誌』Vol.59、No.6。

南博［一九六五］『大正文化』勁草書房。

御船美智子［一九九八］「女性と財産の距離と家族共同性―家と夫の財産をめぐる構造とジェンダー・バイアス」『財産・共同性・ジェンダー―女性と財産に関する研究』東京女性財団。

宮島喬［一九九九］『文化と不平等―社会学的アプローチ』有斐閣。

百瀬孝［一九九五］『事典昭和戦後期の日本―占領と改革』吉川弘文館。

森ます美［二〇〇五］『日本の性差別賃金―同一価値労働同一賃金の可能性』有斐閣。

安川悦子［一九九四］「日本型企業社会と家族問題」『社会政策叢書』編集委員会『社会政策叢書第一八集 日本型企業社会と社会政策』啓文社。

王慧琴［一九九五］『苗族女性文化』北京大学出版社。

山川菊栄［一九二八］「フェミニズムの検討」『女人芸術』創刊号（七月）。

吉田恵子［一九九二］「一九世紀イギリスにおける家族賃金」『明治大学短期大学部紀要』No.51。

吉田裕編［二〇〇四］『戦後改革と逆コース』吉川弘文館。

吉見俊哉［一九九六］座談会「カルチュラル・スタディーズへの招待」『現代思想』（Vol.24-3）一九九六年三月。

鷲谷徹［一九九四］社会政策学会研究大会社会政策叢書第18集『日本型企業社会と社会政策』啓文社。


【外国語文献】

Andermahr, et al. eds. [1997] *A Glossary of feminist Theory*, Edward Arnord Publishers = 奥田暁子監訳［二〇〇〇］『現代フェミニズム思想辞典』明石書店。
Aragon, Louis [1934] *Les cloches de Bale* = 稲田三吉訳［一九八七］『バーゼルの鐘』三友出版。
Aragon, Louis [1967] *Blanche ou L'oobli* = 稲田三吉訳［一九九九］『ブランシュとは誰か、事実か、それとも忘却か』柏書房。
Badia, Gilbert [1993] *Clara Zetkin, feministe sans frontières*, Les Éditions Ouvrières, Paris.
Beechey, Veronica [1987] *Unequal Work*, Verso, London = 高島道枝・安川悦子訳［一九九三］『現代フェミニズムと労働―女性労働と差別』中央大学出版部。

Bellamy, Edward [1888] *Looking Backward, 2000 ～ 1887*＝中里明彦訳・本間長世解説［一九七五］アメリカ古典文庫7『エドワード・ベラミー：かえりみれば―二〇〇〇年より一八八七年。ナショナリズムについて』研究社。

Beske, Anneliese [1996 3*−25*] Editorishe Vorbemerkung, in : *August Bebel, Ausgewahlte Reden und Schriften*, Band 10/1, K. G. Saur, Munchen, New Providence, London, Paris.

Blum, Linda M. [1991] *Between Fwminism and Labor : The Significance of the Comparable Worth Movement*, Berkeley and Los Angels, CA : University of Califolnia Press＝森ます美・居城舜子・川東英子・津田美穂子・川島美保・中川スミ・伊藤セツ・杉橋やよい共訳［一九九六］『フェミニズムと労働の間―コンパらブル・ワース運動の意義』御茶の水書房。

Brocks, Ann [1997] *Postfeminisms, Feminism, cultural theory and cultural forms*, Loutledge, London and New York.

Buikema, Rosemarie et al. eds. [1995] *Women's Studies and Culture, A Feminist Introduction*, Zed books, London and New Jersey.

Donovan, Josephine [1985] *Feminist Theory, The Intellectual Traditions of American Feminism*, Frederick Unger Publishing Co., Inc＝小池和子訳［一九八七］『フェミニストの理論』勁草書房。

ESCAP/UNDP [2003] *Promoting the Millenium Development Goals in Asia and the Pacific : Meeting the Challenges of Poverty Reduction*, UN.

Evans, Mary [1997] *Introduction Contemporary Feminist Thought*, Brackwell Publishers＝奥田暁子訳［一九九八］『現代フェミニスト思想入門』明石書店。

Franklin, Sarah et al. eds. [1991] *Off-Centre : Feminism and cultural Studies*, Harper Collis, London.

Friedan, Betty, ed.by Brigid O'Farrell [1997] *Beyond Gender : The New Policies of Work and Family*, The Johns Hopkins University Press. 女性労働問題研究会・労働と福祉部会訳［二〇〇三］『ビヨンド・ジェンダー―仕事と家族の新しい政治学』青木書店。

Feminist Studies, [1980] Vol. 6, No. 1, Spring 1980, Politics and Culuture in Women's History (Mari Jo Buhle, Ellen duBois, Temma Kaplan, Gerda Lerner, Judith R. Waokowitz, Carol Smith-Rosenberg).

Franklin, Sarah et al. [1991] *Cultural Studies*, Routlege, New York.

Fudge, Judy & Patricia Mcdermott eds. [1991] *Just Wages, A Feminist Assesment of Pay Equity*, University of Toronto Press, Tront, Buffalo, London.

Gilman, Charlotte Perkins [1915] *Herland*, Pantheon Books＝三輪妙子訳［一九八四］『フェミニジア』現代書館。

Gunderson, Morley [1994] *Comparable Worth and Gender Discrimination' An International Perspective*, Geneva, ILO＝法政大学日本統計研究所・杉橋やよい・居城舜子・伊藤陽一訳［一九九五］『コンパラブル・ワースとジェンダー差別―国際的視覚から』産業統計研究社。

Headman, Brigita, Rranchsca Perucci, Pehr Sundstöm [1996] *Engendering Statistics : A Tool for Change*, Statistics Sweden＝法政大学日本統計研究所・伊藤陽一・中野恭子・杉橋やよい・水野谷武志・芳賀寛訳［一九九八］『女性と男性の統計論―変革の道具としてのジェンダー統計』梓出版社。

Humm, Maggie [1989] *The Dictionaly of Feminist Theory*, Harvester Wheatshaf, New York, London, Tronto, Sydny, Tokyo.

Humm, Maggie [1995] *The Dictionary of Feminist Theory*, 2nd Edition, Prebtice Hall I, New York, London, Tronto, Sydny, Tokyo, Singapore＝木本喜美子ほか監訳［一九九九］『フェミニズム理論辞典』明石書店。

Ito, Setsu and Aki Aneha [1995] Current Situation and Improvement of Gender Specific Family Budget Statistics, *J. Home Econ*. Jpn., No.46, No. 8.

Ito, Setsu and Shunko Ishiro [1989] Issues Concerning the Concept of the Term "Household Head" in the Family Income and Expenditure Survey By S. B of M & CA, *J. Home Econ*. Jpn., Vol. 41, No. 8.

Itzin, Catherine & Janet Newman eds. [1995] *Gender, Culture and Organizational Change, Putting Theory into Practice*, Routledge, London.

Kirjavainen, Leena M. [1984] *Men's and Women's time Use in House-hold Production : A Finland-United States Comparison*, Diss, Virginia University.

Leidenfrost, Nancy B. eds. [1992] *Families in Transition*, IFHE, Paris＝松島千代野監修、家庭経営学部会訳㈳日本家政学会発行〔一九九五〕『転換期の家族』産業統計研究社。

Lopes, Anne and Gary Roth [2000] *Men's Feminism, August Bebel and the German Socialise Movement*, Humanity Books, New York.

McCarthy, Kathleen D. [1991] *Women's Culture, American Philanthropy and Art, 1830–1930*, The University of Chicago Press, Chicago and London.

Meyer-Renschhausen, Elisabeth [1989] *Weibliche Kultur und Soziale Arbeit, eine Geschichte der Frauenbewegung am Beispiel Bremens 1810–1927*, Bohlau Verlag, Köln und Wien.

Peach, Lucinda Joy, ed. [1998] *Women in Culture, A women's Studies Anthology*, Blackwell Publishers, Malden/Oxford.

Probyn, Elspeth [1993] *Sexing the Self. gendered Positions in Cultural Studies*, Routlege, New York.

Sato, Barbara Hamill [1994] *Japanese Women and Modanizumu : The Emergence of a New Women's Culture in the 1920's*, Diss, Columbia University.

Segal, L [1987] *Is the Future Female? Troubled Thoughts on Contemporary Feminism*, Virago Press, London＝織田元子訳〔一九八九〕『未来は女のものか』頸草書房。

Tuttle, Lisa [1986] *Encyclopedia of feminism*, Longman Group Lte. London＝渡辺和子監訳〔一九九一〕『フェミニズム事典』明石書店。

Tobias, Shelia [1997] *Faces of Feminism*, Westview Press.

UN [1986] Report of the World Conference to Review and Appraise the Achievements of the United Nations Decade for Women ; Equlity, Development and Peace, Nairobi, 15-26 July 1985.

UN [1991] *World's Women 1970–1990, Trends and Statictics*. UN publication＝㈶日本統計協会訳〔一九九二〕『世

界の女性　1970-1990—その実態と統計』日本統計協会。
UN [1995a] *The United Nations and the Advancement of Women 1945-1995*.
UN [1995b] *The World's Women 1995, Trends and Statistics*, UN publication＝㈶日本統計協会訳［一九九五］『世界の女性一九九五—その実態と統計』日本統計協会。
UN [1995c] *From Nairobi to Beijing*.
UN [1995d] *Women : Looking beyond 2000*.
UN [2000a] *World's Women 2000, Trends and Statistics*, UN publication＝㈶日本統計協会訳［二〇〇一］『世界の女性二〇〇〇—その実態と統計』日本統計協会。
UN [2000b] Further actions and initiatives to implement the Beijing Declaration and the Platfoen for Action（成果文書）。
UN [2005a] Commission on the Status of Women, Report on the forty-ninth session, 28 February-11 and 22 March 2005, Economic and Social Council Official records, 2005, Supplemant No. 7.
UN [2005b] The Millenium Development Goals Report 2005.
UN [2005c] *The World's Women 2005, Progress in Statistics*, UN＝㈶日本統計協会訳［二〇〇六］『世界の女性二〇〇五—統計における前進』日本統計協会。
UN Millennium Project [2005] *Taskforce gender Equality, Taking action, achieving gender equality and empowering women*, Earthscan, London & Sterling, Va.
UN [2006] *World's Women 2005, Pregress in Statistics*, UN publication＝㈶日本統計協会訳［二〇〇六］『世界の女性二〇〇五—統計における進展』日本統計協会。
UNDP [1995] *Human Development Report 1995, Gender and Human Development*, Oxford University Press＝人間開発報告書一九九五年版『ジェンダーと人間開発』国際協力出版会。
UNDP [1996] *Human Development Report 1996, Economic Growth and Human Development*, Oxford University Press＝人間開発報告書一九九六年版『経済成長と人間開発』国際協力出版会。

UNDP [1997] *Human Development Report 1997, Human Development to Eradicate Poverty*, Oxford University Press＝人間開発報告書一九九七年版『貧困と人間開発』国際協力出版会。

UNDP [1999] *Human Development Report 1999, Globalization with a Human Face*, Oxford University Press＝人間開発報告書二〇〇九年版『グローバリゼーションと人間開発』国際協力出版会。

UNDP [2003] *Human Development Report 2003, Millennium Development Goals: A Compact Among Nations to End Human Poverty*, Oxford University Press＝人間開発報告書二〇〇三年版『ミレニアム開発目標（ＭＤＧｓ）に向けて』国際協力出版会。

UNDP [2006] *Human Development Report 2006, Beyond Scarcity: Power, Poverty and the Global Water Crisis*, Oxford University Press＝人間開発報告書二〇〇六年版『水危機神話を越えて：水資源をめぐる権力闘争と貧困、グローバルな課題』国際協力出版会。

UNIFEM [2005] *Progress of the World's Women 2005–Women, Work & Poverty*, UNIFEM.

UNIFEM and UN/NGLS [1995] *Putting Gender on the Agenda, A Guide to Participating in UN World Conferences*＝女性労働問題研究会訳［一九九九］『国連世界会議に参加するためのガイドブック』。

Whitworth, Sndra [1994] *Feminism and International Relations*, Macmillan Press. 武者小路公秀他監訳［二〇〇〇］『国際ジェンダー関係論―批判理論的政治経済学に向けて』藤原書店。

WIDF [1981] *Document of the World Congres of Women Equality*, National Independence, Peace.

World Economic Forum [2008] *Global Genden Gap Report 2007*.

おわりに：両性のワーク・ライフ・バランスを求めて
――社会政策・生活科学・ジェンダー論の共同作業

第10章の終わりに、私は、「ワーク・ライフ・バランスを含むディーセントワークを女性労働者が手にする日はまだちかくはない」と書いた。日本では、ワーク・ライフ・バランスの議論が、特に二〇〇七年になって盛んになった。「男女共同参画会議・ワーク・ライフ・バランスに関する専門調査会」が二〇〇七年七月に「ワーク・ライフ・バランス推進の基本的方向報告―多様性を尊重し仕事と生活が好循環を生む社会に向けて」を出し、『二〇〇七年度 労働経済白書』（二〇〇七年八月刊）がワーク・ライフ・バランスの特集を組んだ。また、二〇〇七年一二月一八日には、政府の「子どもと家族を応援する日本：重点戦略検討会議」が、「ワーク・ライフ・バランス憲章」および「仕事と生活の調和推進のための行動指針」を発表した。

ワーク・ライフ・バランスという用語は、work と life のバランスということで、「労働と私的生活のバランスのこと」と定義される。しかし、そのこと自体、私には異論がある。work と life のバランスというのは概念的には問題がある。家政学的にみて、あるいはフェミニスト経済学的にみて、work には、paid と unpaid が含まれ、life は、work を含むから、ワーク・ライフ・バランスは、「paid work + unpaid work + その他の人間活動」の全体のバランスでなければならない。

もともとはワーキングマザーを念頭に民間の自主活動として work and family life balance が提起された。それが男女労働者に広げられて、有償労働と家族生活のバランスが、長時間有償労働によって破壊されるという点を問題にするようになった。

正確に表現すれば、それは、"paid-unpaid work and other human activities balance" なのである。なおワーク・ライフ・バランスを政策としてみたとき、具体的内容は、法定労働時間、パートタイム労働者への均等待遇、出産休暇の長さと休暇中の所得保障、育児休業制度の導入、有給の父親休暇、柔軟な働き方をする両親の権利などが含まれる。

「男女共同参画会議・ワーク・ライフ・バランスに関する専門調査会報告」では「ワーク・ライフ・バランスとは、老若男女誰もが、仕事、家庭生活、地域生活、個人の自己啓発など、様々な活動について、自ら希望するバランスで展開できる状態である」としている。またワーク・ライフ・バランスの「三つのポイント」として(i)ワーク・ライフ・バランスはあらゆる人のためのもの、(ii)人生の段階に応じて、自ら希望する「バランス」を決めることができるもの、(iii)ワーク・ライフ・バランスは「仕事の充実」と「仕事以外の生活の充実」の好循環をもたらすもの、をあげる。「なぜ今、ワーク・ライフ・バランスが必要か」では、(1)個人にとって必要性：希望するバランスの実現―仕事と家庭の両立困難、自己啓発や地域活動への参加が困難、長時間労働が心身の健康に影響、(2)社会全体にとっての必要性―経済社会の活力向上、労働力不足の深刻化、生産性の低下・活力の衰退、少子化の急速な進行、地域社会のつながりの希薄化、(3)個々の企業・組織にとっての必要性をあげている。

二〇〇七年一二月一八日の「行動指針」は、ワーク・ライフ・バランスが実現する社会に必要な諸条件として、第一に、就労による経済的自立が可能な社会、第二に、健康で豊かな生活のための時間が確保できる社会、第三に、多様な働き方・生き方が選択できる社会をあげ、それぞれの指標と数値目標を、現状からみて五年後の二〇一二年、一〇年後の二〇一七年の二段階で発表した。重要な指標の例をあげれば、「年次有給休暇取得率」は、現状で四六・六％に対し、五年後で六〇％、一〇年後で一〇〇％、「第一子出産前後の女性の継続就業率」では、現状三八％に対し、五年後で四五％、一〇年後で五五％、「男性の育児休業取得率」は、現状で〇・五％に対し、五年後で五％、一〇年後で一〇％、「六歳未満の子どもを持つ男性の育児・家事関連時間」は、現状で一日あたり六〇分に対し、五年後で一時間四五分、一〇年後で二時間三〇分を目標にするというものである。欧米の水準からみてレベルの低さには唖然とする。

もともと、ワーク・ライフ・バランスに関しては、家政学の領域で研究が蓄積されている。私は、家政学のなかでは、生活時間研究（Time Use study）をテーマのひとつとしてきた。本書を終えるにあたり、二〇〇六年三月に『労働判例』（No.905）の「巻頭」に書かせていただいた「二つのワークのジェンダー比とワーク・ライフ・バランス」を再掲する。

▼「二つのワークのジェンダー比とワーク・ライフ・バランス」

一九七五年から、私たちの（生活経営学）研究グループは、五年に一度、東京都を中心に小規模な生活時間調査を行ってきた。その目的は、夫婦世帯の中で夫妻に、生活時間がどのように配分されているか、そのジェンダー差が、男女の働き方、家庭生活のあり方にどのような影響を及ぼすかを探り改善する方策を考えることであった。一九七六年、国が生活時間と余暇活動に関する「社会生活基本調査」を実施するようになると、私たちは、その大規模統計を利用し、また諸外国にも目を向けてＥＵ諸国の政府生活時間統計との比較も行なうようになった。

当初欧米数カ国で行なわれていた生活時間調査が、特に、経済統計としては記録もされず評価されないアンペイドワーク（家事・育児・介護やボランティア）の測定にとって唯一ともいうべき有効な手段であることをやがて国連も認識するようになる。国連の肝いりでＥＳＣＡＰ地域の開発途上国にも調査が拡大していくようになると、私たちは、それらの調査を収集し、ペイドワークとアンペイドワーク時間の国際比較に関心が及んだ。

生活時間は人間には男女ともに一日平等に二四時間しか与えられていないが、そのジェンダー差は、東西を問わず、先進国・途上国を問わず、ペイドワーク時間は「男性＞女性」、アンペイドワーク時間は「男性＜女性」となる。しかし、そのなかでも顕著なことは日本と韓国の、この二つのワークに関するジェンダー差が非常に大きいということである。これがそれぞれの国の文化であるというだけでは済まされない二つのワークへの男女の関わり方、時間配分の極端な違いを生活時間統計は何の感情移入もなく示す。即ち、大雑把に男性が行うアンペイドワークを一とすれば、日本の女性のそれは約六から七、欧米諸国のそれは二から三である。二つのワークの総計はほぼ同一か「男性＜女性」となる。ジェンダー平等あるいは男女共同参画の度合いの測定に、二つのワークへの時間配分を指標として用いれば、男女個々人および家庭生活のある側面にもう一つの光をあてることができる。

今、日本では正規労働者の労働時間の長さ・過重労働が問題にされ、欧米と比べてのファミリー・フレンドリーな働き方や、ワーク・ライフ・バランスが注目を浴びている。これらのカタカナ言葉は、日本の、世界に例を見ない少子化現象、人口減少と関連付けられてますますクローズアップされている。その際重要なことは、漠然と個人の「仕事と家庭の調和がとれる働き方」や「家庭生活・子育て支援」の奨励ではなく、男女両性の生活にとって不可欠な、二つのワーク、つまり「ペイドワークとアンペイドワーク」の両方への、時間的な、個人としてのバランス及びどちらかの性へ偏らないというバランスであり、ジェンダー視点からも納得のいく働き方ができる社会政策である。

また、非正規・契約派遣労働者が今や少数派ではなく、ワーク・ライフ・バランスどころではない働き方を強いられている場合がある。働く男女の多数をそれぞれにカヴァーする政策でない限り、生活時間統計にみる二つのワークの性比の国民的転換は期待できない。

真のワーク・ライフ・バランス政策の成功が、日本の男女の生活時間構造を変える。

私が扱ってきた領域は、常に、社会政策・生活科学・ジェンダー視点が交じり合っていた。私の研究対象は、これらの三つを切り離しては成り立たなかった。生活科学的視点やジェンダー視点を欠く社会政策研究は、現実を反映しない空論としかみえず、生活科学的視点や社会政策を欠くジェンダー論は、ともするとイデオロギー的決めつけに陥りやすく、政策やジェンダーを離れて重箱の隅をつつきがちな従来型家政学・生活科学は、魅力的科学として多くの人の心をとらえることはできない。

また、隣接領域の科学の越境や侵食に脅威を感じてエクスクルージョンするような姿勢では、その領域は、現実の変化に対応した学問的展開に立ち遅れてしまう。しかし、歴史的な起源への洞察を欠いて、安易に欧米からの理論や概念を取り込む危険はどの領域においても十分警戒しなければならない。

そのような思いで私は自分の研究を進めてきた。本書を構成する一〇章がその例である。大方の批判を請いたい。

他とあまり同調することのない主張をしつこく積み重ねてきた私にも、暖かな目を向けてくださり、本書の出版の機会を与えてくださった法律文化社の田靡純子代表取締役に心からお礼を申し上げます。

二〇〇八年七月二五日
ＩＦＨＥ一〇〇周年記念大会（スイス・ルツエルン）に出発の日に

伊藤　セツ

や　行

ら　行

わ　行

ま 行

な　行

は　行

た　行

さ　行

事 項 索 引

あ 行

か 行

■著者紹介

伊藤　セツ（いとう・せつ）

1939年　函館生まれ／1962年　北海道大学経済学部卒業／1968年　同大学大学院経済学研究科経済政策専攻修士課程を経て同博士課程単位取得満期退学

1984年　経済学博士（北海道大学）

1968-73年　北星学園女子短期大学勤務，1974－89年　東京都立立川短期大学勤務

1989年　昭和女子大学教授。昭和女子大学では，女性文化研究所所長（2000-04年）／大学院生活機構研究科長（2004年-）を務め現在にいたる（2009年３月　定年見込み）

〔単　著〕

『クララ・ツェトキンの婦人論』（訳著：松原セツ名）啓隆閣　1969年。

『クララ・ツェトキンの婦人解放論』有斐閣　1984年。

『現代婦人論入門』白石書店　1985年。

『有斐閣経済学叢書15　家庭経済学』有斐閣　1990年。

『両性の新しい秩序の世紀へ』白石書店　1993年。

『国際女性デーは大河のように』御茶の水書房　2003年。

『女性研究者のエンパワーメント』ドメス出版　2008年。

〔単編著〕

『ジェンダーの生活経済論―持続可能な消費のために』ミネルヴァ書房　2000年。

〔主要共著・共編著〕

川口和子・小山伊基子・伊藤セツ『国際婦人デーの歴史』校倉書房　1980年／大森和子・阿部和子・好本照子・伊藤セツ・天野寛子『家事労働』光生館　1981年／伊藤セツ・天野寛子・森ます美・大竹美登利『生活時間』光生館　1984年／伊藤セツ・掛川典子・内藤和美『女性学―入門から実践・応用まで』同文書院　1992年／天野寛子・伊藤セツ・森ます美・堀内かおる『生活時間と生活文化』光生館　1994年／伊藤セツ・天野寛子共編『生活時間と生活様式』光生館　1989年／伊藤セツ・天野寛子・李基栄共編『生活時間と生活意識』光生館　2001年／伊藤セツ・天野寛子・天野晴子・水野谷武志共編『生活時間と生活福祉』光生館　2005年など。

2008年10月５日　初版第１刷発行

生活・女性問題をとらえる視点

著　者　伊《い》藤《とう》セツ

発行者　秋山　泰

発行所　株式会社　法律文化社

〒603-8053　京都市北区上賀茂岩ヶ垣内町71
電話　075（791）7131　FAX　075（721）8400
URL:http://www.hou-bun.co.jp/

印刷：㈱冨山房インターナショナル／製本：㈱藤沢製本
装幀　奥野　章
ISBN978-4-589-03116-7